Kohlhammer

Allen M. Siegel

Einführung in die Selbstpsychologie

Das psychoanalytische Konzept von Heinz Kohut

Verlag W. Kohlhammer

Die Deutsche Bibliothek – CIP-Einheitsaufnahme

Siegel, Allen M.:
Einführung in die Selbstpsychologie : das psychoanalytische Konzept von Heinz Kohut / Allen M. Siegel. Aus dem Engl. übers. von Petra Holler. - Stuttgart ; Berlin ; Köln : Kohlhammer, 2000
Einheitssacht.: Heinz Kohut and the psychology of the self <dt.>
ISBN 3-17-015915-1

Aus dem Englischen übersetzt von
Petra Holler

Englische Originalausgabe:
Heinz Kohut and the Psychology of the Self. Routledge, London

Stuttgart Berlin Köln
Verlagsort: Stuttgart
Gesamtherstellung:
W. Kohlhammer Druckerei GmbH + Co. Stuttgart
Printed in Germany

Inhalt

Abbildungen

Vorwort zur deutschen Ausgabe

Die Veröffentlichung meines Buches in deutscher Sprache gibt mir Gelegenheit, drei aktuelle Punkte anzusprechen. Zunächst einmal möchte ich Herrn Dr. Reinhard Hellmann-Brosé und Frau Eva-Maria Topel meinen Dank dafür aussprechen, daß sie mit ihrem großen Engagement diese Veröffentlichung ermöglicht haben. Der zweite Punkt betrifft die Schwierigkeit, der man als Neuling in der Selbstpsychologie heute unweigerlich begegnet. Seit Kohuts frühem Tod 1981 haben zahlreiche begabte Autoren ihre vielfältigen neuen Ideen auf dem Gebiet der Selbstpsychologie entwickelt, von denen einige jedoch in Widerspruch zu anderen stehen. Wie soll Klarheit in diese augenscheinliche Verwirrung gebracht werden? Ich denke, eine Möglichkeit, Konfusionen dieser Art zu vermeiden, liegt in einem klaren Verständnis der ursprünglichen Ideen Heinz Kohuts, sowie in einer Würdigung dessen, wie diese Ideen entstanden sind. Obgleich ich mein Buch nicht mit der Absicht geschrieben habe, gegen theoretische oder konzeptuelle Unklarheiten anzugehen, haben neuere Entwicklungen in der Selbstpsychologie die Notwendigkeit immer deutlicher werden lassen, daß ein ernsthaftes Studium der Selbstpsychologie eine verständliche Darstellung von Heinz Kohuts Werk voraussetzt. Ich hoffe, daß mein Buch diese Funktion erfüllt.

Den dritten mir wichtigen Punkt möchte ich in Form eines Wunsches formulieren. Ich hoffe, daß sich ernsthaft an der Selbstpsychologie Interessierte auf das Abenteuer einlassen werden, mit Hilfe dieses Buches Kohuts zuweilen schwieriges Werk im Original zu lesen. Die Reise, so meine ich, wird sich lohnen: Kohuts Schriften enthalten eine meisterhafte Darstellung des Werkes Sigmund Freuds sowie eine wunderbare Sammlung klinischer Fallvignetten. Sie spiegeln die Weisheit eines alten und erfahrenen Psychoanalytikers über die conditio humana wider. Die Lektüre Heinz Kohuts belohnt mit überraschenden Erkenntnissen und es ist mir eine Freude, die Leserinnen und Leser auf dieser Reise zu begleiten und mit meinem Buch zu einem besseren Verständnis beizutragen.

Allen M. Siegel

Danksagung

Psychisches Leben, so Heinz Kohut, ist nur in einem annehmenden und stützenden Umfeld möglich. Das Bedürfnis des Menschen nach einer solchen bestätigenden Umgebung bleibt das gesamte Leben über bestehen. Ich habe das große Glück, mit Menschen zu leben und zu arbeiten, die für diese Atmosphäre Sorge tragen. Ihnen möchte ich an dieser Stelle für ihren Glauben an mich und meine Arbeit, ihre Unterstützung, ermutigende Zusprache und Freundschaft meinen tiefsten Dank aussprechen.

Als erstes danke ich Ernest Wolf. Er war es, der mich ermutigte, dieses Buch zu schreiben. Kennengelernt hatten wir uns auf einem Workshop, der ihn mit meiner Arbeit in Berührung brachte. Es folgte eine Einladung zu einem einwöchigen Symposium mit Joseph Lichtenberg im Sommer 1991 auf Cape Cod in Massachusetts. Dies war der Beginn einer ganzen Reihe herrlicher Sommerferien auf Cape Cod, die geprägt waren von anregendem intellektuellem Austausch und viel Spaß mit unseren Familien, als wir uns allmählich besser kennenlernten. Seine Furchtlosigkeit, die eigene Meinung zu äußern oder zu seinen Überzeugungen zu stehen, hat Ernest Wolf zu einem Vorbild an Integrität und Mut für mich werden lassen. Ich möchte ihm und seiner Frau Ina für ihren Glauben an meine Fähigkeiten und ihre treue Freundschaft danken.

Viele Menschen, jede und jeder auf seine oder ihre Art, haben zu diesem Buch beigetragen. Ich danke ihnen allen: Dixie Borus, Robert Buchanan, Mark Berger, Henry Evans, Barbara Fajardo, Robert Fajardo, Paula Fuqua, Jill Gardner, Arnold Goldberg, Elin Greenberg, Elaine Hacker, David Hacker, Charles Kligerman, Nicholas Lenn, Rita Lenn, Joe Lichtenberg, Rebecca London, Sheldon Meyers, Thomas Pappadis, Brenda Solomon, Phil Suth, Ruth Suth, David Terman, Marian Tolpin, Paul Tolpin, Gloria Turoff, Jim Wilson, Martha Wood, David Zbaraz und Deety Zbaraz. Meine tiefe Wertschätzung und mein großer Dank gelten auch David Solomon. Seine Weisheit, sein Wissen und sein Mut sind untrennbar mit der Entwicklung dieses Buches verbunden. Ich danke meinen treuen Freunden Jonathan Borus, Martin Greenberg und Andy Johnson für ihre nie endende Unterstützung. Leonard Rosenbaum gilt mein Dank für die Professionalität, mit der er das Personen- und Sachregister des Buches erstellte.

Ein Autor richtet sich mit seiner Tätigkeit immer an ein Publikum, doch die Einsamkeit des Schreibens bringt es mit sich, daß auf unmittelbare Reaktionen verzichtet werden muß. Ich bin meinen Lesern, allesamt vielbeschäftigte Menschen, zutiefst dankbar, daß sie ohne zu zögern und mit enormer Geschwindigkeit meiner

Bitte nach Kommentierung des Geschriebenen nachgekommen sind: Jonathan Borus, Arnold Goldberg, Marian Tolpin, Jim Wilson, Ernest Wolf und Ina Wolf.

Ich danke auch Laurence Spurling für diese Gelegenheit, das Werk Heinz Kohuts in Tiefe studieren zu können, für seine Geduld und seine Anregungen. Ich möchte dem Kohut-Archiv am Chicagoer Institut für Psychoanalyse danken, daß sie mir Zugang zu Kohuts Vorlesungs- und Seminarmaterial gewährt haben. Ich danke auch der International Universities Press und der University of Chicago Press für ihre Erlaubnis, aus Kohuts veröffentlichten Schriften direkt zu zitieren.

Obgleich die Arbeit eines Psychoanalytikers reichhaltig und erfüllend ist, so ist sie doch zutiefst persönlich und kann nicht mit der eigenen Familie geteilt werden. Ich habe oft bedauert, daß meine Tochter, Deborah Siegel, meine Arbeit nicht kannte. Mit diesem Buch bot sich nun eine wunderbare Gelegenheit, diesem Umstand abzuhelfen, indem sie als Herausgeberin des Buches fungierte. Ihre Gewissenhaftigkeit, ihr Stil und ihr Sinn für Geschriebenes haben unschätzbar zum Gelingen dieses Buches beigetragen.

Wie ich bereits erwähnte, ist ein bestätigendes Umfeld der Nährboden jeglichen psychischen Lebens. In diesem Sinne hätte dieses Buch nie ohne die Loyalität meiner Frau Renée geschrieben werden können, die diese Atmosphäre für mich schuf. Sie war Herausgeberin, Sekretärin, Beschützerin und Freundin zugleich. Ich danke ihr von ganzem Herzen.

Da dies ein Buch über Selbstobjekte ist, darf ich es nicht versäumen, meinen Hund Yoffi zu erwähnen, der mir endlose Stunden Gesellschaft leistete und mich nur einmal verließ, um ein verirrtes Streifenhörnchen über den Hof zu jagen.

Einführung

Während meiner Weiterbildung am Institut für Psychoanalyse in Chicago nahm ich an einem von Paul Tolpin und Ernest Wolf geleiteten Seminar über die Theorie der Selbstpsychologie teil. In eine der Sitzungen hatten wir Heinz Kohut als Gastdozenten eingeladen. Ich erinnere mich gut, wie er sich darüber beklagte, daß man ihn, trotz seiner Bemühungen, sich so klar und deutlich wie möglich auszudrücken, nach wie vor mißzuverstehen schien. Er räumte ein, daß einigen dieser Mißverständnisse unbewußte Motive zugrundeliegen könnten, doch nichtsdestotrotz vermißte er das ernsthafte Studium seiner Schriften. Seine Worte „Sie lesen einfach nicht, was ich geschrieben habe!“ klingen mir noch im Ohr.

Ich verfolge mit diesem Buch zwei Ziele. Zum einen möchte ich meine Leserinnen und Leser dazu anregen, Kohut im Original zu lesen. Zu diesem Zweck habe ich ihn an zahlreichen Stellen zitiert. Ich hoffe, daß seine Einsichten, aber auch seine fesselnde Art sich auszudrücken, neugierig machen und den Wunsch wecken, zu den Originalschriften zu greifen. Ich bin überzeugt, daß es sich lohnt und habe die Hoffnung, daß dieses Buch dabei ein hilfreicher Begleiter sein wird.

Doch weshalb sollte jemand, der sich in Weiterbildung psychodynamischer Psychotherapie befindet, Kohut lesen, dessen Schriften sich an eine psychoanalytische Leserschaft richten? Kohut *war* Psychoanalytiker und er arbeitete psychoanalytisch; das heißt, seine Beobachtungen leiten sich aus genuin psychoanalytischen Behandlungsprozessen ab. Jedoch ist das Zentrale an seiner Arbeit, daß seine Einsichten *Menschen* betreffen, unabhängig davon, welche Behandlungsform sie anstreben oder ob sie sich überhaupt in psychotherapeutischer Behandlung befinden.

Kohut liefert uns wichtige Erkenntnisse über das menschliche Gefühlsleben, und seine Konzeptualisierungen haben weitreichende Folgen für das Verständnis und die Behandlung von emotionalen Zuständen. Er ist der Überzeugung, daß es sich beim Narzißmus um ein normales menschliches Phänomen handelt, das einer eigenen Entwicklungslinie folgt. Er entwirft eine Theorie über spezifische psychische Konfigurationen, die sich bilden, je weiter die narzißtische Entwicklung fortschreitet. Er lehrt uns, daß an diese narzißtischen Konfigurationen bestimmte Bedürfnisse gekoppelt sind; daß die Entwicklung eines gesunden Selbst auf der Erfüllung dieser Bedürfnisse in der frühen Kindheit gründet; und schließlich, daß die Aufrechterhaltung eines stabilen, lebendigen und produktiven Selbst voraussetzt, daß diesen Bedürfnissen über die gesamte Lebensspanne hinweg Rechnung getragen wird.

Hieran knüpft sich die zweite Zielsetzung meines Buches: Kohuts Gedanken klar und verständlich darzustellen, so daß Psychotherapeuten aller Richtungen seine

Konzeptualisierungen für sich nutzen und in ihre Arbeit einfließen lassen können. Neben seinen Theorien entwickelte Kohut ein neues Verständnis des therapeutischen Settings, das sich sowohl auf Psychotherapien als auch Psychoanalysen übertragen läßt. Seine theoretischen und behandlungstechnischen Konzeptualisierungen lassen sich nach meiner Erfahrung auf psychodynamisch orientierte Langzeittherapien ebenso anwenden wie auf Kurzzeitpsychotherapien, Paartherapien, Beratungsarbeit in Schulen und kirchlichen Einrichtungen sowie Psychoanalysen.

Um die Entwicklung des Gedanken- und Theoriegebäudes von Heinz Kohut nachvollziehen zu können, muß man etwas über den Mann selbst und das Milieu wissen, in dem er lebte und arbeitete. Kohuts kultureller Hintergrund, als er in die Vereinigten Staaten emigrierte, war der einer klassischen europäischen Erziehung. Neben seiner medizinischen Ausbildung in Musik und Literatur bewandert, kam er 1940, im Alter von 25 Jahren, von Wien nach Chicago, wo er an der University of Chicago seine neurologische Ausbildung fortsetzte. Kohut war bei seinen Lehrern und Kollegen gleichermaßen als brillanter Kliniker anerkannt und man sagte ihm eine glänzende akademische Karriere voraus. Wie Freud verließ er jedoch das Gebiet der Neurologie, um sich dem Studium seelischer Prozesse zuzuwenden. Am Chicagoer Institut für Psychoanalyse ließ er sich zum Analytiker in klassischer Freudscher Psychoanalyse ausbilden, der damals in den Vereinigten Staaten vorherrschenden psychoanalytischen Theorierichtung.

Im ersten Kapitel *Von Wien nach Chicago,* zeichnet Ernest Wolf ein sehr persönliches und eindrückliches Bild Heinz Kohuts, dessen Freund, Kollege und Mitarbeiter er war. Scharfsinnig rekonstruiert er die psychischen Folgen kindlicher Traumata, denen Kohut ausgesetzt war. Er zeigt auf, woraus sich Kohuts Kreativität und Interesse am Narzißmus speisten, und macht deutlich, wie sich seine Überlegungen auf die Wissenschaft allgemein, aber auch auf das Verständnis und die Behandlung emotionaler Zustände im besonderen auswirkten. Wir gewinnen einen Eindruck vom tendenziösen Klima, das damals innerhalb der psychoanalytischen Gemeinschaft herrschte, und erfahren, wer Kohut in jenen schwierigen Tagen zur Seite stand. Ich danke Ernest Wolf dafür, daß mit seinem Beitrag Kohut für uns wieder lebendig werden läßt.

Im zweiten Kapitel beschreibe ich Kohuts Freud-Seminar am Chicagoer psychoanalytischen Institut. Als ausgezeichneter Freud-Kenner war sich Kohut der Quellen und Stärken, aber auch der Unzulänglichkeiten des Freudschen Denkens bewußt. Er war kein Renegat. Daß er sich schließlich von der klassischen Theorie abwandte, war eine Folge gerade dieses profunden Verständnisses. Wie umfassend er Freuds Werk beherrschte, wird in seinen Seminaren sehr viel deutlicher als in seinen anderen Schriften.

Kohut war ein außergewöhnlicher Lehrer. Sein Vorlesungsstil war elegant, klar und strukturiert. Er sprach frei, flüssig und mit faszinierender Leichtigkeit. Ich stelle seine Vorlesungen deshalb vor, um seine Entscheidung, eine neue theoretische Richtung einzuschlagen, verständlicher zu machen.

In Kapitel 3 gehe ich auf Kohuts frühe Schriften aus den Jahren 1948 bis 1960 ein. Bereits sein erster Aufsatz, den er im Alter von 34 Jahren schreibt, enthält zahlreiche Überlegungen einer späteren Psychologie des Selbst. Betrachtet man diese frühen Veröffentlichungen als Ganzes, so lassen sich drei Hauptprinzipien ausmachen, entlang derer Kohut sein Denken organisiert: Sein Interesse an der Metapsychologie Freuds, mit besonderer Gewichtung der genetischen, dynamischen und psychoökonomischen Gesichtspunkte, sein Interesse an narzißtischen Fragestellungen, und schließlich das erkenntnistheoretische und methodologische Problem der Datengewinnung in der analytischen Situation. Kohut bezeichnete seinen Aufsatz, der sich mit diesem Problem beschäftigte, oft als seinen wichtigsten.

Kapitel 4 beschreibt die Synthese der theoretischen Entwürfe der 60er Jahre, die in eine Aufsatzreihe mündet: *Concepts and Theories of Psychoanalysis* (Kohut & Seitz 1963, dt. *Begriffe und Theorien der Psychoanalyse* 1977), *Forms and Transformations of Narcissism* (Kohut 1966, dt. *Formen und Umformungen des Narzißmus* 1966) und *The Psychoanalytic Treatment of Narcissistic Personality Disorders: Outline for a Systematic Approach* (Kohut 1968, dt. *Die psychoanalytische Behandlung narzißtischer Persönlichkeitsstörungen* 1969). Kohut vertritt hier die These, daß der Narzißmus einer normalen Entwicklungslinie folgt, die wiederum mit der Entstehung spezifischer unbewußter narzißtischer Konfigurationen einhergeht. Er stellt ein neuartiges Behandlungskonzept für die Therapie narzißtischer Störungen vor. Obgleich Kohuts Ideen seinem tiefen Verständnis der Theorien Sigmund Freuds entspringen, unterscheiden sich beide doch in ihren Hypothesen. Im ängstlichen Bewußtsein darüber, auf geweihter Erde zu stehen, betont Kohut, mit seinen Ideen Freuds Werk *ergänzen*, nicht jedoch ersetzen zu wollen. Da er weiterhin als klassischer Analytiker gelten will, zitiert er, unter Vorwegnahme der Kritik an seinen Thesen, die neuesten Entwicklungen in Wissenschaft und Psychoanalyse. Ende der 60er Jahre beginnt er mit der Arbeit an seiner inhaltlich sehr dichten Monographie *The Analysis of the Self*, (1971, dt. *Narzißmus. Eine Theorie der psychoanalytischen Behandlung narzißtischer Persönlichkeitsstörungen* 1973). Ich diskutiere Kohuts Einführung zu diesem wichtigen Werk im vierten Kapitel, da sie eine Überleitung von den oben zitierten Aufsätzen zum Inhalt des Buches darstellt, auf den ich in den Kapiteln 5 und 6 näher eingehen werde.

In *Narzißmus* (a.a.O.) wiederholt Kohut seine Hypothese aus früheren Schriften, wonach die Entstehung des Narzißmus einer eigenen Entwicklungslinie folgt. Im Zentrum steht die umfassende Darstellung normaler narzißtischer Konfigurationen und ihrer Manifestation in spezifischen Übertragungen. Schritt für Schritt zeichnet Kohut die Entwicklung des Narzißmus von frühen infantilen Formen bis hin zu reifen und stabilen psychischen Strukturen nach. Er vertritt die Auffassung, daß die psychische Einstimmung der Bezugspersonen in ihren Reaktionen auf das Kind für die Entwicklung eines gesunden Selbst verantwortlich ist. In der Sprache der klassischen Psychoanalyse nennt er die kindlichen Bezugspersonen *Objekte*. Diese Objekte stellen bestimmte psychische Funktionen für das sich entwickelnde Selbst zur

Verfügung. Als solche werden sie als Teil des eigenen Selbst erlebt, so daß Kohut sie als *Selbstobjekte* bezeichnet. Er beschreibt, wie das konsistente Versagen der Selbstobjekte eines Kindes zum Trauma werden und die normale Entwicklung narzißtischer Konfigurationen scheitern lassen kann. Die wiederholte traumatische Erfahrung eines versagenden Selbstobjekts ist, so Kohut, für die Entstehung eines gestörten und schwachen Selbst verantwortlich. Auf dieser Grundlage entwirft er einen neuen Ansatz für die psychoanalytische Behandlung von Patienten mit gestörter Selbst-Entwicklung. Obgleich er sich in seinen Überlegungen auf die analytische Situation bezieht, so betreffen die von ihm beschriebenen narzißtischen Konfigurationen sowie die wesentlichen psychischen Funktionen der Selbstobjekte nicht nur analytische Patienten. Diese Entwicklungsprinzipien sowie ihre Implikationen für die Behandlung sind für psychodynamisch orientierte Psychotherapeuten ebenso nützlich wie für Psychoanalytiker, was ich anhand zweier eigener Fallberichte aufzeigen werde.

The Restoration of the Self. (1977, dt. *Die Heilung des Selbst* 1979), Kohuts nächstes Werk, werde ich in den Kapiteln 7 und 8 diskutieren. Mit diesem Buch bricht Kohut mit der klassischen Theorie und stellt das Selbst sowie seine Entwicklung ins Zentrum seiner Psychologie. Er schlägt eine neue Definition für emotionale Gesundheit vor, führt sein Konzept eines bipolaren Selbst ein und stellt die Gültigkeit der dualen Triebtheorie sowie des Ödipuskomplexes als zentrale Antriebskraft menschlichen Verhaltens infrage. Unermüdlich weist er auf die Notwendigkeit einer Psychologie des Selbst innerhalb der Psychoanalyse hin und versucht, die überlegene Erklärungskraft einer solchen Psychologie aufzuzeigen. *Die Heilung des Selbst* (a.a.O.) markiert den Bruch mit dem, was Kohut die klassische Trieb-Abwehr-, und Instanzen-Psychologie nennt.

Meiner Ansicht nach haben zwei Ereignisse, von denen das erste in die Zeit unmittelbar nach Veröffentlichung seines Narzißmus-Buches fällt, zum Bruch mit der klassischen Theorie beigetragen: Im Herbst 1971 erfährt Kohut, daß er unheilbar an Leukämie erkrankt ist. Zum gleichen Zeitpunkt lösen seine narzißmustheoretischen Überlegungen eine Welle an Kritik aus. Das Wissen um einen frühen Tod, aber auch die Unterstützung seiner Freunde haben, so meine ich, Kohut den Mut finden lassen, das psychoanalytische Establishment zu verlassen und sich mit seinen Ideen von der klassischen Theorie eindeutig abzugrenzen.

In Kapitel 9 wird es um *The Two Analyses of Mr. Z.* (1979, dt. *Die Zwei Analysen von Herrn Z.* 1979) gehen, Kohuts Beschreibung zweier Analysen, die er mit demselben Patienten zu unterschiedlichen Zeitpunkten seiner (d.h. Kohuts) Entwicklung durchgeführt hat. Die erste Analyse fand statt, als sich Kohuts theoretische Position noch innerhalb der dualen Triebtheorie ansiedeln ließ. Während der zweiten Analyse hatte Kohut bereits begonnen, nach selbstpsychologischen Gesichtspunkten zu arbeiten. Dieser faszinierende Fallbericht ist Teil seines anhaltenden Plädoyers für seine neue Theorie.

Kapitel 10 und 11 sind Kohuts letztem, posthum veröffentlichtem Werk *How does Analysis cure?* (1984, dt. *Wie heilt die Psychoanalyse?* 1987) gewidmet, das von Arnold Goldberg und Paul Stepansky 1984 herausgegeben wurde und das Kohut mit einer Replique auf die kritische Besprechung seines Buches *Die Heilung des Selbst* (1979, engl. 1977) eröffnet. Die Vorstellung einer 'abgeschlossenen Analyse', so Kohut, habe mehr mit perfektionistischen Ansprüchen seitens der Vertreter der klassischen Theorie zu tun als mit der Realität. Er unterzieht das Konzept des Ödipuskomplexes einer Neubewertung und beschäftigt sich mit der Frage, ob es analytische Neutralität überhaupt geben könne, wenn der Patient die analytische Situation, in der ihm verständnisvoll und einfühlsam zugehört wird, als zutiefst neue Erfahrung erlebt und nicht als neutrale Gegebenheit.

Im zweiten Teil von *Wie heilt die Psychoanalyse?* (a.a.O.) geht es um die Frage der Heilungsprozesse einer analytischen Behandlung. Kohut untersucht die Einheiten einer sogenannten 'vollständigen Deutung', die in eine Verstehensphase mündet, er unterscheidet diese von einer Erklärungsphase, und diskutiert schließlich die Bedeutung jeder diesen beiden Abschnitte. Er stellt seine Sichtweise von Abwehr und Widerstand vor, ein Konzept, das für die klassische Psychoanalyse von zentraler Bedeutung ist, und beschreibt, wie dieses neue Verständnis das Klima in seinem Behandlungszimmer verändert hat.

Mit dem Ziel, die Nützlichkeit und Anwendbarkeit von Kohuts Konzepten für die Durchführung psychodynamischer Psychotherapien, aber auch Psychoanalysen aufzuzeigen, beschließe ich das Kapitel mit der Diskussion eines Falles aus meiner eigenen psychotherapeutischen Praxis.

In Kapitel 12 geht es um Kohuts letzten öffentlichen Auftritt, sowie um seinen Aufsatz *On Empathy* (1984), der, ebenso wie die Schriften *Wie heilt die Psychoanalyse?* (1987, engl.: 1984) und *Introspection, Empathy and the Semicircle of Mental Health* (1982) posthum herausgegeben wurde.

Welche Themen spricht Kohut hier, drei Tage vor seinem Tod, an? Es ist das zentrale Konzept der Empathie, das ihn bereits 1959 beschäftigt, und das er nun neuerlich aufgreift, um den gefürchteten Mißverständnissen entgegenzutreten. Er fühle sich, so seine Aussage, verpflichtet, Klarheit zu schaffen, da er für den Mißbrauch des Empathie-Konzepts Mitverantwortung trage. In der Bibliothek des Psychoanalytischen Instituts in Chicago ist dieser bewegende letzte Auftritt Kohuts in der Öffentlichkeit auf Video festgehalten.

Im letzten Kapitel soll Kohuts Werk einer kritischen Würdigung unterzogen werden. Mögliche Fragen und Einwände ebenso wie zustimmende und ablehende Reaktionen, wie sie, so nehme ich an, auch die Leser und Leserinnen dieses Buches haben werden, möchte ich deshalb ans Ende meiner Ausführungen stellen, um die Entwicklung der Kohutschen Theorien besser nachzeichnen zu können und den inhaltlichen Fluß nicht zu stören.

Kapitel 1

Von Wien nach Chicago

Ernest S. Wolf

„Wir wissen, auf welcher Seite die Psychoanalyse, diese neue Sonne unter den Wissenschaften vom Menschen, ihre verstehende Wärme und ihr erklärendes Licht verströmen wird.“ (Kohut. 1973, dt. 1975, S. 26)

I

Ich beginne diese biographischen Notizen mit einigen Gegendarstellungen. Etwas über Heinz Kohut auszusagen ist einfach und überaus schwierig zugleich. Vielleicht trifft dies für jeden zu, der sich entschließt, über einen guten Freund zu schreiben. Es ist einfach, sich auf eigene Erfahrungen zu konzentrieren und sich von dem leiten zu lassen, das einem vertraut ist. Im ernsthaften Bemühen um Objektivität und Aufrichtigkeit mag es gelingen, ein lebendiges Bild zu zeichnen, doch wird dies nicht über die eigene begrenzte und sehr persönliche Sichtweise hinausgehen. Heinz Kohut genoß den Austausch mit seinen Studenten und Freunden sehr. Gleichzeitig war er jedoch ein ausgesprochen zurückhaltender, ja fast verschlossener Mensch, der seine Vergangenheit in einem Nebel von Allgemeinplätzen zu verbergen suchte. Bis heute existiert keine wissenschaftliche Biographie über ihn. Ebenso wenig ist die Zeit reif, alte Wunden aufzureißen und die heftigen Auseinandersetzungen von einst erneut anzufachen. Ich selbst war wohl zu nah am Geschehen, um einen umfassenden Überblick über einen der wichtigsten Theoretiker der psychologischen Wissenschaft des 20. Jahrhunderts geben zu können; meine Leser müssen mit einem kurzen Abriß vorlieb nehmen. Ganz im Geiste der Selbstpsychologie Kohuts werde ich dabei auf kategorische objektive Bewertungen verzichten, sondern vielmehr die jeweilige Interaktionserfahrung sprechen lassen.

Ich begegnete Heinz Kohut zum ersten Mal, als ich im oberen der beiden Stockwerke des Psychoanalytischen Instituts in Chicago auf den Lift wartete. Es muß in den späten 50er Jahren gewesen sein (das Institut befand sich noch an seiner alten Adresse, 664 North Michigan Avenue, und ich war noch in Analyse bei Charles Kligerman). Eine ganze Gruppe von Patienten und Weiterbildungskandidaten stand am Lift, um hinunterzufahren. Da wurden wir von einem gut gekleideten, schlanken jungen Mann mit ernster Miene angesprochen, ob wir nach ganz unten, ins Erdgeschoß, oder nur ein Stockwerk tiefer fahren wollten. Man könne uns durchaus zumuten, so sein Hinweis, ein Stockwerk zu Fuß zu gehen. Ich war sprachlos. Bis dahin war ich Heinz Kohut noch nie begegnet, wußte aber, wer er war, und daß er den Ruf eines der besten Lehrer am Institut genoß. „Was bildet er sich ein!“, dachte ich mir. Ich mochte diesen Mann nicht, der so asketisch und diszipliniert, so teutonisch und herrisch auftrat. Zwar war ich zu jener Zeit inmitten meiner zweiten Analyse, hatte mich jedoch noch nicht von den schmerzlichen Beschämungen erholt, die mir mein erster Analytiker, Maxwell Gitelson, mit seinen Worten, aber auch mit seinem Schweigen zugefügt hatte.

Zurückblickend verstehe ich meine erste Reaktion auf Kohut als einen Übertragungsrest auf Gitelson, als auch - als Flüchtling aus Hitlers Reich - von Angst und Haß gegenüber allem, was deutsch war, bestimmt. Das schloß Österreich mit ein. Ich hatte mich damals noch nicht davon erholt, als Jude in Nazi-Deutschland aufgewachsen zu sein und litt unter einer neurotischen Angst vor allem Deutschen. Zu jenem Zeitpunkt wußte ich noch nicht, daß Kohuts Eltern Juden waren, wenn auch weltlich eingestellt. Tatsächlich erfuhr ich erst von Kohuts jüdischer Abstammung, nachdem wir uns angefreundet hatten und ich mich Ende der 60er Jahre dem Kreis der Anhänger der Selbstpsychologie angeschlossen hatte. Ich lernte Kohut im Laufe der Jahre sehr gut kennen, hielt ihn jedoch nie für einen Juden. Jüdische Kultur, jüdisches Essen, jüdische Witze, all das war ihm fremd. Aufgewachsen in einer Familie, die vollkommen assimiliert war, empfand er sich auch selbst nicht als jüdisch. Doch für die Nazis war er Jude, und so zwangen sie ihn, Österreich zu verlassen. Obgleich meine eigene jüdische Identität von mir oder anderen nie infragegestellt wurde, brauchte ich lange, um nachvollziehen zu können, daß jemandem nicht daran lag, auf seine jüdische Herkunft explizit hinzuweisen.

Als Kohut nach Chicago kam, hatte er sein Medizinstudium in Wien bereits abgeschlossen. Bei Richard Richter, dem angesehenen Chefarzt der neurologischen Abteilung an der University of Chicago, begann er seine Facharztausbildung. Bei Richter zu lernen, bedeutete, daß man sehr gut war und eine vielversprechende Karriere vor sich hatte. Es ist daher nur allzu verständlich, daß einige von Kohuts Freunden enttäuscht den Kopf schüttelten, als er diese Position verließ und sich zur analytischen Weiterbildung anmeldete.

Kohut war einerseits unnahbar, von aristokratischer, ja fast puritanischer Strenge, andererseits jedoch sehr warmherzig und rücksichtsvoll gegenüber anderen. Er war sehr zurückhaltend und achtete darauf, wie er in der Öffentlichkeit wirkte. Ich sah ihn nie nachlässig gekleidet, und ich weiß, daß er seine Aufzeichnungen viele Male umschrieb und korrigierte, bevor er sie zur Veröffentlichung freigab. Er sprach nicht über seine Gesundheit und nur wenige seiner Freunde wußten, daß er in seinem letzten Lebensjahrzehnt an Leukämie litt. Lange bevor körperliche Fitness und Joggen so populär wurden, rannte Kohut (er joggte nicht!) mehrere Male pro Woche seine feste Strecke. Er aß in Maßen, um sich seine durchtrainierte Figur zu erhalten.

Auf der anderen Seite waren die Abendeinladungen bei den Kohuts immer Ausdruck ihres exquisiten Sinns für gute Küche. Heinz Kohut war ein Liebhaber von guten Weinen. Für gewöhnlich begann der Abend mit einem besonderen Moseljahrgang, während man sich unterhielt und im Wohnzimmer das Kaminfeuer prasselte. Zum Abendessen selbst wurde, je nachdem, ausgesuchter Burgunder oder Bordeaux serviert. Zum Nachtisch gab es entweder einen Sauternes oder eine Spätlese von Rhein oder Mosel. Betty Kohut war berühmt für ihre Sachertorte, deren Rezept sie nie verriet. Das Wichtigste für Heinz Kohut waren jedoch die Weine. Von ihm lernte ich, daß man ein Weinglas nie ganz, sondern nur ungefähr halb voll machte. Stolz zeigte er mir einen Brief seines Freundes Heinz Hartmann, den dieser ihm kurz vor seinem Tod geschrieben hatte. In diesem Brief beklagt Hartmann die Mühen des Alterns, weist aber auch auf die angenehmen Kompensationsmöglichkeiten hin: Die Weine, die man trinkt, werden immer besser. Kohuts Leidenschaft für Weine trug auch dazu bei, daß ich mich als sein Gast mehr zu Hause fühlte. Ich war selbst im Rheinland aufgewachsen und kannte den Brauch aus meinem Elternhaus, bei den meisten festlichen Anlässen ein Glas guten Rhein- oder Moselwein zu servieren. Selbst als Kinder durften wir daran nippen, was uns das Gefühl gab, dazuzugehören, auch wenn er uns eigentlich nicht schmeckte.

Die Abendgesellschaften bei den Kohuts erinnerten mich daran. Heinz Kohut hatte eine Gruppe jüngerer Kollegen um sich versammelt, mit denen er regelmäßig zusammenkam, um seine Arbeit zu diskutieren, und manchmal war damit eine Abendeinladung verbunden. Zum Teil war die Bildung dieser Gruppe eine Reaktion darauf, wie Kohut von seinen früheren Freunden und Kollegen, insbesondere dem Vorstand der Amerikanischen Psychoanalytischen Vereinigung, geschnitten wurde, als er seine Überlegungen zum Narzißmus und zum Selbst zu veröffentlichen begann. Er erwähnte mir gegenüber einige Kollegen, die ihn gut kannten, ihn nun jedoch ignorierten, wenn sie ihm anläßlich eines Symposiums begegneten. Alte Bekannte blickten an ihm vorbei oder grüßten nur kühl und kurz angebunden zurück. Er war verletzt und wütend. Kohut war sowohl Vorsitzender der Amerikanischen Psychoanalytischen Vereinigung als auch Vizepräsident der Internationalen Psychoanalytischen Vereinigung gewesen. Er hatte zu dem Kreis um Anna Freud und Heinz Hartmann gehört, und eine ganze Weile wurde er als nächster Präsident der IPV gehandelt. Unter den Weiterbildungskandidaten am Psychoanalytischen Institut in Chicago genoß er großes Ansehen dafür, daß er die besten Theorieseminare hielt und die interessantesten Aufsätze schrieb. Ich erinnere mich, wie er mit unserer Weiterbildungsgruppe seinen erst kurz zuvor veröffentlichten Aufsatz *Formen und*

Umformungen des Narzißmus (1975, engl. 1966) diskutierte, der für viele von uns neue psychoanalytische Perspektiven eröffnete. Die meisten Kandidaten waren der Ansicht, daß er einer der besten Lehrer am Institut war. Sein Seminar über psychoanalytische Theorie fand auf höchstem intellektuellem Niveau statt. Die Sitzungen begannen damit, daß er uns ein paar Verständnisfragen zu unserer Pflichtlektüre stellte. Nur kurz wechselten sich Fragen und Antworten ab, bis er in die längere Erörterung eines Themas entschwand, das soeben angesprochen worden war. Wir saßen da und waren ganz Ohr, als uns die komplizierten theoretischen Geheimnisse der Psychoanlyse eröffnet wurden. Hatte er einmal begonnen, so vermochte Kohut einen bestimmten Punkt eine halbe Stunde oder länger zu erläutern, wobei er nicht gerne unterbrochen wurde. Ich war fasziniert und erstaunt angesichts seines enormen Wissensschatzes. Mit einem Wort, für uns war er der intellektuelle Kopf der modernen Psychoanalyse, Mr. Psychoanalyse schlechthin.

Der Respekt und die Bewunderung, die Kohut entgegengebracht wurden, schlugen rasch um, als die Selbstpsychologie aufkam. So warf man ihm etwa vor, Freud nicht angemessen gewürdigt zu haben, als er, anläßlich eines Symposiums, den wichtigen Beitrag Breuers und Anna O.s zum Entstehen der Psychoanalyse hervorhob. Innerhalb weniger Wochen stimmten seine Kollegen am Chicagoer Institut dafür, daß er sein Amt im Weiterbildungsausschuß verlor! Er fühlte sich beruflich isoliert. Psychologisch betrachtet, brauchte er die bestätigende Anerkennung eines Gegenübers. Zu jenem Zeitpunkt hatte er bereits eine Diskussionsgruppe ins Leben gerufen, in der er mit einer ganzen Reihe interessierter junger Analytiker sein erstes Buch, das er zu schreiben begonnen hatte, Kapitel für Kapitel besprach. Zu dieser Gruppe gehörten anfangs Michael Basch, John Gedo, Arnold Goldberg, David Marcus, Paul Tolpin, sowie Paul Ornstein aus Cincinnati. Später bat man noch Marian Tolpin, Anna Ornstein und mich selbst, ebenfalls mitzumachen.

Ich war aufgeregt und das Privileg, während der Geistesblitze eines Genies anwesend sein zu dürfen, ehrte mich. Ich hielt Heinz Kohut für den neuen Freud und unsere Treffen als würdige Nachfolger der Mittwochsgesellschaften in der Berggasse. Ich stellte mir vor, dieser sei Abraham, jener Ferenczi, und so fort. John Gedo war einer der tonangebenden Mitglieder unserer Gruppe und schien Kohut am nächsten zu stehen. Nach der Veröffentlichung von *Narzißmus. Eine Theorie der psychoanalytischen Behandlung narzißtischer Persönlichkeitsstörungen* (1973, engl. 1971) hatte Kohut für eine geraume Zeit keine Vorlesung gehalten, und John und ich dachten über ein geeignetes Forum nach, auf dem sich Vorlesung und Buchpräsentation verbinden ließen. Außerdem stand Kohuts 60. Geburtstag bevor und in meiner Naivität nahm ich an, daß die psychoanalytische Gemeinschaft ihm mit einer Feier die gebührende Ehre erweisen würde. Aber blinder Eifer schadet nur. Zu jener Zeit saß ich zufällig im Program Committee der Chicago Psychoanalytic Society. Als der Ausschuß zusammentrat, schlug ich also vor, ein Symposium anläßlich des 60. Geburtstages unseres berühmten Kollegen Heinz Kohut zu veranstalten. Mein Antrag wurde nicht besonders freudig aufgenommen, doch wollte man ihn bei der nächsten

Vollversammlung noch einmal vorbringen. Ein Kollege nach dem anderen stand auf und lehnte meinen Vorschlag ab. Tatsächlich hatte die Gesellschaft noch nie den Geburtstag eines ihres Mitglieder gefeiert und meine Initiative wurde eindeutig und, wie ich heute meine, zu Recht zurückgewiesen. Doch selbst heute, wenn ich zurückblicke, verstehe ich nicht ganz, was mich annehmen ließ, die Mitglieder der Gesellschaft würden jemanden ehren, den sie beneideten und dessen Ideen eine Bedrohung für ihre Gewißheiten, in denen sie sich eingerichtet hatten, darstellten.

Doch so schnell wollte ich nun auch nicht klein beigeben und ich fühlte einen rechtschaffenen Zorn angesichts der Kurzsichtigkeit meiner Kollegen in der Gesellschaft. Angespornt von meiner Verehrung für Heinz Kohut entschloß ich mich, zusammen mit meinen Freunden ein Symposium zu seinen Ehren zu veranstalten. Mit Hilfe von Paul Tolpin und George Pollock, dem Direktor des Instituts, der uns seinen Segen gab, gründeten wir ein Komitee, das (mit tatkräftiger Unterstützung meiner Frau Ina) die Tagung organisieren sollte. Da wir Geld brauchten, um überhaupt etwas auf die Beine zu stellen, bat ich ein gutes Dutzend meiner Bekannten um ein Darlehen von je 150 Dollar, das wir ihnen nach der Konferenz zurückzahlen wollten. Wir mieteten die entsprechenden Räumlichkeiten in einem hiesigen Hotel und stellten ein hochkarätiges Programm mit Referenten aus Europa und Nordamerika zusammen. An der Ausarbeitung des Programms war Heinz Kohut aktiv beteiligt.

Ich kann mich nicht mehr an alle geladenen Gäste bzw. die Themen, zu denen sie sprachen, erinnern; unter ihnen war jedoch der Historiker Carl Schorske aus Princeton, der einen Vortrag über das Wien Siegmund Freuds hielt; der Psychoanalytiker und Anthropologe Paul Parin aus der Schweiz; Lawrence Friedman aus New York, der über psychoanalytische Theorie sprach; Mary Gedo, die über Kunst und Psychoanalyse referierte; Alexander Mitscherlich aus Frankfurt, der die Psychoanalyse nach dem 2. Weltkrieg in Deutschland wieder aufbaute. John Gedo, der die Festansprache hielt. Das Kohut-Festsymposium war ein voller Erfolg, sowohl wissenschaftlich als auch persönlich. Fast 600 Gäste, Freunde und Kollegen, kamen aus der ganzen Welt. René Spitz aus Denver. Anna Freud, die nicht teilnehmen konnte, schickte ihre Glückwünsche aus London. Sie gehörte zu den Ehrensponsoren, wie auch Richard Daley, der Bürgermeister von Chicago. Trotz der zu begleichenden Darlehen blieb nach der Tagung ein Überschuß, der als Spende an das Psychoanalytische Institut ging.

Heinz und Betty Kohut waren schon seit langem mit Anna Freud befreundet, die, wann immer sie nach Chicago kam, bei den Kohuts wohnte. Bei einer dieser Gelegenheiten bewunderte Betty Kohut die Bernsteinkette, die Anna Freud trug. Am letzten Tag ihres Besuchs, kurz vor ihrer Abreise, nahm Anna Freud die Kette ab und legte sie, als Geschenk, Betty Kohut um den Hals. Als Heinz Kohut Anna Freud einige Zeit später ein Exemplar seines Narzißmus-Manuskripts zusandte, erhielt er eine etwas zweideutige, aber ermutigende Antwort. Ihre Freundschaft, ebenso wie die zu Kurt E. Eissler, überlebte die Spannungen, die durch Kohuts theoretische Neuerungen entstanden. Man gratulierte und beschenkte sich zu Geburts- und Feiertagen, doch mit der Zeit wurde nicht mehr über Psychoanalyse oder Kohuts neue Theorien gesprochen. Seine Arbeit war bei seinen engsten Freunden zum Tabu geworden.

Einige Jahrzehnte zuvor, als Eisslers noch in Chicago lebten, war Kohut in Analyse bei Ruth Eissler gewesen. Noch in Wien war er zu August Aichhorn in Behandlung gegangen, über den er stets sehr herzlich sprach. Nachdem ich 1976 einen meiner ersten selbstpsychologischen Aufsätze, *Ambience and Abstinence* veröffentlicht hatte, schenkte mir Kohut eine Photographie, auf der er als sehr junger Mann und August Aichhorn zu sehen waren, wie sie an dessen Schreibtisch saßen und ein Manuskript durchsahen. Auf der Rückseite stand die Widmung: „Mit Aichhorn, 1937 - viel Atmosphäre, wenig Abstinenz. Für Ernie von Heinz, Oktober 1976“. Aichhorn, dem Verfasser von *Verwahrloste Jugend* (1925), arbeitete als einer der ersten Analytiker erfolgreich mit straffälligen Jugendlichen: In seinen Behandlungen förderte er ihre Idealisierung seiner Person und nutzte diese intensive idealisierende Übertragung dazu, psychotherapeutischen Einfluß auszuüben. Ich habe mich immer gefragt, ob Kohuts Überlegungen hinsichtlich der Bedeutung idealisierender Übertragungen aus seiner Zeit mit Aichhorn herrührten, obgleich Kohut die idealisierende Übertragung natürlich nicht manipulierte, sondern analysierte. Aus der Analyse mit Aichhorn stammt auch folgende Anekdote: Kohut war offensichtlich ein sehr wohlerzogener, 'braver' Junge, was Aichhorn auf die Palme brachte und er ihn anblaffte, „Heinz, ich wünschte, ich könnte Dir etwas kriminelle Energie verpassen!“ Eine andere Patientin Aichhorns, die Kohut zwar nie erwähnte, war Margaret Mahler; auch sie wurde zu einer der führenden Theoretikerinnen innerhalb der psychoanalytischen Bewegung.

Als Kohut erfuhr, daß Freud Wien verließ, fuhr er zum Bahnhof, um beim Abschied dabei zu sein. Freud belohnte ihn mit einem kurzen Tippen an seinen Hut. Ich glaube, dies war das einzige Mal, daß Kohut Freud sah, aber er erzählte diese Geschichte ausgesprochen gern. Ich glaube, daß Freuds Geste für ihn wie ein symbolisches Weiterreichen der Fackel war. Noch im selben Jahr, 1938, nach Freuds Abreise, verließ auch Kohut Wien. Nach einem einjährigen Aufenthalt in Großbritannien kam er nach Chicago, wozu ihn sein alter Freund, der Musikwissenschaftler Siegmund Levarie ermutigt hatte, der damals an der University of Chicago lehrte. Kohut war ein großer Musikliebhaber und regelmäßiger Opern- und Konzertgänger. Sein Vater spielte sehr gut Klavier und hatte auch mit einer Karriere als Konzertpianist geliebäugelt, bis der Militärdienst im Ersten Weltkrieg seinen musikalischen Ambitionen ein Ende setzte. Wir alle kannten Kohuts Leidenschaft für Musik und so schenkten wir ihm einmal die komplette Ausgabe der Bach-Kantaten, die er dann jeden Abend, eine nach der anderen, auflegte.

Obwohl die meisten Kollegen seiner Generation auf Kohuts Ideen mit kühler Ablehnung reagierten, begann sich unter jüngeren Psychoanalytikern und analytisch orientierten Psychotherapeuten allmählich Interesse an der Selbstpsychologie zu regen. Zwar hatte Kohut seine Ausführungen mit reichlich Fallmaterial illustriert, doch meinte er, dem eine gesonderte Sammlung an ausführlich beschriebenen Fallvignetten an die Seite stellen zu müssen. Unter der Leitung von John Gedo begannen wir mit der Aufzeichnung unserer klinischen Erfahrungen und stellten unsere Behandlungen, die wir unter den neuen selbstpsychologischen Gesichtspunkten diskutierten, in einem Buch zusammen. An unseren regelmäßigen Fallbesprechungen im Institut nahm Kohut ebenfalls teil. Sie waren eine einzigartige und überaus wertvolle Erfahrung für jeden einzelnen von uns, gleichsam wie in einer Meisterklasse, in der wir unserem Lehrer zu Füßen saßen. Jeder Fall wurde ausführlich diskutiert, so daß darüber entschieden werden konnte, ob wir ihn in unsere Fallsammlung aufnehmen wollten oder nicht. Von den engsten Kollegen genau unter die Lupe genommen zu werden, ist nicht angenehm und führte zu einigen Spannungen innerhalb der Gruppe. Durch Kohuts zusammenfassende Kommentare gelang es in der Regel, diese aufzulösen, doch in einem Fall war dies nicht möglich, so daß John Gedo die Gruppe verließ. Das Buchprojekt wurde unter der energischen Leitung Arnold Goldbergs weitergeführt und unter dem Titel *The Psychology of the Self: A Casebook* (1978) veröffentlicht.

Kohuts letztes Lebensjahrzehnt war durch berufliche Zufriedenheit, aber auch Angst vor körperlichen Schmerzen gekennzeichnet. Zur ersten Jahrestagung der Selbstpsychologie 1978 in Chicago kamen über 500 Teilnehmer. Sie war der Auftakt der seitdem regelmäßig stattfindenden Jahrestagungen mit hochkarätigem wissenschaftlichem Programm. Bis zu seinem Tod 1981 im Alter von 68 Jahren nahm Heinz Kohut aktiv an diesen Treffen teil. Nur drei Tage, nachdem er seine letzte Ansprache anläßlich der 4. Jahrestagung in Berkeley gehalten hatte, starb Kohut in Chicago.

Zurückblickend fragt man sich, woher Kohuts Originalität und deren Fokussierung der Frage des Narzißmus stammten. Ich würde annehmen, daß seine schöpferische Kraft eine Kompensation früherer Versagungen darstellt, die die Kohäsion seines entstehenden Selbst bedrohten. Zu diesen Versagen zählt mit Sicherheit die Abwesenheit seines Vaters während des Ersten Weltkriegs. Ich weiß nicht, wann genau Kohuts Vater eingezogen wurde, doch Kohut wurde im Mai 1913 geboren. Für den Vater bedeutete dieser Krieg eine katastrophale Unterbrechung seiner Karriere als Konzertpianist und es gelang ihm nicht, nach dem Krieg seine musikalische Laufbahn wieder aufzunehmen. Man kann sich die Depression des Vaters ebenso gut vorstellen wie die Enttäuschung des Sohnes über den soeben heimgekehrten Vater, den er aus der Ferne wie einen Helden verehrt haben muß. In den höchst originellen Essays über Musik, die Kohut mit seinem Freund Siegmund Levarie Jahrzehnte später verfaßte, spiegelt sich jedoch das väterliche Interesse an der Musik wider.

Der kleine Heinz hatte eine enge Bindung an seine Mutter, woran sich über viele Jahre hinweg nichts änderte. Einige Bemerkungen, die er diesbezüglich machte, ließen in mir jedoch das Bild entstehen, daß seine Mutter eine eher distanzierte Frau war, die sehr in ihren gesellschaftlichen Kontakten aufging und ihren Sohn der Obhut von Dienerschaft und Hauslehrern überließ. Ich nehme an, daß seine Eltern gesellschaftliche Ambitionen hegten, zu denen auch gehörte, Anschluß an das Großbürgertum zu finden. Wir wissen heute, daß etwa den Wittgensteins und anderen die Assimilierung an die herrschende Klasse mit erstaunlichem Erfolg gelungen ist, und ich frage mich, ob Kohuts Eltern ähnliche Ziele verfolgten. (Vielleicht entspricht die beeindruckende individuelle Schaffenskraft innerhalb der neu assimilierten Gruppe einer bestimmten Art von Selbstbewußtsein; d.h. etwas, womit der Einzelne seiner Herkunft, seinen Ambitionen und seinen Idealen Ausdruck verleiht, um Entschädigung dafür zu erhalten, daß tragende Aspekte der früheren Identität, als man noch zur alten Gruppe gehörte, aufgegeben werden mußten.)

Heinz Kohut war Einzelkind und er hat sich oft über diese Isolierung von anderen Kindern seines Alters beklagt, die ihn bestimmter Sozialisationserfahrungen beraubt habe. Er besuchte keine öffentliche Schule, sondern wurde zu Hause unterrichtet, was dazu führte, daß er sich, selbst noch als Erwachsener, in größeren Gruppen schwer tat. Ich muß jedoch hinzufügen, daß er diese Unsicherheit offensichtlich gut zu verbergen wußte.

Über mögliche Traumatisierungen während seiner Kindheit können wir nur Vermutungen anstellen. Das heißt, ganz abgesehen von der traumatischen Erfahrung, während der Spätadoleszenz und dem frühen Erwachsenenalter plötzlich aus dem Kreis seiner nicht-jüdischen Freunde herausgerissen zu werden, als die Nazifizierung der österreichischen Jugend immer weiter um sich griff. Jedenfalls muß er als junger Mann Probleme gehabt haben, als er sich entschloß, zu August Aichhorn in Analyse zu gehen.

Wenn wir nun all diese Faktoren beiseite lassen, die ihn zu dem Menschen machten, den wir kannten, was veranlaßte Kohut, aus der Rolle des Mr. Psychoanalyse auszubrechen und zum Begründer der psychoanalytischen Selbstpsychologie zu werden? Er selbst hat von Analysanden berichtet, die ihn lehrten, stereotype ödipale Deutungen sein zu lassen und vielmehr dem Gehör zu schenken, was sie tatsächlich zu sagen hatten. Ein anderer Einflußfaktor war seine Erfahrung als Präsident der Amerikanischen Psychoanalytischen Vereinigung (APA), eine Funktion, in der er ganz offensichtlich den egoistischen politischen Machenschaften geachteter Kollegen ausgesetzt war. Dieses Lehrstück über den Narzißmus in der Politik veranlaßte ihn, die nicht analysierten Reste narzißtischer Charakterstörungen bei Psychoanalytikern besser verstehen zu wollen.

Der Kreis junger Kollegen und Kolleginnen, der sich um Kohut versammelte - Gedo, Goldberg, Basch, Paul und Anna Ornstein, Paul und Marian Tolpin, und ich selbst - hatte ebenfalls Einfluß auf sein Denken, der zwar nur schwer zu benennen ist, jedoch durchaus spürbar war. Das heißt nicht, daß Kohut seine Ideen von seinen Anhängern erhielt. Was er brauchte, war ein Resonanzboden, vorzugsweise einen mit positiver, harmonischer Resonanz. So hatte er eine Gruppe um sich geschart, deren Mitglieder er persönlich auswählte und die das Privileg besaßen, seine neuesten Aufzeichnungen als erste zu hören. Natürlich diskutierten wir darüber, wenn wir manche Ideen mit Begeisterung aufnahmen, auf andere hingegen weniger enthusiastisch reagierten. Einige von uns ließen sich in ihren Reaktionen eher von klinischen Überlegungen leiten, andere waren fasziniert von den kühnen theoretischen Neuerungen. Selbst wenn man skeptisch war, niemand lehnte Kohuts Ideen geradeheraus ab: Zu Füßen des Meisters zu sitzen, Zeuge seiner bemerkenswerten Gelehrsamkeit zu sein, mitzuerleben, wie er klinisches Material brillant uminterpretierte und unerschrocken Gedankengut vorbrachte, das an Ketzerei grenzte, war eine viel zu befriedigende und aufregende Erfahrung für jeden einzelnen von uns. Wir hatten alle soeben unseren Abschluß am Psychoanalytischen Institut von Chicago gemacht und gehörten, ganz ohne falsche Bescheidenheit, zu den besten. Wir bewunderten Heinz Kohut und ermöglichten ihm eine gute Selbstobjekterfahrung, die seine Kreativität anspornte.

II

Wie soll man den Einfluß eines solchen Riesen wie Heinz Kohut auf die Psychoanalyse und auf einen selbst beurteilen? Ich bin natürlich nicht unvoreingenommen, muß es aber auch nicht sein. Die Heftigkeit, mit der die gegenwärtigen Auseinandersetzungen innerhalb der Psychoanalyse geführt werden, macht es wahrscheinlich unmöglich, unparteiisch und frei von Vorurteilen zu sein. Eine meiner Voreingenommenheiten entspringt der medizinischen Tradition und meiner Ausbildung als Arzt: Heilen ist mir wichtiger als präzise theoretische Formulierungen. Es geht also um die wichtige Frage, welche Prioritäten man setzt, die mich in Gegenposition zu vielen Kollegen und auch Freud bringt. Freud war nicht gerne Arzt und er stellte den Fortschritt wissenschaftlicher Erkenntnis, insbesondere jener Erkenntnisse, die mit Hilfe der psychoanalytischen Methode gewonnen werden konnten, vor den therapeutischen Ehrgeiz. Als ich Freud zu lesen begann und zur Weiterbildung am Psychoanalytischen Institut in Chicago aufgenommen wurde, übernahm ich Freuds Wertesystem, mehr oder weniger bewußt. Mit den therapeutischen Ergebnissen meiner analytischen Arbeit war ich jedoch nie sehr glücklich. Den meisten meiner Patienten ging es besser; bei vielleicht zwei Drittel oder drei Viertel von ihnen waren deutliche Verbesserungen festzustellen. Das ist kein schlechtes Resultat, verglichen mit anderen medizinischen Sparten. Trotzdem hatte ich immer den Eindruck, daß es zu einfach war, von 'Widerstand' oder 'Unanalysierbarkeit' zu sprechen, wenn die Patienten dem nicht gerecht wurden, was ich für ihr Potential hielt.

Heinz Kohut machte es sich nicht so leicht. Eine seiner Patientinnen, ein eindeutiges Beispiel ödipaler Psychopathologie, sprach nicht in der Art und Weise auf seine Deutungen ihrer ödipalen Übertragung an, wie sie eigentlich sollte. Immer wieder brachte er seine Deutung vor und immer wieder wies die Patientin sie zurück. Widerstand? Klinisches Material und Theorie paßten gut zusammen. Unanalysierbar? Kohut entschloß sich letztendlich, aufmerksam und empathisch dem zuzuhören, was ihm die Patientin über ihr inneres Erleben erzählte. Das war die Geburtsstunde der Selbstpsychologie. Schließlich konnte Kohut sein Wertesystem formulieren: Empathie wiegt mehr als Wahrheit. Ich war zutiefst schockiert, als ich ihn dies das erste Mal sagen hörte, und brauchte lange, bis ich verstand, was er damit meinte. Er entwertete weder die Wahrheit noch kehrte er die Erkenntnisse der Wissenschaft aus Jahrhunderten unter den Tisch. Ich möchte Kohut selbst dazu zitieren, und zwar aus seiner Tischrede anläßlich der Feier seines 60. Geburtstageg im Mai 1973:

Doch jetzt muß ich das Allgemeine hinter mir lassen und spezifische Veränderung in der Hierarchie der Werte aufzeigen, die, wie ich glaube, in der Psychoanalyse eintreten wird. Der Analytiker der kommenden Generation wird vielleicht - durch die volle Verinnerlichung seiner Ideale - die Fähigkeit erwerben, der Schrittmacher einer Veränderung in der Wertehierarchie aller mit dem Menschen befaßten Zweige der Wissenschaft zu werden, und zwar durch eine Verlagerung des Schwerpunkts von einer wahrheits- und realitätsbezogenen Ethik zur Idealisierung von Empathie; vom Stolz auf wissenschaftlichen Scharfblick zur Einfühlung in den anderen und in das Selbst. (...) Und wissenschaftliche Empathie wird, die Verbreiterung und Verstärkung dieser Brücke zum anderen, wird das höchste Ideal sein.“ (Kohut 1973, dt. 1975, S. 19-26)

Die Psychoanalyse barg schon immer das revolutionäre Potential, unsere moralischen Prioritäten neu zu definieren. Es ist nicht klar, ob Freud in seiner Bestimmung dessen, was Psychoanalyse ist - ein Gebiet, das durch die Methode der Datensammlung (also durch Empathie!) abgesteckt wird - die zentrale Rolle der Empathie eindeutig wahrgenommen hat oder nicht. Der Begriff der Einfühlung taucht nur ein Dutzend mal in seinem gesamten Werk auf, und doch stellt er fest: „Von der Identifizierung führt ein Weg über die Nachahmung zur Einfühlung, das heißt zum Verständnis des Mechanismus, durch den uns überhaupt eine Stellungnahme zu einem anderen Seelenleben ermöglicht wird“ (1921, S. 103). Mit dieser Fußnote erkennt Freud das einzige mal das explizit an, das für Kohut zum zentralen Fokus der psychoanalytischen Methode wird. Doch selbst für Freud ist Einfühlung implizit in seinen Schlußfolgerungen und Deutungen enthalten. Kohuts explizite Betonung von Empathie als *sine qua non* für die psychoanalytische Datengewinnung hat unweigerlich zur Folge, daß das Selbst ins Zentrum der theoretischen Überlegungen über das Innenleben des Menschen rückt. Das, so Kohut, ist Psychoanalyse und dadurch werde die durch Freud begonnene revolutionäre Entwicklung fortgeführt. Diese explizit empathische Haltung hat bei mir einen nachhaltigen Eindruck hinterlassen und war ausschlaggebend dafür, mich für die Selbstpsychologie zu entscheiden.

Welche Auswirkungen hatte die Selbstpsychologie auf die Psychoanalyse allgemein? Meiner Ansicht nach haben Kohuts Theorien und klinische Praxis die Verzerrung der Psychoanalyse, wie sie hauptsächlich nach Freud stattfand, korrigiert, d.h. eine Entwicklung korrigiert, in deren Verlauf aus einem menschlichen wissenschaftlichen Unterfangen ein mechanistisches, unmenschliches System wurde, nämlich die Ich-Psychologie, die sich nicht mehr mit der zeitgenössischen Wissenschaft und Philosophie vereinbaren ließ. Wenn man für die Beantwortung unserer Frage nur die behandlungstechnische Praxis jener Analytiker betrachtet, die von der Amerikanischen Psychoanalytischen Vereinigung (APA) anerkannt sind, wie soll man Kohuts Einfluß auf ihre Technik beurteilen? Vielleicht arbeiten die meisten Analytiker gar nicht mehr nach den Regeln der sogenannten Standardtechnik, wie ich sie und die Kollegen meiner Generation noch vor dreißig, vierzig Jahren kennenlernten. Lange Schweigepausen und destruktive oder feindselige Interventionen gehören, so meine ich, im großen und ganzen der Vergangenheit an. Die Deutung von Selbstobjektübertragungen, die damals unbekannt waren, wie etwa die Spiegelübertragung oder die idealisierende Übertragung, sind mittlerweile Bestandteil des therapeutischen Arsenals der meisten Psychoanalytiker. Doch ein umfassendes Verständnis der Selbstpsychologie bleibt eine Aufgabe, die die zukünftigen Generationen von Analytikern zu leisten haben. Es ist schwierig, das jahrelange Arbeiten im triebpsychologischen Bezugsrahmen aufzugeben, oder nicht automatisch in Begriffen wie Ich, Es, und Über-Ich zu denken. Die meisten Analytiker haben noch nicht begriffen, daß die Funktion einer Deutung nicht darin besteht, Informationen für eine Einsicht bereitzustellen, sondern innerhalb der analytischen Zweierbeziehung eine Erfahrung mit therapeutischem Potential zu ermöglichen. Ein solches Erleben kann manchmal mit kognitiven Aspekten verbunden sein, die der Analysand verbal konzeptualisieren kann. Wir kennen jedoch auch frühere Analysanden, die, gemessen am jeweiligen Funktionsniveau, gut analysiert sind, ohne jedoch die dynamischen Veränderungen in ihrem Innern genau in Worte fassen zu können. Man könnte sagen, daß hier eine Heilung ohne viele bewußte Einsichten stattgefunden hat. Schließlich gibt es Patienten, die zu zahlreichen Einsichten gelangt sind und die uns detailliert darüber berichten können, was sie während ihrer Behandlung über ihre bewußte und unbewußte Psychodynamik gelernt haben, doch deren psychisches Funktionieren sich trotz all dieser hart erarbeiteten Erkenntnisse nicht verbessert hat. Dürfen wir diese Patienten ebenfalls als erfolgreich analysiert betrachten?

Ich weiß natürlich, daß traditionell arbeitende Kollegen unsere Arbeit wahrscheinlich als unanalytisch ablehnen würden, wobei sie uns eventuell zugestehen würden, daß wir gute Psychotherapie machen. Aber vielleicht irre ich mich, und meine Sichtweise traditioneller Ansätze ist ebenfalls verzerrt durch meine Fixierung auf eine längst überholte Vergangenheit. Was ich als traditionelle Behandlungstechnik kennenlernte, mag lediglich eine Karikatur dessen sein, was heute in den Behandlungszimmern analytischer Praxen wirklich vor sich geht. Ich weiß, wie sich das Klima in meinem Behandlungszimmer im Laufe der letzten Jahrzehnte verändert hat, als Folge meiner Auseinandersetzung mit Heinz Kohut und seinen Ideen. Wie Kohut bin ich, was die Zukunft der Psychoanalyse angeht, sehr optimistisch. Wie es sich auf Tagungen und in Seminaren, sowohl in den Vereinigten Staaten als auch in Europa, immer wieder zeigt, nehmen Interesse an, aber auch Kenntnisse über die Selbstpsychologie bei den Teilnehmern stetig zu. Es gibt Grund zur Hoffnung, daß die zukünftigen Psychoanalytiker mit all den unterschiedlichen psychoanalytischen Strömungen vertraut gemacht werden, die Selbstpsychologie miteingeschlossen, und daß die Psychoanalyse die grundlegende Wissenschaft und Sprache all jener sein wird, die einen heilenden Beruf ausüben und aus den unterschiedlichsten Disziplinen kommen, die sich mit dem Studium des Menschen beschäftigen.

Kapitel 2

Die klassischen Grundlagen der Selbstpsychologie

Um die Entwicklung des Kohutschen Denkens umfassend nachvollziehen zu können, ist es Voraussetzung, daß Psychotherapeuten und Psychoanalytiker gleichermaßen die klassische Theorie Freuds kennen, wie Kohut sie noch lernte, integrierte und schließlich ausarbeitete. Zu diesem Zweck werde ich das Freud-Theorie-Seminar vorstellen, das Kohut am Psychoanalytischen Institut von Chiacgo hielt. Ich hoffe damit auch, einen Eindruck von Kohuts Stil als Lehrer vermitteln zu können. Seine Spontaneität und Gelehrsamkeit, ganz zu schweigen von seiner starken persönlichen Ausstrahlung, werden dabei natürlich fehlen. Deutlich machen kann ich, so hoffe ich, die Klarheit und Strukturiertheit, mit der Kohut unterrichtete.

Der Inhalt dieses Kapitels stützt sich auf die ausführlichen Aufzeichnungen von Phillip Seitz, dem Co-Dozenten während des zweijährigen Kurses. Sie sind unveröffentlicht und werden im Kohut-Archiv am Psychoanalytischen Institut Chicago aufbewahrt (siehe auch Kohut & Seitz 1960, *Kohut's unpublished course*). Das Glossar am Ende des Buches soll bei Verständnisfragen behilflich sein.

Der Kurs: Erstes Jahr

Einführung

In seiner Einführung des zweijährigen Kurses, den er von 1958 bis in die späten 60er Jahre anbietet, betont Kohut, daß es sich bei der Psychoanalyse um ein Theoriegebäude handelt, das kontinuierlich weiterentwickelt wurde und wird. Seine Diskussion des Freudschen Werkes, so Kohut, werde von den Fortschritten in der psychoanalytischen Theoriebildung, wie sie seit Freud stattgefunden haben, geprägt sein. Mit diesem Eingangskommentar reagiert Kohut auf die dogmatische Haltung zahlreicher zeitgenössischer nordamerikanischer Psychoanalytiker, die an Freuds Werk mit unveränderter Gewißheit festhielten. Zu jener Zeit begann fast jeder psychoanalytische Aufsatz mit einem Zitat Freuds, mit der die Glaubwürdigkeit der jeweils folgenden Ausführungen beschworen werden sollte. Ideen, die nach Veränderung aussahen, wurden als abweichend behandelt; innovative Vorschläge, die sich von Freuds Theorien unterschieden, wurden nicht selten mit Deutungen des Unbewußten des Autors kommentiert. Da Kohut seine eigenen Theorien nicht formal entwickelte, als er sein Theorie-Seminar anzubieten begann, dürfen wir diese einführenden Worte nicht als Versuch werten, damit den Boden für seine eigenen neuen Ideen zu bereiten. Vielmehr handelt es sich dabei um die Aufforderung eines Lehrers an seine Schüler, eine offene wissenschaftliche Haltung einzunehmen.

Für Kohut ist die analytische Theorie kein fester Wissensblock, wie manche innerhalb der analytischen Gemeinschaft glauben, sondern ein Zusammenschluß von Erkenntnissen, die kontinuierlichen Veränderungen unterliegen. Kohut zitiert Freud selbst - der immer wieder alte Vorstellungen zugunsten von neuen Überlegungen verwarf - als erstklassiges Beispiel für diesen Entwicklungscharakter der psychoanalytischen Theorie.

Die Geschichte der Psychoanalyse

Auf Kohuts Einführung folgt eine Übersicht über die Geschichte der Psychoanalyse, in der sich drei deutlich voneinander zu unterscheidende Phasen ausmachen lassen. Die erste Phase beginnt während des letzten Jahrzehnts des 19. Jahrhunderts, als Anna O., die erste analytische Patientin, bei Joseph Breuer, einem Kollegen Freuds, um Behandlung nachsucht. Als sich Breuer aufgrund der Intensität ihrer Beziehung aus dieser Behandlung zurückzieht, wird Anna O. Freuds Patientin[1]. Man schreibt ihr die Erfindung der psychoanalytischen Methode zu, die als freie Assoziation bekannt wurde, als sie Freud auffordert, den freien Fluß ihrer Gedanken nicht zu unterbrechen. Freud entwickelte seine grundlegenden Ideen während dieser ersten Phase, die sich bis in 20er Jahre dieses Jahrhunderts erstreckte. Diesem Zeitraum, in dem die Themen des Es, des Unbewußten und der infantilen Sexualität im Vordergrund standen, widmete Kohut das erste Jahr seines Seminars: Er lehrt Freuds Grundkonzepte, ohne jedoch dessen Ideen weiterzuentwickeln. Die zweite und dritte Phase der Psychoanalyse werden im zweiten Jahr des Theorieseminars eingehender behandelt.

In der zweiten Phase der Psychoanalyse (1920-1937) beherrscht das Interesse am Strukturmodell bzw. Dreiinstanzenmodell, das Freud 1923 in seinem Aufsatz *Das Es und das Ich* vorstellt, die theoretische Diskussion: Es geht vor allem um die Instanzen Es, Ich, und Überich, sowie deren Beziehung untereinander.

In der dritten Phase psychoanalytischer Theoriebildung, die Kohut von 1937 bis

[1] Anm.d.Ü.: Hier irrt der Autor. Freud hat Bertha Pappenheim („Anna O.“) nie selbst behandelt. Josef Breuer erzählte ihm von dieser Behandlung, die er 1880 übernommen hatte, das erste Mal im Jahr 1882, worauf Freud ihn ermuntert, die Krankengeschichte der Anna O. zu veröffentlichen. So fand sie Eingang in die 1885 von Freud und Breuer herausgegebenen *Studien über Hysterie.* (Vgl. Mertens 1990; Kinzel 1993; Nitzschke 1991; Duda & Pusch 1992)

zu dem Zeitpunkt ansetzt, an dem er selbst seine Theorieseminare zu halten beginnt, steht das Ich im Zentrum der Betrachtung: Das Zeitalter der Ich-Psychologie beginnt, in dem das Ich als eigenständige Struktur mit seinen spezifischen Funktionen und Abwehrformationen untersucht wird.

Ordnungsprinzipien

Nach seinem historischen Überblick behandelt Kohut das didaktische Problem, wie man sich der komplexen Psychologie Freuds annähern soll. Er zeigt auf, wie Freud mit Hilfe von fünf Gliederungsprinzipien Ordnung in ein Gewirr an psychologischen Daten brachte. Wir werden Kohuts Erläuterungen von vier der fünf Strukturierungsprinzipien nachzeichnen, um ebenfalls ein Werkzeug an der Hand zu haben, eigenes klinisches Material zu ordnen. Die fünf von Freud herausgearbeiteten Prinzipien sind:

1. Das Prinzip einer Hierarchie psychischer Funktionen mit unterschiedlichen funktionellen Ebenen
2. Der dynamische Gesichtspunkt
3. Der topographische Gesichtspunkt
4. Der ökonomische Gesichtspunkt
5. Der genetische Gesichtspunkt

Noch unerwähnt bleibt das Strukturmodell, das Freud erst während der zweiten Phase der Psychoanalyse entwickelt.

Der dynamische Gesichtspunkt

Kohut eröffnet die Diskussion mit einer Betrachtung des 'dynamischen Gesichtspunktes', die es ihm ermöglicht, näher auf das zentrale Konzept der Psychologie Freuds einzugehen, nämlich, daß ein dem bewußten Denken nicht zugänglicher Teil der Seele psychische Phänomene wie Wünsche, Erinnerungen, Phantasien und Verbote beherbergt. Freud war der Auffassung, daß einige dieser Phänomene mit einer bestimmten Kraft und Intensität auf 'Objekte' (Freuds Bezeichnung für 'Menschen') gerichtet sind. In seinen Diagrammen stellt er diese seelischen Kräfte und ihr Aufeinandertreffen in Form von Vektoren dar. Die Hypothese eines Aufeinandertreffens entgegengesetzter psychischer Kräfte ist ein wichtiger Bestandteil der Theorie Freuds, der die Prämisse einer angeborenen Konflikthaftigkeit des menschlichen Seelenlebens zugrundeliegt.

Für Kohut besteht Freuds Genie darin, eine innere Welt konzeptualisiert zu haben, ohne über einen direkten Zugang zu ihr zu verfügen. Im Kern, so Kohut, basiert die Freudsche Theorie auf der Annahme, daß es psychische Kräfte gibt, die dem bewußten Denken nicht zugänglich sind. Sie sind in dem Teil der Seele enthalten, die Freud das System des Unbewußten nannte. Die Inhalte dieses Systems werden vom Betreffenden als andrängende Kraft erlebt, weshalb er in diesem Zusammenhang auch von den 'Trieben' spricht.

Da zur Zeit, als Kohut ausgebildet wurde und selbst Lehrtätigkeit übernahm, unter den nordamerikanischen Psychoanalytikern der Konflikt als *das* zentrale theoretische Konzept galt, möchte ich hierzu einen kurzen Exkurs machen. Der Konflikt war der konzeptuelle Rahmen, in dem auch Kohut zunächst dachte - und aus dem er sich schließlich befreite.

Um die Ursprünge des Konzeptes zu begreifen, müssen wir uns vergegenwärtigen, welchen Einfluß die zu Zeiten Freuds vorherrschende wissenschaftliche Theorie und Sprache auf die Metaphern seiner Psychologie hatte. Um seiner neuen und revolutionären Wissenschaft Glaubwürdigkeit zu verleihen, entlieh Freud den etablierten Wissenschaften der Biologie und Physik Terminologie und Konzepte. Aus der Physik übernahm er die Konzepte der Mechanik und Strömungslehre (Hydrodynamik). Er konzipierte die menschliche Seele als mechanischen Apparat, in dem Kräfte am Werk waren. Dieses Kräfte verfügten über Energie und verhielten sich der Flüssigkeit in einem geschlossenen System sehr ähnlich. Wenn es zu einer Blokkade der Energie kam, entstand Druck, der nach Entlastung drängte. Für Freud waren verschiedenste Möglichkeiten denkbar, wie der psychische Apparat mit dieser Energie umging.

Auf die Biologie griff Freud zurück, um die Ursprünge der Energie zu erklären. Im Jahr 1859, einundvierzig Jahre bevor Freud *Die Traumdeutung* (1900) veröffentlichte, hatte Darwin die These aufgestellt, daß Organismen bestrebt sind, sich selbst und ihre Art zu erhalten. Freud übernahm Darwins biologische Postulate und zog daraus die Schlußfolgerung, daß zwei Triebe die Energie und die Motivation für menschliches Verhalten bereitstellen. Der Sexualtrieb, so Freud, sei auf Arterhaltung ausgerichtet, während der Aggressionstrieb der Erhaltung des Selbst diente.

Kohut begann diese Biologismen innerhalb der Psychoanalyse kritisch zu hinterfragen (1959, dt. 1977). Er gewann den Eindruck, daß sie dem psychoanalytischen Unterfangen nicht angemessen waren und zu fehlgeleiteten Spekulationen führten, die die Psychoanalyse dem tatsächlichen menschlichen Erleben entfremdeten. Mit zunehmendem Alter und wachsender Erfahrung wird Kohut diese Kritik mit immer stärkerem Nachdruck vorbringen.

Da Freud annahm, daß Triebe die Motivation für menschliches Erleben bereitstellten, bezeichnete man seine Theorie auch als Triebtheorie.[2] Freud prägte den Begriff 'Libido', um die mit den Trieben verbundene Energie zu beschreiben. Er postuliert zwei Formen der Libido: Sexuelle Libido (oder oft einfach nur ‚Libido') sowie aggressive Libido. Freimütige Triebäußerung, so Freud, sei antithetisch zur Aufrechterhaltung der Kultur. In seiner Monographie *Das Unbehagen in der Kultur*

[2] Anm.d.Ü.: Im Englischen werden *instinct* und *drive* als synonyme Übersetzungen für Trieb gebraucht. Beide Begriffe spielen gleichermaßen auf die biologische Herkunft der menschlichen Motivation an.

(1930) beschreibt Freud, wie Kulturen die Äußerung sexueller und aggressiver Strebungen mit einem Verbot belegen. Diese Verbote ermöglichen zwar das Zusammenleben, jedoch zum Preis neurotischen Leids, der für den Gewinn sozialer Harmonie gezahlt werden muß. Neurotisches Leid ist nach Freud das Resultat eines Konflikts zwischen den nach Abfuhr drängenden Triebimpulsen einerseits, und den verinnerlichten kulturellen Verboten andererseits. Um sich selbst zu schützen, errichte die menschliche Psyche eine Abwehr gegen das Bewußtwerden verbotener Triebimpulse. Will man Freuds Psychologie verstehen, muß man auch dieses Spannungsverhältnis zwischen Trieb und Verbot begreifen. Nach diesen kurzen Erläuterungen möchte ich nun zu Kohuts Vorlesung zurückkehren.

Der topische Gesichtspunkt

Freuds Erkenntnis des Unbewußten führte ihn zu seinem nächsten Differenzierungsprinzip, dem 'topischen (oder topographischen) Gesichtspunkt', mit dessen Hilfe er die Topographie der menschlichen Psyche konzeptualisiert und in drei Systeme unterteilt (siehe auch Abbildung 2.1):

1. Das Bewußtsein, das die oberste Schicht einnimmt und dessen Inhalte bewußt sind.
2. Das darunter liegende Vorbewußte, das sowohl Zugang zum Bewußtsein als auch zur unbewußten Schicht darunter hat, und
3. Das Unbewußte, die tiefste Schicht, dessen Inhalte dem Bewußtsein nicht zugänglich sind.

Anhand des topischen Modells zeigte Freud auf, wie sich die Systeme gegenseitig beeinflussen. Kohut betont den dynamischen Charakter dieses Modells sowie seine Nützlichkeit, die Beziehungen der Systeme untereinander zu beschreiben. So erklärt es zum Beispiel, wie Träume, Versprecher und Vergessen als Ausläufer des Systems des Unbewußten in das Vorbewußte eindringen, ein Vorgang, den Freud 'Übertragung' nannte.

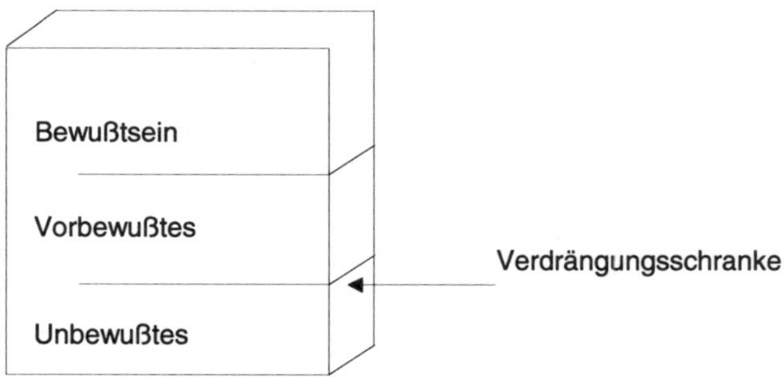

Abbildung 2.1: Freuds topisches Modell des psychischen Apparates

Kohut weist in diesem Zusammenhang darauf hin, daß der Begriff der Übertragung mittlerweile zu vielen Mißverständnissen und mißbräuchlichen Verwendungen geführt habe. Im Laufe der Zeit wurde aus der Übertragung ein Terminus, mit dem ein bestimmter Aspekt in der Beziehung des Patienten zum Therapeuten beschrieben wurde. Kohut nennt dies 'technische Übertragung' und weist darauf hin, daß es sich hierbei um eine spezielle Form des Übertragungsphänomens handelt, die Freud später konzeptualisierte (1905b). Kohut zieht es vor, bei der präziseren ursprünglichen Definition Freuds - das Eindringen des Unbewußten ins Vorbewußte - zu bleiben.

Freud entwickelte eine Psychologie, die die Merkmale der Systeme des Unbewußten und des Vorbewußten beschreibt. Da diese Beschreibungen jedoch über die bloße phänomenologische Betrachtung der damals praktizierten akademischen Psychologie hinausgingen, führte er den Begriff der 'Metapsychologie' ein. Diese Metapsychologie besitzt ihre ganz eigene Sprache, an die sich Kohut in seinen Erläuterungen gewissenhaft hält. Er definiert jeden Begriff sorgfältig und verwendet ihn wiederholt im entsprechenden Kontext. Er betrachtet ihn von mehreren Seiten, bis er, ähnlich einem Fremdsprachendozenten, sicher sein kann, daß seine Schüler die wesentlichen Konnotationen des neuen Begriffs verstanden haben.

Kohut nimmt das Konzept des Unbewußten und Vorbewußten sehr genau unter die Lupe, um Freuds Vorstellung der menschlichen Psyche und ihrer Funktionsweise aufzudecken. Vor allem untersucht er die funktionellen Abläufe innerhalb eines jeden Systems. Er nähert sich Freuds Modell gewissermaßen über die Einzelteile einer Maschine, um zu erkennen, wie sie unabhängig, aber auch in Abhängigkeit voneinander funktionieren. Die Abläufe innerhalb eines jeden Systems belegt Freud desgleichen mit bestimmten Termini. Die Vorgänge im Unbewußten sind die sogenannten 'Primärprozesse', jene im Vorbewußten werden als 'Sekundärprozesse' bezeichnet. Freud nahm an, daß das sekundärprozeßhafte Denken des Vorbewußten den Gesetzen der Ratio unterliege und für geordnetes Denken und Sprechen während des Wachzustands verantwortlich sei. Im Gegensatz dazu seien die Primärprozesse irrational und für jenes Denken verantwortlich, das man typischerweise in Träumen findet: Die Regeln der Alltagslogik sind hier außer Kraft gesetzt ist, eine Sache steht für eine andere, Unmögliches wird möglich und Widersprüchlichkeiten beunruhigen nicht. Da primärprozeßhaftes Denken im System des Unbewußten stattfindet, entzieht es sich dem Bewußtsein und kann nur über Inferenzen erschlossen werden. Solche Schlußfolgerungen werden möglich, wenn Primärprozesse die Schranke zwischen beiden Systemen durchbrechen und in das sekundärprozeßhafte Denken eindringen, oder aber, wenn durch eine kluge psychologische Täuschung die Abwehrschranke 'überlistet' wird.

Der Mechanismus, der sich hinter dieser List verbirgt, sorgt nach Freud dafür, daß sich die mit einem Verbot belegten unbewußten Wünsche an unbedeutsame Inhalte heften. Diese nachgeordneten Inhalte sind 'Tagesreste' und gerade ihre Bedeutungslosigkeit macht sie zum idealen Adressaten für die Übertragung unbewußter Wünsche, die über die Abwehrschranke ins Vorbewußte gelangen. Die Tagesreste operieren wie ein Trojanisches Pferd. Sie überlisten den Zensor, der bedrohliche Wünsche vom Eindringen ins Vorbewußte abhalten soll. Freud nannte die Barriere, die diese zensorähnliche Funktion ausübt, 'Abwehrschranke'.

Abbildung 2.2 illustriert das Eindringen primärprozeßhafter Inhalte über die Abwehrschranke ins Vorbewußte. Dieser Übertragungsmechanismus ist verantwortlich für Versprecher, Träume und neurotische Symptome.

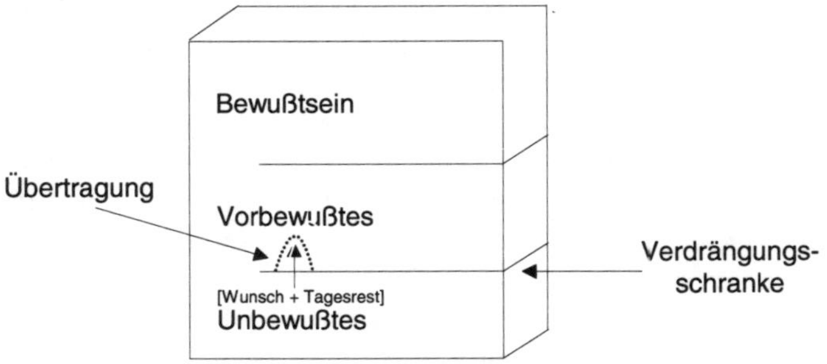

Abbildung 2.2: Das Eindringen unbewußter Inhalte ins Vorbewußte via Übertragung

Kohut legt großen Wert auf diese Definition von Übertragung, da sie ihm ermöglicht, Situationen, in denen die Beziehung zum Analytiker eine Übertragung ist, von solchen zu unterscheiden, in denen die Beziehung zum Analytiker andere Qualitäten zum Ausdruck bringt. Kohut wendet Freuds Definition von Übertragung auf die klinische Situation an, in der sich der Analytiker als ideales Übertragungsobjekt anbietet, da er oder sie keine 'reale' Bedeutung im Leben des Patienten besitzen. Der Analytiker, so Kohut, ist wie ein Tagesrest für den Patienten, denn, „würde er Unterstützung, Beistand und Befriedigung gewähren, oder wäre er ein Freund, so könnte er nicht so ohne weiteres als Übertragungsobjekt benutzt werden" (1960, S. 14).

Kohut nimmt die topographische Perspektive ein, um Freuds Ideen weiterzuentwickeln. Erinnern wir uns, daß der Konflikt das zentrale Konzept der Freudschen Theorie ist. Konflikte existieren nach Freud nicht innerhalb eines einzelnen Systems, sondern zwischen den beiden Systemen. Kohut beschreibt die Ursprünge innerhalb des Unbewußten, die für diesen intrasystemischen Konflikt verantwortlich sind. Er weist darauf hin, daß die (von der erwachsenen Sexualität zu unterscheidende) infantile Sexualität (die Lust, die das Kind aus der Stimulierung seiner Schleimhäute gewinnt) einen dieser Konfliktherde darstellt. Nach Freud existiert die infantile Sexualität, deren Ursprünge in den primordialen Sexualtrieben liegen, innerhalb des Unbewußten als ein intensives und lustsuchendes Triebbündel, das als Wünsche erlebt wird, die nach unmittelbarer Befriedigung streben. Das Drängen nach sofortiger Gratifikation ist das im Unbewußten herrschende Prinzip, das Freud auch als 'Lustprinzip' bezeichnete.

Kohut unterstreicht den wunscherfüllenden Charakter des Primärprozesses und weist darauf hin, daß das Verständnis dieses zentralen Konzeptes wiederum davon abhängig ist, daß man versteht, daß das Erleben des Einzelnen den Kern seiner (oder ihrer) inneren Welt ausmacht, daß also das innere Erleben die psychische Realität definiert. Er betont, daß zwischen den beiden Systemen dynamische Beziehungen bestehen, geht jedoch an dieser Stelle nicht näher auf die Inhalte des Unbewußten ein, die er unter dem Oberbegriff 'unbewußte Wünsche, Triebe und Strebungen' zusammenfaßt. Ich möchte jedoch an dieser Stelle eine kurze Erläuterung der hypothetischen Inhalte des Unbewußten anfügen.

In der Theorie Freuds finden sexuelle und aggressive Triebe ihren Ausdruck im Wunsch des Kindes, eine inzestuöse Beziehung zum gegengeschlechtlichen Elternteil einzugehen, während der gleichgeschlechtliche Elternteil als Rivale angesehen wird, dem man mit Todeswünschen begegnet. Das Bewußtsein dieser Wünsche führt zu intensiver Angst, daß damit auch die Gefahr der Vergeltung seitens des Rivalen verbunden ist. Das Zusammentreffen unbewußter Todes- und Inzestwünsche, sowie die Angst vor Vergeltung konstituiert das Kernkonzept der Freudschen Theorie - den Ödipuskomplex.

Wann immer Freud von Wünschen im Unbewußten sprach, bezog er sich auf sexuelle und aggressive Wünsche, die er als die eigentlichen Konfliktherde ansah. Wie ich bereits erwähnt habe, führen sie die phantasierte Vergeltung seitens des herausgeforderten Elternteils mit sich: Für den kleinen Jungen bedeutet Vergeltung Kastration durch den Vater, für das Mädchen (das sich, so die klassische Sichtweise, als bereits kastriert erlebt) ist es die Angst, von der Mutter verlassen zu werden. Nach Freud ist die Angst vor Vergeltung so stark, daß es zur Mobilisierung von Abwehrmechanismen kommt, um die Psyche vor dem Eindringen eines unbewußten Wunsches ins Vorbewußte zu schützen. Handeln in der äußeren Realität wird aufgrund seiner unbewußten Verknüpfung mit den sexuellen und aggressiven Trieben als gefährlich erlebt. Bestimmtheit im Auftreten ist psychisch gefährlich und muß vermieden werden. Folglich nehmen die Abwehrmechanismen die Form umfassender Hemmungen an, die das Handeln in der äußeren Realität verhindern.

Freud behauptete, daß jede Aktivität (Gehen, Schauen, Sprechen, Denken, Schreiben) als Ausdruck des Sexualtriebs ihren Anfang nimmt. Um normal und ohne Hemmung zu funktionieren, muß sie von einer Bindung an die konflikt-induzierenden sexuellen Wünsche befreit werden. Das sekundärprozeßhafte Denken des Vorbewußten wiederum muß diese Aktivitäten desexualisiert halten. Kommt es zu einer neuerlichen Sexualisierung, so führen diese Aktivitäten Abkömmlinge des unbewußten Wunsches mit sich, die die Psyche dazu veranlassen, ihre Abwehrschranken zu errichten, häufig in Form von Hemmung. Ein Beispiel ist die sogenannte Schreibhemmung des Schriftstellers, dem sich der Erfolg seiner Tätigkeit ankündigt. Zu diesem Zeitpunkt hatte Freud noch keine Instanz konzeptualisiert, die die Schuldgefühle angesichts verbotener Wünsche erklärt. Dieses Konzept wird erst 1923 in Freuds Schrift *Das Ich und das Es* als Überich in die die psychoanalytische Theorie eingeführt.

Kohut wendet sich als nächstes dem Konzept des emotionalen Wachstums zu. Für Freud steht das heranwachsende Kind vor der Aufgabe, die Fähigkeit zu entwickeln, zwischen halluzinierten Wünschen und realer Befriedigung zu unterscheiden. Er nahm an, daß Erfahrungen 'optimaler Frustration' für die Differenzierung zwischen Wunsch und Realität verantwortlich sind. Eine optimale Frustration ist der von einem Kind erlebte Aufschub, bevor ein bestimmter Wunsch erfüllt werden kann. Mit Hilfe dieses Aufschubs erkennt das Kind, daß aktive Schritte notwendig sind, um den Wunsch zu erfüllen. Freud betonte, daß die Abgrenzung von Wunsch und Realität nur über ein *optimales* Maß an Frustration möglich sei, also eine Frustration, die weder so stark ist, als daß sie traumatische Folgen hat, noch so schwach, als daß sie als unbedeutend angesehen werden muß. Freud nannte die Fähigkeit, die Realität zu begreifen und Befriedigung aufzuschieben, Realitätsprinzip, das er dem sekundärprozeßhaften Denkens zuordnete. Es operiert innerhalb des Vorbewußten und unterscheidet sich vom primärprozeßhaften Denken, dem Lustprinzip des Unbewußten, das von der unmittelbaren Gratifikation eines Wunsches ausgeht.

Kohuts Diskussion optimaler Frustration stützt sich auf sein bereits früh ausgebildetes feines Gespür für narzißtische Fragestellungen.

> Ist das Kind übermäßig verwöhnt (also nicht optimal frustriert), so bleibt ein ungewöhnlich hohes Maß an Narzißmus oder Omnipotenz zurück. Gleichzeitig fehlt es jedoch an tatsächlichen Fertigkeiten, so daß es sich minderwertig fühlt. Doch auch übermäßig frustrierende Erfahrungen machen es schwierig für das Unbewußte, sich ins Vorbewußte zu differenzieren. Erfahrungen dieser Art führen dazu, daß narzißtische Größenphantasien nicht aufgegeben werden. (Kohut & Seitz 1960, S. 20)

Bereits zu diesem Zeitpunkt konzeptualisiert Kohut Narzißmus in einem Entwicklungskontext: „Bei Menschen, die dazu neigen, 'verwöhnt' zu werden, finden sich Fixierungen primärprozeßhafter Omnipotenzenttäuschungen, die nicht einfach nur als abwehrbedingte Überkompensierungen angesehen werden dürfen" (a.a.O., S. 19). Im Gegensatz zum gängigen psychoanalytischen Standpunkt in den 50er und 60er Jahren, der narzißtische Omnipotenz als Abwehr auffaßte, führt Kohut sie auf ein Entwicklungsdefizit zurück. In diese Richtung weiterdenkend wird er schließlich eine eigene Entwicklungsline für den Narzißmus konzeptualisieren.

Da es sich bei Freuds Psychologie um eine Konfliktpsychologie handelt, entwikkelte er eine Sprache, die zwei Systeme beschreibt, die im Gegensatz zueinander stehen. Kohut übernimmt Freuds Terminologie und ordnet sorgfältig jedem dieser beiden Systeme bestimmte Qualitäten und Charakteristika zu. So sind Primärprozeß, Lustprinzip, Wunscherfüllung, infantile Sexualität und Aggression gleichbedeutend mit dem Unbewußten sowie Teil davon, während Sekundärprozeß, Realitätsprinzip und vernunftgeleitetes Denken für das Vorbewußte stehen.

Kohut beschreibt die Beziehung der beiden konfligierenden Systeme als „Kontinuum vom Unbewußten zum Vorbewußten", mit einer „allmählichen Veränderung vom Primär- zum Sekundärprozeß, vom Lust- zum Realitätsprinzip" (a.a.O., S. 20). Um das Unbewußte zu verstehen, so Kohut, muß man die schwierige „emotionale Leistung erbringen, sich vorstellen zu können, wie es etwa Freud vermochte, daß das primitive Unbewußte nichts weiter als erfüllte Wünsche enthält. Das heißt, alles in dieser primitiven Schicht unserer Psyche, sind phantasierte Wunscherfüllungen" (a.a.O., S. 20). Kohut faßt sein Verständnis des topographischen Modells folgendermaßen zusammen:

Psychisches Funktionieren ist zweigeteilt. Es gibt das Vorbewußte und das Unbewußte, die nicht direkt miteinander verbunden sind, jedoch eine Schranke zwischen sich haben; (...) optimale Versagung führt zu einer maximalen Differenzierung zwischen Unbewußtem und Vorbewußtem, zwischen Primärprozeß und Sekundärprozeß, während übermäßige, oder aber unzureichende Frustration die Fixierung auf einem unbewußten, von Omnipotenzphantasien und vom Lustprinzip geleiteten, infantil-sexuellen, wunscherfüllenden und primärprozeßhaften psychischen Funktionsniveau nach sich zieht. (a.a.O., S. 21)

Der psychoökonomische Gesichtspunkt

Die psychoökonomische Sichtweise, der er sich nun zuwendet, ist für Kohut von besonderem Interesse. Mit ihrer Hilfe lassen sich seine theoretischen Formulierungen einerseits, sowie seine klinische Erfahrung andererseits verbinden. Kohut geht in erster Linie der Frage nach, wie es der Psyche gelingt, heftige Affekte zu erleben und gleichzeitig intakt zu bleiben. Andererseits weiß er sehr genau um die Gefahr, unter der Last unkontrollierbarer Affekte zusammenzubrechen, ist sich jedoch bewußt, daß diese Disposition relativ ist und von der Natur des traumatischen Affekts, dem jeweiligen Entwicklungsstand, der relativen psychischen Stärke zum Zeitpunkt des Traumas, und schließlich von der Umgebung, in der die betreffende Person lebt, abhängig ist. Die psychoökonomische Sichtweise betrifft das Problem der Affektkontrolle und Spannungsregulierung. Sie fragt nicht nach spezifischen Inhalten des Unbewußten, sondern nach der Intensität von Gefühlen und der Natur emotionaler Zustände. Ein Trauma - ein zentrales Konzept der psychoökonomischen Sichtweise - tritt dann auf, wenn ein Affekt die Fähigkeit zur Aufrechterhaltung des psychischen Gleichgewichts übersteigt. Für Kohut ist es nicht so sehr der Inhalt, der ein Ereignis zum Trauma werden läßt, sondern die Intensität des Affekts, der dieses Ereignis umgibt. Ein Trauma ist immer in Relation zur psychischen Konstitution und Reife zu sehen. Der jeweilige Zeitpunkt des Auftretens ist hierbei entscheidend, da die Intensität eines Traumas von der Vulnerabilität neuer Strukturen, sowohl in der Kindheit als auch im Verlauf einer analytischen Therapie, abhängig ist.

Ein unreifes, verletzliches Ich unterliegt sehr schnell der Gefahr der Überstimulierung und somit Traumatisierung. Es ist die Intensität frühkindlicher Primärprozesse angesichts eines unreifen, verletzlichen und leicht überstimulierbaren Ichs, das für so viele frühe Abwehrmaßnahmen oder Verdrängungen verantwortlich ist. Ein Trauma ist immer in Abhängigkeit zu sehen vom jeweiligen Grad der (Un)Reife zu einem bestimmten Zeitpunkt in der Entwicklung. (a.a.O., S. 22)

Ein Trauma, so Kohut, ist nicht objektivierbar, da es vom Erfahrungsstand der betreffenden Person abhängig ist. Von dieser Perspektive aus betrachtet, kann ein Trauma nur über den Bericht einer traumatisierten Person oder aber über die Einfühlung des Beobachters in den traumatischen Zustand erfaßt werden. Kohuts Betonung von Empathie, wie sie hier offensichtlich ist, wird zu einem zentralen Pfeiler seiner klinischen Untersuchungsmethode werden (1959, dt. 1977).

Er kehrt zu Freuds topographischem Modell zurück und zeigt anhand von Traumata, wie dieses Modell funktioniert. Traumata, so Kohut, können nicht ins Vorbewußte integriert werden, da die mit dem traumatischen Ereignis einhergehende affektive Intensität nicht kontrolliert werden kann und ins Unbewußte abgeschoben werden muß. Die Abtrennung unkontrollierbarer Affekte innerhalb des Unbewußten (um welche spezifischen Affekte es sich auch immer handelt) nennt man 'Verdrängung'.

Kohut bleibt in der Metapsychologie Freuds, um die Konzepte 'Trauma' und 'Verdrängung' weiter auszuführen. Unter normalen Bedingungen, so seine Erläuterung von Primär- und Sekundärprozessen, übt der Sekundärprozeß, der mit geringen Mengen an Energie verbunden ist, Kontrolle über den Primärprozeß aus, an den große Mengen von Energie geknüpft sind. Die Quelle dieser großen Mengen an Energie sind lustsuchende infantile Wünsche im Unbewußten, die nach sofortiger Befriedigung streben. Aufgrund ihrer traumatischen Natur können infantil-sexuelle Wünsche nicht sekundärprozeßhaft integriert werden, sondern werden via Verdrängung in unveränderter Form im Unbewußten gehalten.

Die genetische Sichtweise

Mit Hilfe der genetischen Sichtweise, die für ihn den Kern der Psychoanalyse verkörpert, erläutert Kohut die Organisation der menschlichen Psyche. Sie bietet die Möglichkeit, nach den Ursprüngen bestimmter Lebensmuster einer Person zu fragen, sowie Form und Inhalt der Psyche eines bestimmten Menschen in ihren historischen Kontext zu setzen.

Kohut stimmt nicht mit Freud überein, der, nachdem er die Triebe als alleinige motivationale Kraft im psychischen Apparat konzipiert hatte, sein Interesse an Umwelteinflüssen aufgab. Vielmehr zeigte ihm seine eigene klinische Erfahrung, daß sich die Umwelt durchaus auf die Entwicklung und die Fähigkeiten des Kindes auswirkte. Dieses Interesse Kohuts an den Einflüssen der äußeren Realität auf das Seelenleben des Menschen wurde jedoch von Seiten des psychoanalytischen Establishments in Nordamerika scharf kritisiert. Man warf ihm vor, sich eher wie ein Soziologe denn wie ein Psychoanalytiker zu verhalten. Psychoanalyse, so die Kritik, beschäftige sich ausschließlich mit unbewußten innerseelischen Gegebenheiten. Diese kritischen Reaktionen basierten jedoch auf einem Mißverständnis der Position Kohuts: Für ihn stand nicht die Umwelt an sich im Zentrum der Betrachtung, sondern das *Erleben* der äußeren Realität, sowie ihre Auswirkungen, ob gesund oder pathologisch, auf die strukturelle Entwicklung während der Kindheit.

Symptombildung

Nachdem Freuds Metapsychologie terminologisch geklärt ist und Gliederungspunkte zur Verfügung stehen, mit deren Hilfe klinisches Material geordnet werden kann, wendet sich Kohut dem Konzept der 'Symptombildung' zu, das für ihn eine zentrale Stellung in der frühen Theorieentwicklung Freuds einnimmt.

Neurotische Symptombildung

An den Anfang seiner Ausführungen stellt Kohut Freuds These, daß es sich bei neurotischen Symptomen im Grunde um Übertragungsphänomene handelt, d.h. sie sind das Resultat von etwas im Unbewußten, das ins Vorbewußte zu gelangen droht, und sind der Traumbildung ähnlich.

Obgleich Freud die Vorstellung zurückwies, daß die äußere Realität die Inhalte des Unbewußten beeinflusse, ging er doch davon aus, daß die neurotische Symptombildung letztlich äußeren Frustrationen entspringe - sei es Enttäuschung in der Liebe, berufliche oder geschäftliche Mißerfolge, ernsthafte Erkrankungen, usw. Diese äußere Frustration, so Freud, produziere zwar nicht das neurotische Symptom selbst, sei jedoch der unerläßliche erste Schritt auf diesem Weg. Die Psyche reagiere auf Frustration mit vermehrter Tagträumerei (als vorbewußte Aktivität), die, wenn sie sich in Grenzen hält und flexibel gehandhabt wird, als gesunder Versuch gesehen werden muß, die harte Realität abzumildern. Beim Tagträumen handelt es sich um eine Regression im Dienste des Ichs, die die Abkehr von einer schmerzlichen und frustrierenden äußeren Realität, und die Hinwendung zu einer phantasierten Wiederherstellung des früheren, ungestörten Zustandes ermöglichen soll. Tagträumerei als wohltuendes Zwischenspiel vor der notwendigen Rückkehr in die Realität - Freud bezeichnete diesen Zustand des Tagträumens als 'manifeste Regression'. Dieser restaurative Versuch schlage jedoch bei der neurotischen Symptombildung fehl, was nach Freud die eigentliche 'Regression' nach sich ziehe.

Libido, so erinnern wir uns, ist die an sexuelle und aggressive Triebe gebundene Energie. Um die eigentliche Regression zu erklären, die den Rückzug der Libido von einer reifen Position auf frühere Entwicklungspunkte bedeutet, bediente sich Freud der Analogie von Truppenbewegungen innerhalb einer Armee. Jedes voranschreitende Heer, so Freud, läßt Teile seiner Truppen an früheren Kampfschauplätzen zurück - bei kleineren Gefechten weniger, bei größeren mehr -, um dieses verwundbare Areal zu schützen. Als Folge davon kommt es zu einem stetigen zahlenmäßigen Rückgang der voranschreitenden Kontingente, bis diese schließlich bei einem Angriff der überwältigenden gegnerischen Truppen ihren Rückzug antreten, bis zu jenem Punkt, an dem der größte Teil ihrer Streitkräfte zurückgelassen worden war. Entsprechend postuliert Freud, daß im Laufe der libidinösen Entwicklung Spuren der Libido an bestimmten früheren Fixierungspunkten zurückgelassen werden, im Fall von frühen Entwicklungstraumata bedeutsame Mengen. Freud nahm an, daß diese Menschen über weniger Fähigkeit zur gesunden manifesten Regression verfügen, sondern anfälliger für eine tatsächliche Regression sind.

Im Falle der eigentlichen Regression führt das Zurückdrängen der Libido auf frühe Fixierungspunkte zur Wiederbelebung inzestuöser Gefühle aus der Kindheit, die ruhig gehalten worden waren. Das Interesse an der Realität und den Menschen der Gegenwart weicht dem regressiven Interesse an der unbewußten inzestuösen Liebe der Kindheit. Vor der frustrierenden Erfahrung hatte eine ausgleichende repressive Kraft dieser unbewußten inzestuösen Liebe entgegengehalten. Doch nun geraten die Kräfte aus dem Gleichgewicht. Inhalte aus dem Unbewußten bedrohen das Vorbewußte. Das ökonomische Gleichgewicht ist gestört und der vierte Schritt in diesem Prozeß, das Anwachsen 'verdrängter Objektlibido' setzt ein. Freud nannte dieses ökonomische Ungleichgewicht 'Aktualneurose' und sah in ihr den Kern einer Psychoneurose.

Die Aktualneurose ist ein psychoökonomisches Konzept. Sie ist das Ergebnis eines Ungleichgewichts der Kräfte, die das 'zweite System', das Vorbewußte, mit desorganisierender Angst bedroht. Die Bildung des neurotischen Symptoms ist der Versuch der Psyche, das Vorbewußte vor dieser Angst zu schützen. Die Beseitigung des neurotischen Symptoms, ohne Lösung des zugrundeliegenden Konflikts, läßt die Angst wiederaufleben. Die Aufrechterhaltung des neurotischen Symptoms hingegen hält auch die Angst in Schach.

Der letzte Schritt auf dem Weg der Symptomentstehung ist die Kompromißbildung. Freud nahm an, daß es sich bei einem Symptom um den Kompromiß zwischen verbotenen unbewußten Triebwünschen einerseits und entgegengesetzten unbewußten Kräften andererseits handelt. Dieser Kompromiß entsteht im Vorbewußten und ist für das aktuelle Symptom verantwortlich. Ödipale Phobien, mit ihren klassischen Hemmungen, sind Beispiele für Kompromißbildungen. In Abbildung 2.3 stellt Kohut Freuds Schema der neurotischen Symptombildung vor.

Psychotische Symptombildung

Freuds Interesse an neurotischer Symptombildung wich nach und nach einem Interesse an dem, was Kohut die 'tieferen pathologischen Schichten' nannte. Kohuts eigenes besonderes Gespür für diese Fragen zeigt sich in seiner Diskussion der Symptombildung bei Psychosen. Wie Freud weist er darauf hin, daß die Regression bei der psychotischen Symptombildung die gleichen Stadien wie bei der neurotischen Symptombildung durchläuft: Auf eine Frustration folgt eine manifeste Regression.

Im Falle einer Psychose nimmt die Entwicklung jedoch ab der eigentlichen Regression einen anderen Verlauf (siehe Abbildung 2.3).

Im Unterschied zur Regression auf inzestuöse infantile Objekte, wie sie die Neurosen kennzeichnet, bewegt sich die Regression im Falle einer Psychose in Richtung eines vor-objektalen Zustandes, in dem die unbewußte Bindung an Objekte verlorengegangen ist. „Selbst ein Robinson Crusoe kann das *Gefühl* von Objekterfahrung besitzen, da diese grundlegend zur inneren Erfahrenswelt gehört“ (Kohut & Seitz 1960, S. 38).

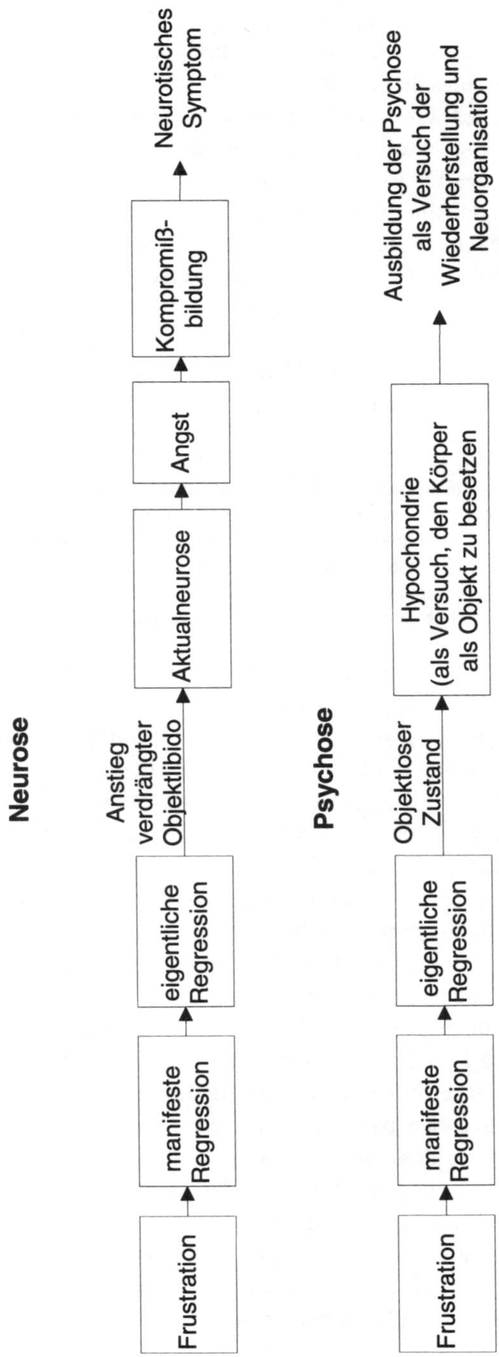

Abbildung 2.3: Freuds Schema neurotischer und psychotischer Symptombildung

Die Regression auf einen objektlosen Fixierungspunkt, so Kohut, stellt für die Persönlichkeit eine Bedrohung dar, da ohne innere Objektbindung ein Gefühl des Nichts, der Auslöschung und des Losgelöstseins von Raum und Zeit die Folge ist.

Freud vertrat die Ansicht, daß diese tiefe Regression in die Hypochondrie mündet, ein Zustand, in dem die Libido nach einem Objekt sucht und, da es keines findet, den eigenen Körper zu diesem Objekt macht. Für einen Menschen in einer solchen psychotischen Regression fühlt sich der Köper an, als würde er auseinanderfallen und die Welt scheint zu entgleiten. Nach Kohuts Auffassung sind es weder der Körper noch die äußere Realität, die verloren gehen, sondern der innere Objektkern. Der Verlust unbewußter Objekte führt zu einer präobjektalen, autoerotischen und narzißtischen Spannung. Die Wahnvorstellung eines auseinanderfallenden Körpers und des jüngsten Tages sind Ausdruck für das Gefühl, daß die innere Welt auseinander bricht. Hypochondrie ist der Versuch des Psychotikers, seinem Erleben des objektlosen Zustands Ausdruck zu verleihen. Kohut beschreibt den psychotischen Zustand folgendermaßen:

> Dieser Zustand ist sehr schmerzlich, da der gesunde Rest des Ichs Zeuge wird, wie sein Gleichgewicht, seine Organisation und seine inneren Objekte verloren gehen. Schizoide Charakterstrukturen schützen sich vor diesem Schmerz, indem sie sich vor der Welt abschotten. Sie wissen um ihre Verletzbarkeit und sind sich im klaren darüber, daß sie, wenn sie in Kontakt mit anderen Menschen treten und verletzt werden, auf einen objektlos-narzißtischen autoerotischen Zustand regredieren werden, der für ihr noch funktionierendes Ich so schmerzlich ist. (a.a.O., S. 39)

Um die unerträgliche narzißtische Spannung abzumildern, versucht der Psychotiker in Kontakt zu seinen inneren Objekten zu treten. Dieser Versuch der Wiederherstellung mündet jedoch in psychotische Symptombildung. Die Schaffung von Neologismen kann als ein solches Bemühen um Wiederherstellung betrachtet werden. Es ist zum Scheitern verurteilt, denn haben die unbewußten Objekte einmal ihre libidinöse Besetzung verloren, existiert keine Verbindung mehr zwischen den Objekten im Unbewußten (Primärprozeß) und ihrer Repräsentanz durch Worte im Vorbewußten (Sekundärprozeß). Worte werden somit als Objekte an sich wahrgenommen. Sie dienen nicht länger der Symbolisierung, sondern der Psychotiker spielt mit ihnen und liebt sie um ihrer selbst willen. Neologismen sind der fehlgeschlagene Versuch, eine Verbindung zu den vorbewußten Symbolen von Worten herzustellen.

Kohut betrachtet die psychotische Symptombildung als einen vergleichsweise gesunden Versuch, den Kontakt zu Objekten wiederzufinden. Er respektiert das Symptom als die wirksamste Strategie, die dem Betreffenden zur Verfügung steht, um mit einem überwältigenden psychoökonomischen Ungleichgewicht fertig zu werden. Diese Haltung markierte eine subtile Veränderung im Verständnis psychopathologischer Phänomene und stand in deutlichem Gegensatz zur herrschenden Meinung nordamerikanischer Psychoanalytiker. Mit seiner Interpretation psychotischer Symptome als restaurative Reaktion entfernt sich Kohut von der Auffassung, daß es sich bei Symptomen um Hindernisse handelt, die der Aufdeckung unbewußter infantiler Triebe und ihrer Abkömmlinge im Wege stehen.

Phobien

Kohut wendet sich als nächstes den Phobien zu. Während die ödipale Phobie den Kern der Neurose darstelle, stehe im Zentrum der Psychosen die präödipale Phobie, die noch nicht mit einer gefestigten Triebkontrolle einhergehe. Kohut wirft hier die immer wiederkehrende Frage nach der Verletzlichkeit neuer Struturen auf. Er ist der Auffassung, daß neu entstandene Strukturen besonders anfällig für Traumata sind, da sie noch nicht sicher genug im Netzwerk unserer Psyche verankert und integriert sind. Ob ein Ereignis zum Trauma wird oder nicht, ist von der strukturellen Fähigkeit der Affektkontrolle abhängig.

Als Beispiel für eine präödipale Phobie nennt Kohut die Angst eines zweijährigen Kindes vor dem Summen einer Biene, die er mit dem drohenden Triebdurchbruch durch die neu entwickelte Abwehrstruktur erklärt. Ein Durchbruch von Triebimpulsen droht deshalb, weil das Kind noch nicht über eine ausreichend gefestigte Triebkontrolle verfügt. Die unkontrollierbaren Triebimpulse werden auf die Außenwelt projiziert, in diesem Fall auf das Summen der Biene, und als gefährlich erlebt. „In solchen Momenten braucht das Kind Mutter oder Vater, die es beruhigen und ihm das Gefühl geben, daß seine Triebimpulse unter Kontrolle sind“ (a.a.O., S. 43). Freud hatte sich nur auf die Psyche konzentriert und die Auswirkungen der Umwelt auf das sich entwickelnde Kind in seinen Betrachtungen außen vor gelassen. Kohut erkennt jedoch, daß die Eltern fehlende psychische Funktionen für das Kind bereitstellen und entwickelt daraus schließlich das Konzept des Selbstobjekts, das in den Kapiteln 4 und 5 diskutiert werden soll.

In seinen Ausführungen geht Kohut häufig so vor, daß er psychische Phänomene, die gleich aussehen, jedoch aufgrund ihrer unterschiedlichen entwicklungspsychologischen Ursprünge unterschiedliche Bedeutungen haben, einander gegenüberstellt und einem Vergleich unterzieht. So unterscheidet er in seiner Diskussion neurotischer und psychotischer Phobien Triebabkömmlinge, die die Verdrängungsschranke überschreiten - wie dies bei den neurotischen Phobien der Fall ist -, von den Projektionen eines unsicheren und sich auflösenden Ichs in den präödipalen Phobien.

Kohut beendet seine Diskussion der Symptombildung mit dem Hinweis, daß psychotische Wahnvorstellungen, hypochondrische Symptome und präödipale Phobien allesamt ‘Theorien’ seien, in denen sich Erfahrungen der betreffenden Person abbilden: das Erleben des objektlosen Zustands, ein bestimmtes Körpererleben, sowie die Wahrnehmung ängstigender Triebimpulse.

Die verbliebene Zeit des ersten Vorlesungsjahres widmet Kohut dem siebten Kapitel der *Traumdeutung* (Freud 1900), worauf ich an dieser Stelle nicht näher eingehen will. Ich möchte jedoch kurz einen Punkt herausgreifen, der bereits die Ideen erkennen läßt, die er später entwickeln wird. Auf die Frage eines Studenten, um was es sich beim sogenannten „purifizierten Lust-Ich“ handle - das Thema der aktuellen Diskussion war das Lustprinzip - antwortete Kohut:

> Eines der Mittel, derer sich die sich entwickelnde Psyche bedient, um sich vor Erschütterungen zu schützen, liegt in ihrem lustvollen narzißtischen Gleichgewicht. Alles Lustvolle wird dem eigenen

Selbst zugeschrieben, während die Außenwelt für alles Unlustvolle verantwortlich gemacht wird. Wenn dieses Mittel eingesetzt wird, ist die Psyche bereits in der Lage, zwischen Selbst und Nicht-Selbst zu unterscheiden. Das Ich versucht, alles Lustvolle als Teil des eigenen Selbst auszumachen und ist bestrebt, davon alles Unlustvolle als Nicht-Selbst in der Außenwelt abzugrenzen. Kontrollieren, in Besitz nehmen, usw. werden noch nicht von bloßem Sein unterschieden. Später, wenn das narzißtische Gleichgewicht weiteren Erschütterungen ausgesetzt ist, werden den Eltern Qualitäten von Allmacht zugeschrieben. Teile dieses auf die Eltern projizierten Narzißmus werden wiederum später vom Kind re-introjiziert, um jenen Teil des Überichs zu bilden, den wir Ich-Ideal nennen. (a.a.O., S. 75)

Kohuts Antwort enthält im Kern bereits die Ideen, die er später zu einer Psychologie des Selbst ausarbeiten wird. Im folgenden soll die Entwicklung dieser Überlegungen nachgezeichnet werden, zu denen das Konzept des Größenselbst gehört, die Entwicklungslinie der Idealisierung, die strukturelle Entwicklung via umwandelnder Verinnerlichung, sowie die Bildung eines exaltierten Überichs.

Das zweite Vorlesungsjahr

Während das topische Modell die erste Phase der psychoanalytischen Theoriebildung dominiert, steht in der zweiten Phase der Psychoanalyse, (ebenso wie im zweiten Jahr der Vorlesungsreihe von Kohut), die Strukturtheorie Freuds aus dem Jahr 1923 im Zentrum der Betrachtung: Sie hat die strukturelle Einteilung der Psyche in Es, Ich, und Überich zum Thema. Nach Auffassung von Kohut verdankt sich diese zweite theoretische Phase der Psychoanalyse Freuds Abkehr vom Studium der Übertragung, sowie seinem gestiegenen Interesse an Fragen des Narzißmus (der libidinösen Besetzung des Selbst) und der Psychosen.

Was den Narzißmus und die Psychosen angeht, so Kohut, sah sich Freud mit einer Reihe von klinischen Phänomenen konfrontiert, die sein elegantes, aber begrenztes topisches Modell nicht zu erfassen vermochte. Übertragung, die das topische Modell angemessen beschreibt, existiert zwar in Psychosen, ist jedoch nicht deren Kern. Nach Meinung von Kohut war es Freuds Interesse am Narzißmus und an den Psychosen, das ihn zu den Schriften *Zur Einführung des Narzißmus* (1914), *Psychoanalytische Bemerkungen über einen autobiographischen beschriebenen Fall von Paranoia* (Dementia paranoides) ('Der Fall Schreber') (1911) und *Trauer und Melancholie* (1917) inspirierte. Für Kohut sind diese Aufsätze der Versuch, das Phänomen der Regression auf einen narzißtischen, objektlosen Zustand zu begreifen. Freuds Studium tiefergehender Psychopathologien, so Kohut weiter, führte zur Untersuchung der Ich-Funktionen, die wiederum dem Entwurf des Strukturmodells zugrundeliegen.

Kohut diskutiert die psychotische Symptombildung nunmehr vom Blickwinkel des Narzißmus aus. Damit soll gezeigt werden, wie Freuds Interesse an archaischen psychischen Zuständen die Theorieentwicklung vom topischen Modell zum Dreiinstanzenmodell (oder Strukturmodell) möglich machte. Kohut beginnt seine Diskussion mit dem Fall Schreber (Freud 1911), einer der fünf von Freud beschriebenen

Fallstudien. Schreber war kein Patient Sigmund Freuds, sondern ein Richter, der eine akute psychotische Episode in einem Tagebuch festhielt. Freud bediente sich dieser Tagebuchaufzeichnungen, in denen Schrebers paranoides Wahnsystem beschrieben wird, um jene Prozesse, die an einer Psychose beteiligt sind, genauer zu untersuchen. Er war der Ansicht, daß die zentrale Pathologie in Schrebers Psychose in der Regression in einen narzißtischen Zustand bestand, in dem es keine Bindung an Objekte gab. Er rekonstruierte ein Entwicklungskontinuum für Objektbindungen, das vom objektlosen Narzißmus bis zu reifer Objektliebe reicht, einem Zustand, in dem die Objekte als eigenständige Wesen mit einzigartigen Qualitäten geliebt und erlebt werden. Abbildung 2.4 zeigt dieses Entwicklungskontinuum.

In Freuds Modell kommt es dann zur Regression, wenn sich die Entwicklung der Objektlibido entlang des Kontinuums umkehrt. Für Freud ist Homosexualität eine Zwischenstation auf dem regressiven Weg von der Objektliebe zum Narzißmus, sowie der Versuch, die libidinöse Bindung an Objekte wiederherzustellen, obwohl diese dem eigenen Selbst gleich sind. Zur Psychose kommt es, wenn die regressive Bewegung über die homosexuelle Position hinausreicht und sich einem narzißtischen, objektlosen Zustand (siehe Abbildung 2.4) annähert. Auf dem Weg aus der Psychose, so Freud, werden die restitutiven homosexuellen Beziehungen als erste wieder libidinös besetzt, da sie dem narzißtischen Zustand am nächsten sind.

Kohut hat hier ein anderes Verständnis: Er ist der Auffassung, daß psychotische Symptome dann entstehen, wenn die Regression, über die infantilen Objekte hinaus, bis in einen früheren narzißtischen Zustand reicht, in dem noch keine objektgerichteten Strebungen existierten.

Für Kohut sind nicht alle Regressionen identisch. Da ähnliche Symptome sowohl bei Neurosen als auch bei Psychosen auftreten, sei es von zentraler Bedeutung, die latente Natur eines bestimmten Symptoms zu bestimmen, um die wahre Natur der Regression zu verstehen. Die klinische Bewältigung regressiver Entwicklungen hänge von dieser wichtigen Unterscheidung ab. Was eine Psychose von einer Neurose unterscheide, sei nicht das jeweilige Verhalten, sondern das, wogegen dieses Verhalten schützen soll. Wenn ein Zwangssymptom vor libidinösen Wünschen einem Objekt gegenüber schützen soll, dann handelt es sich um ein neurotisches Symptom. Bewahrt das gleiche Symptom vor der Regression auf einen objektlosen Zustand, haben wir es mit einem psychotischen Symptom zu tun.

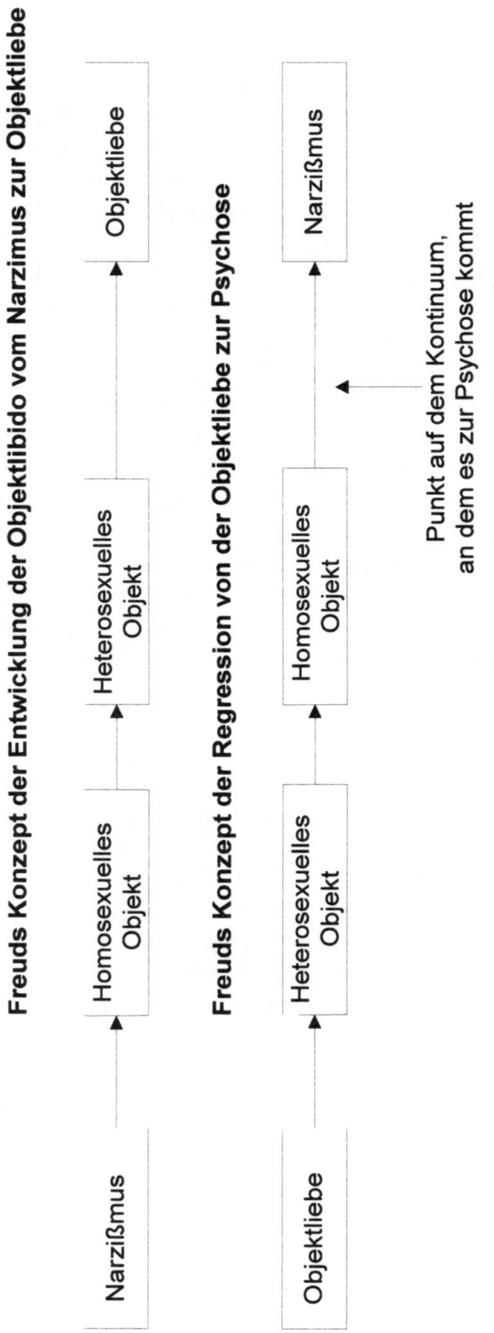

Abbildung 2.4: Entwicklung und Regression von Objektlibido

Strukturtheorie und Dreiinstanzenmodell

1923 faßt Freud seine neuen theoretischen Überlegungen in seiner Strukturtheorie zusammen. In einem neuen Modell, dem sog. Dreiinstanzenmodell, konzeptualisiert er die Beziehungen zwischen den drei psychischen Instanzen Ich, Es und Überich. Für Kohut war es das Interesse an tieferreichenden, archaischeren Psychopathologien, das Freud veranlaßte, die ausführende Instanz, die er das 'Ich' nannte, stärker ins Zentrum seiner Betrachtung zu rücken. Die zensierende Funktion, die im topischen Modell von der Verdrängungsschranke übernommen worden war, wird nun der Instanz des 'Überichs' zugeschrieben. Abbildung 2.5 zeigt Kohuts Darstellung des Dreiinstanzenmodells von Freud. Es ist wichtig zu berücksichtigen, daß Kohut hierbei die Verdrängung durch das Ich stärker hervorhebt als den Ansturm der Triebkräfte aus dem Es.

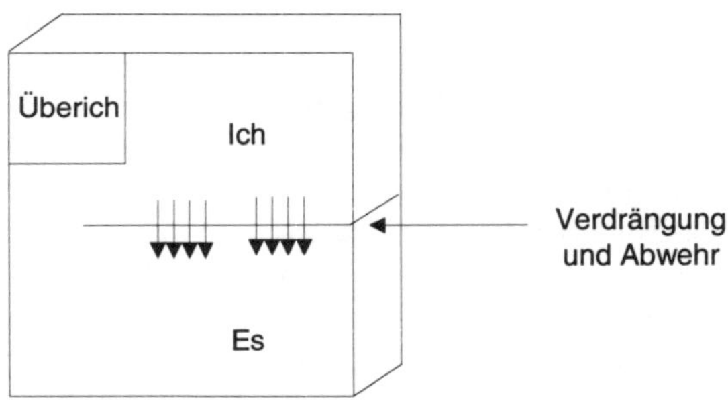

Abbildung 2.5: Kohuts Darstellung von Freuds Dreiinstanzenmodell

Nicht-Übertragungsbereich der Neutralisierung

An diesem Punkt seiner Vorlesung macht Kohut eine wichtige Beobachtung. Er weist darauf hin, daß es innerhalb des Dreiinstanzenmodells von Freud einen Bereich gibt, in dem die Verdrängungsschranke das Ich nicht vom Es trennt. In der Sprache des topischen Modells ausgedrückt: Es gibt in diesem Bereich des Dreiinstanzenmodells keine Trennung zwischen Vorbewußtem und Unbewußtem. Kohut hält an Freuds Definition von Übertragung fest als das Eindringen unbewußter Inhalte ins Vorbewußte über die Verdrängungsschranke hinweg. Das bedeute, per definitionem, daß es im Dreiinstanzenmodell einen Nicht-Übertragungsbereich gibt.

Obgleich Freud seine Überlegungen zu einem Nicht-Übertragungsanteil im Strukturmodell nicht weiterentwickelt, ist Kohut von dessen möglicher Bedeutung fasziniert. Freud weiterdenkend konzeptualisiert er diesen Nicht-Übertragungsbereich als einen Sektor der menschlichen Psyche, in dem optimale Frustration (d.h. jene Erfahrungen, die dem Aufbau nicht-konflikthafter, nicht-sexueller Strukturen zugrundeliegen) möglich ist. Die Art und Weise, wie Eltern mit den Fäces-

Schmierereien ihres Kindes umgehen, zieht er als Beispiel zur Veranschaulichung seiner Überlegung heran: Die Fähigkeit zur Desexualisierung seiner Triebe kann das Kind dann entwickeln, so Kohut, wenn Vater oder Mutter auf das Herumschmieren mit Fäces liebevoll reagieren und gleichzeitig mögliche Alternativen des Verhalten aufzeigen. Für Kohut bedeutet dies ein durchaus erträgliches Maß an Frustration, die das psychische Wachstum des Kindes fördert. Im Gegensatz dazu würde jene elterliche Strenge stehen, die lediglich darauf aus ist, unerwünschtes Verhalten zu kontrollieren und auszumerzen. In diesen Fällen nehmen Frustrationen traumatische Ausmaße an, was, so Kohut, die Verdrängung fördert: Kindliche Triebimpulse müssen unter die Verdrängungsschranke gezwungen werden, wo sie den Nährboden für eine entsprechende Symptombildung schaffen. Neutralisierung oder Desexualisierung von Triebimpulsen ist also dann möglich, wenn die Eltern, trotz Ermahnung, liebevoll auf die Aggressionen des Kindes reagieren.

Neutralisierung - d.h. das Einflechten von Triebstrebungen in das Ich - ist nach Kohut das Ergebnis einer Identifizierung des Kindes mit dem liebevollen Umgang der Eltern gegenüber seinen kindlichen Aggressionen. Via Identifizierung vermag das Kind auf seine eigene Wut ebenso fest, aber liebevoll zu reagieren wie dies die Eltern tun. Reagieren Eltern auf die Wut des Kindes jedoch ihrerseits mit Wut, identifiziert sich das Kind mit diesem aggressiven Modus, die eigenen aggressiven Regungen zu handhaben. Dieses Kind wird dann eine sehr strenge und sadistische Haltung gegenüber sich selbst einnehmen. Verdrängung, aber auch andere Abwehrmechanismen zwingen diese Dynamik unter die Verdrängungsschranke, weg von jenem Bereich der Nicht-Übertragung, in den Kohut die Neutralisierung ansiedelt. Auch hier macht Kohut, wiederum im Gegensatz zu Freud, den Einfluß der Umwelt auf die Bildung psychischer Strukturen geltend.

Das Überich

Als nächstes wendet sich Kohut Freuds Konzept des Überichs zu. Nach Freud verdankt sich die Entstehung des Überichs der Introjektion oder ‘Hereinnahme’ moralischer Grundsätze einer bedeutenden Bezugsperson nach frustrierenden Erfahrungen mit eben dieser Person. Dem Konzept einer auf Verlust erfolgenden Introjektion messen sowohl Freud als auch Kohut große Bedeutung zu. Es wird zur Grundlage für Kohuts Konzept der umwandelnden Verinnerlichung, die er in den Folgejahren entwickeln wird (siehe Kapitel 4 und 5).

Die Entwicklungslinie des Narzißmus

Kohuts Interesse am Nicht-Übertragungsbereich in Freuds Dreiinstanzenmodell ermöglicht es ihm, seine narzißmustheoretischen Überlegungen fortzuführen. Er postuliert eine eigene narzißtische Entwicklungslinie, die mit dem primären Narzißmus ihren Anfang nimmt und in der Bildung des Ich-Ideals als Anteil des Überichs ihren Höhepunkt erreicht - und nicht in der Objektliebe, wie Freud angenommen hatte. In seinem Aufsatz *Formen und Umformungen des Narzißmus* aus dem Jahr 1966 (dt. 1975) hält Kohut diese theoretischen Überlegungen fest. Zum Schicksal des Narzißmus bemerkt er in seiner Vorlesung folgendes:

In der nächsten (Entwicklung-) Phase wird die Allmacht auf die Eltern projiziert; durch die Idealisierung der Eltern, die das Kind teilt bzw. an der es teilhat, wird es zum Empfänger der phantasierten elterlichen Omnipotenz. Zu dieser Entwicklungsstufe kommt es, weil die tatsächliche kindliche Kleinheit nicht länger verleugnet werden kann. Um so viel als möglich von seiner phantasierten Omnipotenz zu retten, projiziert das Kind den Narzißmus auf seine Eltern, sieht zu ihnen auf wie zu gottähnlichen Wesen und ist bestrebt, sein früheres Erleben von narzißtischer Perfektion durch die Nähe zu den Eltern wiederzuerlangen.
Die Realität sorgt jedoch ein weiteres Mal dafür, daß dieser auf die Eltern projizierte Narzißmus verloren geht. Denken wir etwa an die Reaktion des Kindes auf seine erste erfolgreiche Lüge - die Überraschung, daß die Eltern nicht in der Lage sind, seine Gedanken zu lesen. Der Wunsch nach allmächtigen und allwissenden Eltern wird somit frustriert. Das Kind (re)introjiziert das Bild des (verlorenen) perfekten Elternteils, das als sogenanntes Ich-Ideal Teil des Überichs wird.
Das Ich-Ideal entsteht also als Reaktion auf *Frustration*: Um den Verlust 'perfekter' Eltern zu vermeiden, wird das Bild 'perfekter' Eltern als Ich-Ideal introjiziert. Das Ich-Ideal erhält seine positive emotionale Qualität über die Projektion des ursprünglichen Narzißmus des Kindes auf die Eltern. (Kohut & Seitz 1960, S. 95-96)

Obgleich er in seinen Überlegungen zur psychoanalytischen Theorie neue Wege einschlägt, ist Kohuts Bindung an das Trieb-Abwehr-Modell sowie dessen entsprechender Terminologie deutlich erkennbar:

Der ursprüngliche Narzißmus war an die Allmacht der kindlichen Wünsche geknüpft. In dieser späteren Phase werden jedoch die Eltern, die dem Kind seine Triebäußerungen untersagen, als omnipotent angesehen. Das narzißtische Gleichgewicht ist somit zu diesem Zeitpunkt nicht von der Erfüllung der Triebwünsche abhängig, sondern von deren erfolgreicher Zügelung. Wird das Kind den Anforderungen der Eltern gerecht und bändigt seine Triebwünsche, so kann es sich nach wie vor ihrer 'Gunst' versichern, d.h. es hat teil an ihrer Allmacht und vermag so ein positives narzißtisches Gleichgewicht aufrechtzuerhalten bzw. wiederzuerlangen. Nach der Re-Introjektion der moralisch unfehlbaren Eltern halten die gleichen Spannungen in der Beziehung zwischen Ich und Ich-Ideal an. (a.a.O., S. 96-97)

Kohut schließt mit der Hypothese, daß sich die übertriebene Ansprüchlichkeit des Ich-Ideals der Reintrojektion des ursprünglichen kindlichen Narzißmus verdankt, nachdem dieser via Projektion auf die Eltern modifiziert worden war:

Die Mächtigkeit des Ideals, seine moralische 'Unfehlbarkeit' ist jedoch Ausdruck des projizierten und reintrojizierten Narzißmus. Man könnte sagen, daß es sich beim Ich-Ideal um den eigenen Narzißmus handelt, der, gleichsam 'via Durchgang durch die Eltern', auf ganz spezifische Art und Weise modifiziert wurde (...).
Die Entwicklung der neutralisierten Überich-Struktur ist von diesem Umweg des kindlichen Narzißmus über die Eltern abhängig. Halten sich die Anforderungen der Eltern in einem vernünftigen Rahmen, so kann der kindliche Narzißmus, nach seiner Reintrojektion, stärker neutralisiert werden. Handelt es sich hingegen beim Ich-Ideal der Eltern um eine psychische Struktur, die selbst wenig neutralisiert ist, so wird auch der Durchgang durch die Eltern den Narzißmus des Kindes nicht ausreichend neutralisieren. Das Ich-Ideal der Eltern wird in unmodifizierter Form reintroji-

ziert und offenbart dabei durch seine Ungeduld und seine kompromißlose Haltung selbstgerechter Perfektion seine orale Genese, bzw. seinen eigenen Narzißmus. (a.a.O., S. 96-97, 99-100)

Kohuts Ausdruck 'Durchgang durch die Eltern' deutet bereits auf das Konzept der 'umwandelnden Verinnerlichung' hin, das er in seinem Aufsatz *Begriffe und Theorien der Psychoanalyse* (Kohut & Seitz 1977, engl. 1963) behandelt.

Den Abschluß der Vorlesung bildet eine Diskussion der Freudschen Thesen zur veränderten Bedeutung von Angst, dualer Triebtheorie und Ich-Autonomie. Da sie für unsere weitere Betrachtung der Theoriegeentwicklung Heinz Kohuts nicht relevant sind, soll auf diese Konstrukte nicht näher eingegangen werden. Vielmehr möchte ich im folgenden einige frühe Aufsätze Kohuts vorstellen, die bereits die Grundgedanken seiner späteren Selbstpsychologie enthalten.

Kapitel 3

Frühe Aufsätze

Ansätze einer neuen Theorie

Wie wir gesehen haben, entspringen Heinz Kohuts Überlegungen seiner ernsthaften Auseinandersetzung mit Freud, dessen Thesen nicht nur Kohuts frühe Aufsätze und Seminare strukturieren, sondern auch die weitere Theorieentwicklung prägen. Schon in den ersten Veröffentlichungen zeichnen sich jene Konzepte ab, die er schließlich zu einer Psychologie des Selbst integrieren wird. Ein Thema, das Kohut in diesen frühen Arbeiten immer wieder aufgreift, ist die Metapsychologie Freuds, wobei ihn besonders der genetische, dynamische und psychoökonomische Gesichtspunkt beschäftigen. Auch sein großes Interesse an narzißmustheoretischen Fragestellungen taucht immer wieder als Thema auf: die Kränkbarkeit der Menschen sowie ihr Kampf, Spannung zu regulieren und psychische Integrität aufrechtzuerhalten. Ein dritter Punkt betrifft die Art und Weise der Datengewinnung in der analytischen Situation. Diese Triade an Themen - Metapsychologie, Narzißmus und Untersuchungsmethode - gliedert das Vorgehen Kohuts, wann immer er sich einer bestimmten psychologischen Fragestellung zuwendet.

In *The Search for the Self* (1990), einer Zusammenfassung von Kohuts Werk, hält sich auch Paul Ornstein an diese Dreiteilung, anhand der er Kohuts frühe Veröffentlichungen gliedert: erstens, angewandte Psychoanalyse, zweitens der psychoökonomische Gesichtspunkt und das damit verbundene methodische Vorgehen, sowie schließlich klinische Theorie und Metapsychologie. Ich meine jedoch, daß es sich bei diesen drei Punkten nicht so sehr um separate Interessensgebiete handelt, sondern sie sich nur insofern unterscheiden, als sie Kohuts Herangehensweise an einen psychologischen Forschungsbereich an sich darstellen.

Der erste Aufsatz: Neue Ideen zeichnen sich ab

Obwohl Kohut seinen ersten Aufsatz Thomas Manns >*Tod in Venedig*<. *Zerfall einer künstlerischen Sublimierung* bereits 1948, im Alter von 34 Jahren, verfaßt, wartet er mit der Veröffentlichung bis nach Thomas Manns Tod (1957a, dt. 1977). In seiner Diskussion dieser berühmten Novelle, in der der emotionale Verfall eines Mannes beschrieben wird, deuten sich, vergleichbar der Overtüre einer Oper, bereits Themen an, die Kohut in den folgenden Jahren konzeptualisieren wird. Obwohl Thomas Mann nicht näher erläutert, was nun genau den Niedergang seines Protagonisten Aschenbach auslöst, interpretiert Kohut dessen Scheitern klassisch ödipal, d.h. im Sinne eines inneren Konflikts, den dieser mit seinem übermächtigen Vater auszutragen hat. Das Ergebnis dieses Konflikts ist Kastrationsangst, die desintegrierende Ausmaße annimmt. Aschenbach versucht sich unbewußt vor diesen Folgen zu schützen, indem er eine heftige Verliebtheit gegenüber dem vierzehnjährigen Tadzio entwickelt, nach dem er sich aus der Ferne verzehrt. Thomas Mann stellt diese Vernarrtheit Aschenbachs ins Zentrum seiner Erzählung und erkennt somit an, ebenso wie Kohut, daß Verliebtheit, kraft ihrer Idealisierungen, eine heilende Wirkung besitzt.

Bleiben wir für einen Moment bei Thomas Manns Novelle. Aschenbach hat sich hoffnungslos in die Schönheit Tadzios verliebt, doch ist dieser unbewußt unternommene Heilungsversuch zum Scheitern verurteilt. Vor einer weiteren Desintegration versucht er sich zu schützen, indem er mit Hilfe des Abwehrmechanismus der künstlerischen Sublimierung einen Essay verfaßt, der das Thema Kunst und Geschmack behandelt. Um den Einsatz dieser Abwehrstratege nachvollziehen zu können, ist es hilfreich, uns Kohuts Vorlesung ins Gedächtnis zu zurückzurufen: Er hatte aufgezeigt, wie die klassische Theorie Freuds Angst als Ergebnis unbewußter Triebregungen beschreibt, die über die Verdrängungsschranke hinweg ins Vorbewußte dringen. Um Angst zu binden und zu kontrollieren, werden unbewußte Abwehrmechanismen mobilisiert. Beim Akt des Schreibens handelt es sich um eine solche Abwehrstrategie: Die Aufmerksamkeit heftet sich durch dieses intellektuelle Manöver an Ideen und Worte, weniger an die bedrohlichen Triebimpulse und Affekte. In Thomas Manns Novelle versagt jedoch auch diese Abwehr und Aschenbachs psychischer Verfall schreitet fort. Gegen Ende der Erzählung träumt Aschenbach, wie die Ordnung der Dinge im Chaos versinkt. Kohut deutet diesen Traum als die unbewußte Äußerung eines auseinanderfallenden, zur Kohäsion nicht mehr fähigen Ichs. Dieser Traum ist ein Vorläufer dessen, was Kohut später als sogenannten 'Selbst-Zustands-Traum' konzipieren wird.

Obgleich Kohuts Diskussion des Schicksals Aschenbachs entlang der klassisch ödipalen Konfiguration angeordnet ist, scheint sein primäres Interesse auf die narzißtische Verwundbarkeit des Protagonisten sowie dessen psychischen Verfall gerichtet zu sein. In einer Fußnote erläutert Kohut das, was er später als Selbstobjektbindung bezeichnen wird. „Aschenbachs Desintegration“, so schreibt er, „scheint darauf zu beruhen, daß er keine objektlibidinösen Objektbindungen an die Realität hat. Dies könnte Mann als eine Selbstberuhigung gedient haben, denn er wußte ja, daß er trotz zeitweiliger Einsamkeit durch Gefühlsbeziehungen mit seiner Familie verbunden war, die stark genug waren, um ihn vor Aschenbachs Schicksal zu bewahren“ (1957a, S. 193). Historisch betrachtet treffen wir hier zum ersten mal auf den Grundgedanken des späteren Selbstobjekt-Konzeptes, das ich an anderer Stelle ausführlicher diskutieren werde. (Siehe auch das im Anhang aufgeführte Glossar.) Erwähnenswert ist zudem, daß Kohut seine frühen theoretischen Überlegungen in der Sprache des Trieb-Abwehr-Modells verfaßt, des zum damaligen Zeitpunkt vorherrschenden Paradigmas innerhalb der Psychoanalyse. Erst später wird er auch terminologische Neuerungen einführen.

Kohuts Gespür für die Wut, die narzißtische Kränkungen auszulösen vermögen, wird deutlich, wenn er Aschenbachs destruktive Impulse gegenüber Tadzio erläutert. Aschenbach hatte Tadzio mit jener Liebe bedacht, die er sich von seinem eigenen Vater gewünscht hätte. „Im ganzen ist es jedoch richtig, daß die destruktiven Impulse Tadzio gegenüber sekundär sind und nur insofern an die Oberfläche kommen, als die narzißtische Identifizierung mit Tadzio unvollkommen bleibt“ (a.a.O., S. 188).

Fragmentierung, ein weiteres wichtiges Konzept der späteren Selbstpsychologie, durchzieht ebenfalls diesen frühen Aufsatz, wenn auch in der Terminologie des Trieb-Abwehr-Modells beschrieben: „Wieder packt den Leser (...) der unbestimmte Eindruck, daß der Verstand den unendlich viel stärkeren irrationalen Kräften hilflos unterliegt“ (a.a.O., S. 177), oder „So wie seine moralischen und rationalen Abwehren zerfallen, fühlt er nicht mehr das Bedürfnis und hat auch nicht mehr die Kraft, sich über seine wahren Gründe zu täuschen“ (a.a.O., S. 180).

Kohuts allmählich erwachendes Interesse an narzißmustheoretischen Fragen wird an der Wahl von Thomas Manns Novelle als Thema seiner ersten psychoanalytischen Abhandlung deutlich. Der Aufsatz ist insofern bemerkenswert, als er bereits Konzepte enthält, die später unter den Bezeichnungen Selbstobjekte, wiederherstellende Idealisierung, narzißtische Wut, Selbst-Zustands-Träume, Fragmentierungszustände und Selbst-Kohäsion Eingang in die Theorie finden werden.

Über Musik. Frühe Überlegungen zu inneren Brüchen und deren Wiederherstellung

Seinen zweiten Aufsatz *Über den Musikgenuß* (1950, dt. 1977) verfaßt Kohut zusammen mit Siegmund Levarie, einem Musikwissenschaftler und alten Jugendfreund, der in den 30er Jahren nach Chicago gekommen war. Im Grunde war es Levarie, dessentwegen er sich später ebenfalls für Chicago entschied. Auch dieser Aufsatz fällt in den Bereich angewandte Psychoanalyse. Kohut fragt hier nach jenen Eigenschaften von Musik, die beim Zuhörer für musikalischen Genuß sorgen.

Ganz im Tenor der klassischen psychoanalytischen Position der 50er Jahre formuliert, vertreten Kohut und Levarie die Auffassung, daß Musikgenuß von jener „Energie“ herrühre, „die durch das Meistern der musikalischen Aufgabe freigesetzt wird.“ (a.a.O., S. 207), d.h. das Erkennen der musikalischen Ordnung dessen, was sonst nur chaotische Töne wären. Erfaßt der Zuhörer die jeweilige musikalische Ordnung, wird die momentane Spannung abgeschwächt, die das Nicht-Erkennen von Tönen hervorruft. Komponisten, so die beiden Autoren, erfassen intuitiv dieses Erleben von Brüchen und ihrer Aufhebung. Aus diesem Grund, so die These, schaffen sie in ihrer Musik absichtlich Spannung, indem sie sich von der Konsonanz zur Dissonanz bewegen und mit der Rückkehr zur Konsonanz die Spannung wieder auflösen.

Obgleich diese musiktheoretischen Gedanken in der Sprache des Energiemodells der 50er Jahre verfaßt sind, hat Kohut eher das Erleben von Disharmonie im Blick als die Freisetzung von Energie. Er geht davon aus, daß ein restauratives Moment, das sowohl Elemente der Disharmonie als auch deren Auflösung enthält, den Kern eines jeden musikalischen Genusses ausmacht. Der Zuhörer setze sich freiwillig dieser momentanen Spannung störender Disharmonie aus, um in den Genuß ihrer Auflösung zu kommen. Man könne hier eine Parallele zu der Erfahrung des Kindes herstellen, das „fort-da“ spielt, um die schmerzliche Erfahrung der Abwesenheit der Mutter zu bewältigen“ (a.a.O., S. 212).

Kohuts theoretischer Ausgangspunkt in diesem Aufsatz ist die psychoökonomische Perspektive. Sein Interesse gilt den Affekten, die an das Erleben störender Disharmonie und an das Bedürfnis nach Wiederherstellung der Harmonie geknüpft sind. Seine Konzeptualisierung hat er in die erlebensferne Sprache jener Zeit eingebettet, doch sein Interesse richtet sich auf die erlebensnahen Probleme der Affekt- und Spannungsregulierung.

Frühe Überlegungen zur Übertragung: Abwehr versus Bedürfnis

In der Besprechung eines Aufsatzes von Samuel Lipton, *The Function of the Analyst in the Therapeutic Process*, behandelt Kohut das Problem der Übertragung bei Borderline-Patienten und geht der Frage nach, ob es sich bei der unmittelbaren, überwältigenden Reaktion, die diese Patienten erleben, tatsächlich um Übertragung handelt (1951, S. 162). Seine Antwort auf diese Frage liefert nicht nur Zeugnis für seine Fähigkeit, kreativ mit Beobachtungen umzugehen, die sich nicht in bereits bestehende Erklärungsmuster einordnen lassen, sondern zeigt auch sein tiefgreifendes Verständnis der Metapsychologie Freuds. Um seine Klarheit im Denken aufzuzeigen, möchte ich eine längere Passage aus diesem Aufsatz im Original zitieren:

> Klinisch gesehen trifft man bei diesen Patienten auf grobe Ich-Defekte, an die ein heftiger sekundärer Narzißmus geknüpft ist, der Schutzfunktion übernimmt. Auch der unmittelbare interpersonelle Konflikt mit dem Analytiker zeichnet sich durch sein narzißtisches Wesen aus. Unleugbar handelt es sich dabei um einen alten Konflikt, eine Wiederholung bzw. Wiederbelebung einer emotionalen Haltung, die nun, im Kontakt mit neuen Objekten, reinszeniert wird. Doch während jegliche Übertragung auch eine Wiederholung ist, ist nicht jede Wiederholung gleichzeitig auch

> eine Übertragung (...). Das Krankheitsbild des narzißtischen Borderline-Patienten hat die Elemente der Wiederholung sowie der Vertauschung alter und neuer Objekte mit der herkömmlichen Übertragung gemein. Es gibt jedoch einen entscheidenden Unterschied. In der Übertragung sucht das Es, das verdrängte Trieb-Element, Befriedigung; beim Borderline-Patienten sucht ein verletztes, narzißtisches Ich *Beruhigung* (...). (Der Patient) reagiert auf den Analytiker wie auf jede wichtige Bezugsperson seines gegenwärtigen Lebens, da das Hauptmoment jeglicher psychischer Aktivität auf der Wiederherstellung bzw. Aufrechterhaltung eines prekären narzißtischen Gleichgewichts liegt; die Aufmerksamkeit des Patienten gilt ihm selbst, seinem verletzten Ich, nicht dem Objekt. (a.a.O. 162-164)

Hier führt Kohut das Thema Narzißmus als zweiten Pfeiler in sein Theoriegebäude ein. Er versteht Narzißmus nicht im Sinne einer bedrohlichen Kraft, die es zu bändigen gilt, sondern als den restitutiven Versuch eines verletzten Ichs, Bestätigung aus einer äußeren Quelle zu erlangen. In dieser frühen Diskussion unterscheidet er zwischen Übertragung als Abwehr und einer übertragungsähnlichen Erfahrung, die ein Bedürfnis zum Ausdruck bringt - ein Gedanke, den er im Laufe der Zeit weiterentwickeln wird.

Kohuts Untersuchungsmethode

Die wissenschaftliche Haltung

Kohuts Verständnis der Freudschen Theorie war begleitet von einer wissenschaftlichen Haltung, die innerhalb der psychoanalytischen Gemeinschaft Nordamerikas, in der man Freuds Aussagen für gewöhnlich als Dogma behandelte, ungewöhnlich war. Diese Haltung wird in einem Aufsatz aus dem Jahr 1954 deutlich, in dem Kohut Iago Galdstons Überlegungen (die 1955 veröffentlicht werden) zum Todestrieb-Konzept Freuds diskutiert. In diesem Aufsatz weist Kohut die Vorstellung eines Todestriebes zurück, erinnert aber die Leser daran, daß Freud seine Gedanken immer wieder in Form vorläufiger Arbeitshypothesen zusammenfaßte, die er, wenn nötig, auch wieder verwarf. Kohut zitiert Freud selbst: „Diese Ideen sind nämlich nicht das Fundament der Wissenschaft, auf dem alles ruht; dies ist vielmehr allein die Beobachtung. Sie sind nicht das Unterste, sondern das Oberste des ganzen Baues und können ohne Schaden ersetzt und abgetragen werden“ (1914, S. 45). Dies bringt uns zum dritten Interessensgebiet Kohuts, der Frage der Untersuchungsmethode innerhalb der Psychoanalyse.

Empathie als ein Bestimmungsmerkmal

In seinem 1957 verfaßten und 1959 veröffentlichten klassischen Aufsatz *Introspektion, Empathie und Psychoanalyse. Eine Untersuchung der Beziehung zwischen Be-*

obachtungsmethode und Theorie (dt. 1971) setzt Kohut seine Diskussion der psychoanalytischen Untersuchungsmethode fort. Er definiert hier den Bereich, in dem er psychologische Forschung für legitim hält, wobei er die Überzeugung vertritt, daß sich der psychologische Forschungsbereich auf Daten beschränkt, die *nur* mit Hilfe von Empathie und Introspektion zu ermitteln sind.

Wissenschaftler untersuchen die äußere Welt mit Hilfe ihrer Sinnesorgane und verschiedener wissenschaftlicher Instrumente. Wie, so fragt Kohut, sollen wir uns der Innenwelt des Menschen annähern? Die Daten, die wir suchen - Gedanken, Wünsche, Gefühle und Phantasien - nehmen keinen äußeren Raum ein und sind mit Hilfe unserer Sinnesorgane nicht zu erfassen. Trotzdem sind die Inhalte unserer Innenwelt real und via Introspektion zugänglich. Indirekte Introspektion, Kohuts Definition von Empathie, ist die Art und Weise, wie wir mehr über das innere Erleben eines anderen Menschen erfahren können. Empathie ist *die* Methode der Datengewinnung schlechthin innerhalb der Psychoanalyse; eine Erfahrung oder eine Handlung kann erst dann als psychologisch betrachtet werden, wenn sie via Introspektion oder Empathie beobachtet wurde. Jede andere Art der Beobachtung fällt in den Bereich physikalischer Methoden.

Kohut warnt vor einer Vermischung von Theorien, die auf unterschiedlichen Beobachtungsmethoden basieren. Er denkt dabei insbesondere an psychologische Theorien, die auf Empathie als Informationsgewinnung angewiesen sind, und Theorien der Biologie und Soziologie, die auf die Beobachtung der äußeren Welt zurückgehen.

Unter Vorwegnahme des möglichen Einwandes, wonach freies Assoziieren das psychologische Forschungsgebiet definiert, führt Kohut aus, daß es sich bei der freien Assoziation um ein Instrument handelt, das in den Dienst von Introspektion und Empathie als Beobachtungsmethode gestellt wird. Freies Assoziieren und Widerstandsanalyse sind das psychoanalytische Rüstzeug, das die Datengewinnung in der Psychoanalyse ermöglicht; sie sind jedoch nicht die Beobachtungsmethode selbst. Empathie ist das Hilfsmittel, das psychologische Informationen sammelt. Die Wege der Beobachtung in jeder empirischen Wissenschaft, so Kohut weiter, bestimmen die Inhalte und Grenzen dessen, was wir untersuchen. Diese wiederum bestimmen die Theorien, die in einem bestimmten Gebiet entwickelt werden können.

Kohut verläßt an dieser Stelle die klassische psychoanalytische Position. Er richtet seine Aufmerksamkeit auf die Frage früher psychischer Organisation und bedient sich der Empathie als Untersuchungsmethode. Begriffe wie 'Wünsche' oder 'Konflikte', so seine Warnung, sollten nicht zur Beschreibung früher innerpsychischer Zustände herangezogen werden, da sie seiner Meinung nach spätere entwicklungspsychologische Fragen betreffen. Was die frühe psychische Organisation angeht, so Kohut, sollte man lieber von 'Spannung' als von 'Wunsch' sprechen, ebenso eher von 'Spannungsminderung' als von 'Wunscherfüllung'. Da der Einflußbereich psychoanalytischer Interventionen zunehmend frühe psychische Zustände umfasse, stünden Psychoanalytiker nunmehr vor der Aufgabe, sich in archaische psychische Organisationen einzufühlen zu müssen, eine Aufgabe, die sich von Freuds Untersuchung der klassischen Psychoneurosen unterschiede.

Freuds introspektive Methode richtet sich auf das Wiedererkennen unbewußter infantiler Strebungen und ihrer Gegenkräfte. In Freuds Modell ist der Analytiker ein 'Tagesrest', der unbewußte Kräfte über die Verdrängungsschranke hinweg ins Vorbewußte führt. Nach Auffassung von Kohut haben die neuen, durch Introspektion und Empathie mit narzißtischen und Borderline-Zuständen gewonnenen Erkenntnisse neue theoretische und behandlungstechnische Implikationen zur Folge. Der Kampf um psychische Integrität, so die These, geht im Falle struktureller Defizite dieser Art mit dem schwierigen Unterfangen einher, entweder den Kontakt zu einem archaischen Objekt zu halten, oder aber die nur mühsam hergestellte Trennung vom Objekt aufrechtzuerhalten. Für diese Menschen, so Kohut, ist der Analytiker keine Projektionsfläche für Übertragungserleben, sondern die Fortführung einer früheren Realität, die entweder zu abweisend, oder aber zu schädigend war, um als verläßliche psychische Struktur integriert zu werden.

Nach Meinung von Kohut erlebt der narzißtische Patient den Analytiker im Rahmen einer alten Beziehungsmatrix, d.h. als ein Objekt der Vergangenheit, zu dem er Kontakt zu halten bemüht war und von dem er ein Stück weit innerer Struktur zu erlangen suchte. Für diese Gruppe von Patienten nimmt die archaische Beziehung einen zentralen Stellenwert ihres innerpsychischen Erlebens ein, die der zentralen Position des Konflikts bei den Psychoneurosen entspricht.

Anhand des Phänomens psychischer Abhängigkeit bei Patienten mit strukturellen Defiziten, versucht Kohut aufzuzeigen, wie die von Empathie und Introspektion getragene Vorgehensweise zu einem Verständnis der jeweiligen Psychopathologie führt, das sich vom klassischen psychoanalytischen Verständnis unterscheidet. Für ihn impliziert Abhängigkeit dieser Art das Fehlen sowohl der Fähigkeit zur Selbstberuhigung als auch der Fähigkeit, einen ruhigen Übergang in den Schlaf zu finden. Der Abhängige, so Kohut, ist nicht in der Lage, die frühen, mit dem Schlafengehen verbundenen Kindheitserfahrungen in eine verläßliche intrapsychische Struktur zu transformieren. Statt dessen greift er auf Rauschmittel als Ersatz für die fehlende Fähigkeit zur Spannungsregulierung zurück. In einer ähnlichen Weise wendet er sich an den Therapeuten und wird von der psychotherapeutischen Situation abhängig. Diese Abhängigkeit dürfe nicht mit der Übertragung im klassischen Sinne verwechselt werden. Vielmehr sei sie Ausdruck für das *Bedürfnis* des Patienten nach Beruhigung, das strukturellen *Defiziten* entspringt, und nicht der Projektion bestehender psychischer Strukturen auf den Therapeuten. Es wird nicht durch Einsicht, dem klassischen psychoanalytischen Vorgehen, abgeschwächt. Vielmehr bestehe die wichtigste therapeutische Aufgabe darin, die Verleugnung dieses Bedürfnisses aufzuheben und die Abhängigkeit anzuerkennen. Der Patient braucht den Beistand des Analytikers, um seine Größenphantasien, die ihm zeitweise Linderung verschafften, aufgeben zu können. (Wir sehen hier den Vorboten des Größenselbst-Konzeptes.) Die anklammernde Abhängigkeit mag „in anderen Fällen als Schutzmaßnahme zu verstehen sein. Der Patient klammert sich an den Therapeuten, der für ihn zum omnipotent-wohlwollenden Träger seiner eigenen (projizierten) narzißtischen Allmacht geworden ist“ (a.a.O., S 847). In diesem Gedanken zeichnet sich bereits das Konzept der idealisierten Elternimago ab.

Die zunehmende Fokussierung der psychischen Struktur

In seinem nächsten Aufsatz *Betrachtungen über die psychologischen Funktionen der Musik* (1977, engl. 1957b) verbindet Kohut seine Liebe zur Musik mit seinem Interesse an strukturellen Fragen, sowie dem, was er als ‘unsichere psychische Zustände’ bezeichnet: Welche Beziehung besteht zwischen einer instabilen Psyche und Musik? Dem Titel nach geht es um die der Musik innewohnende psychische Funktion, doch macht Kohut in diesem Aufsatz wichtige Aussagen zu seinem Verständnis archaischer Ich-Organisation. Zunächst beschreibt er Musik im Sinne ihrer Es-, Ich-, und Überich-Komponenten. Mit der Diskussion der psychischen Funktion von Musik verläßt er jedoch diese Perspektive und wendet sich jenen Patienten zu, die lediglich über eine archaische Ich-Organisation verfügen. Er beschreibt diese Patienten als Menschen, die um die Aufrechterhaltung emotionaler Kohäsion kämpfen, dabei jedoch kein klar definiertes neurotisches oder psychotisches Symptom entwikkeln.

> Psychoökonomisch (...) ähnlich ist eine andere Form von seelischer Störung, bei der ebenfalls keine psychologische Elaboration der inneren Spannungen im Sinne neurotischer oder psychotischer Symptombildung besteht. In diesen Fällen stellen wir fest, daß ein unzulängliches Ich-System nicht in der Lage ist, mit den verschiedensten Spannungen fertig zu werden. (a.a.O., S. 229)

Kohut vertritt die Auffassung - und hier handelt es sich bereits um eine frühe Abkehr vom traditionellen therapeutischen Ansatz -, daß die Behandlungsmethoden für Patienten mit reifem bzw. strukturell integriertem Organisationsniveau für jene Patienten mit primitiver Ich-Organisation nicht unmittelbar hilfreich sind. Die klassische Behandlungstechnik kann bei diesen Patienten „oft nur indirekt helfen, meist durch die Erfahrung, durch emotionale Wärme besänftigt oder durch einen mächtigen Therapeuten getröstet zu werden. Der Inhalt des verbalen Kontakts (zum Beispiel von Erklärungen) ist als solcher nicht wirksam“ (a.a.O., S. 229).

Der letzte klinische Aufsatz aus dieser Reihe früher Veröffentlichungen ist eine Diskussion zu Louis Linns Essay *Some Comments on the Origin of the Influencing Machine* (veröffentlicht im Jahr 1958), die Kohut auf dem Jahrestreffen der Amerikanischen Psychoanalytischen Vereinigung 1957 vorstellt. Kohut bezieht sich hier auf den klassischen Aufsatz über Psychosen von Victor Tausk aus dem Jahr 1919 mit dem Titel *„Über den Ursprung der ‘Beeinflussungsmaschine’ bei Schizophrenien.* Nach Auffassung von Kohut begreift Tausk eine bestimmte paranoide Wahnvorstellung als symbolischen Ausdruck eines Zustands innerer Abgestorbenheit, weniger als Zeichen eines ödipalen Konflikts, wie es die traditionelle Deutung jener Zeit wollte. Psychoanalytiker, so Kohut, neigen dazu, Psychosen entweder von der dynamisch-strukturellen Konfliktperspektive aus zu betrachten, oder aber von der psychoökonomischen Perspektive eines prästrukturellen Organisationsniveaus. Während sich Freud und Tausk beider Perspektiven bedienten, ziehe er letztere vor:

Dieser Ansatz (ist) ergiebiger und stimmt mehr mit Tausks These überein als die Fokussierung des Inhalts, wie etwa des inneren Konflikts angesichts masturbatorischer Impulse. (...) Einem narzißtisch regredierten Patienten fällt es nicht leicht, objektlibidinöse Phantasien zum Leben zu erwekken. Ich würde daher in der Deutung der Traumfiguren die Betonung weniger auf den phallischen Charakter des 'Roboters', des 'mechanischen Mannes' oder 'Zigarrenladen-Indianers' legen, sondern eher die Leblosigkeit, fehlende menschliche Wärme und Bizarrheit dieser Figuren ins Zentrum der Betrachtung rücken. (a.a.O., S. 260)

Hier wird deutlich, daß sich Kohut vom Konfliktmodell als Deutungsschablone für alle Patienten verabschiedet hat. Vielmehr geht er offen an eine psychologische Frage heran und bedient sich der Empathie als Hilfsmittel, um jene Informationen zu erlangen, die er zur Formulierung seiner Hypothesen braucht. Anstatt vorgefertigter Bedeutungszuschreibungen versucht er sich in das affektive Erleben seiner Patienten einzufühlen, um die Bedeutung symbolischer Aussagen zu begreifen. Nur so konnte er die Abgestorbenheit, wie sie Tausks Patient empfinden mußte, verstehen.

Die Methode der angewandten Psychoanalyse

1960 schreibt und veröffentlicht Kohut *Jenseits der Grundregel. Einige neuere Beiträge zur angewandten Psychoanalyse* (dt. 1977). Was die angewandte Psychoanalyse betrifft, ist dieser Aufsatz das Gegenstück zu seinen klinischen Überlegungen in *Introspektion, Empathie und Psychoanalyse* (1971, engl. 1959). Mit seiner Aufforderung, den Bereich 'Angewandte Psychoanalyse' klar zu definieren, verleiht er der psychoanalytischen Methode der Datengewinnung sowie den daran geknüpften Untersuchungszielen Glaubwürdigkeit. Die 'Grundregel' bezieht sich auf Freuds Anweisung an den analytischen Patienten, frei zu assoziieren, d.h. alles, was ihm in den Sinn kommt, zu sagen, ohne es zu zensieren. In seinem Aufsatz plädiert nun Kohut dafür, sich über diese Grundregel hinauszuwagen und die Prinzipien der Psychoanalyse auf andere Bereiche anzuwenden. Er nennt drei Probleme, die dabei auf die angewandte Psychoanalyse zukämen: Erstens, die Notwendigkeit einer soliden Kenntnis der Psychoanalyse als auch des zu untersuchenden Forschungsbereiches. Zweitens, das Problem der Untersuchungsmethode selbst im Bereich der angewandten Psychoanalyse. Er sehe, so Kohut, ernstzunehmende Schwierigkeiten, wenn es darum ginge, psychoanalytisches Verständnis auf künstlerische Arbeit anwenden zu wollen. Obgleich man ein Kunstwerk als Äquivalent eines Traums oder freier Assoziationen betrachten könne, so fehle doch der interaktionelle Anteil der analytischen Situation, d.h. jenes bestätigende Zusammenspiel von Deutung einerseits und Reaktion des Patienten andererseits. Ein weiteres Problem, das mit dem Versuch verbunden ist, die Arbeit eines Künstlers mit Hilfe der Psychoanalyse zu verstehen, liegt in der Möglichkeit, daß der Künstler seine Arbeit in den Dienst eines falschen Selbst gestellt haben könnte. Künstlerische Arbeit würde so zur Abwehr, mit deren Hilfe das authentische, aber verletzbare Kernselbst geschützt werden soll.

Das dritte Problem betrifft die allgemeinen Zielsetzungen der angewandten Psychoanalyse. Nach Auffassung von Kohut werden die jeweiligen Forschungsbereiche nur allzu oft als Spiegel dafür benutzt, die Wichtigkeit der Psychoanalyse zu demonstrieren. In diesen Fällen wird die psychoanalytische Betrachtungsweise zum Selbstzweck. Sie trägt wenig zum eigentlichen Erkenntnisgewinn bei, sondern wird reduktionistisch.

Um die Gefahren eines derartigen Reduktionismus aufzuzeigen, zitiert Kohut Edward Hitschman, der in seinem Buch *Great Men: Psychoanalytic Studies* (1956) die Persönlichkeit Albert Schweitzers psychoanalytisch deutet. Hitschman verweist in seinen Studien wiederholte Male auf das Schicksal des Ödipuskomplexes und spricht im Falle Albert Schweitzers von Reaktionsbildung, die dessen Verhalten angetrieben habe. Um seine These zu untermauern, zitiert er Schweitzer selbst: „Ich fand es (...) unbegreiflich, daß es mir gestattet sein sollte, ein so glückliches Leben zu führen, während ich um mich herum so viele Menschen sah, die von Sorgen und Leid bedrückt waren“ (Kohut 1977, S. 157). Diese Bemerkung Albert Schweitzers deutet Hitschman folgendermaßen: „Da dieses Gefühl kein allgemeines ist, vermuten wir die Existenz eines unbewußten Schuldgefühls, das in frühen Jahren entstand und durch Regression wiederbelebt wurde“ (a.a.O., s. 157). Dazu Kohut:

> Die hier zugrundeliegende Vermutung, daß die Abweichung von der normalen Einstellung eine Reaktionsbildung ist, mag korrekt sein, und doch könnte man meinen, das lebhafte Bewußtsein vom Elend in der Welt und die Entschlossenheit, ein den Leiden gewidmetes Leben zu führen, sei die autonome Haltung eines reifen Ich. Man könnte eher die Frage stellen, warum dieser Mann fähig war, seine Ideale auch jenseits der zeitweiligen Krise seiner frühen Jahre aufrechtzuerhalten und auf welche Weise es ihm gelang, in der Zeit einer beispiellosen Krise der westlichen christlichen Zivilisation durch seine bloße Existenz zu einer spirituellen Hilfe für so viele Menschen zu werden. (a.a.O., S. 157-158)

Der Überblick über Kohuts frühes Werk hat die wesentlichen Fragen deutlich werden lassen, denen sein Interesse gilt: Metapsychologie, Narzißmus, und die Untersuchungsmethode in der Psychoanalyse. Ausgehend davon wird sich Kohut schließlich vorrangig mit der Frage der Bildung und Aufrechterhaltung eines stabilen Selbst beschäftigen. Seine Auffassung vom Selbst als einer zentralen psychischen Konfiguration wird sich im Laufe der Zeit zur festen Überzeugung verdichten.

Kapitel 4

Eine Psychologie des Selbst

Die 60er Jahre sind für Kohut eine Zeit der Synthese, der Integration und des wachsenden Selbstvertrauens. Je mehr er sich seinen Hauptinteressensgebieten widmet - Metapsychologie, Narzißmus und psychoanalytische Untersuchungsmethode -, desto mehr werden diese zum Referenzpunkt, an dem er alte Überzeugungen mißt. Drei wichtige Veröffentlichungen, die sich seiner neuen Sichtweise verdanken, stammen aus den 60er Jahren: *Begriffe und Theorien der Psychoanalyse* (Kohut & Seitz 1977, engl. 1963), *Formen und Umformungen des Narzißmus* (Kohut 1975, engl. 1966) und *Die psychoanalytische Behandlung narzißtischer Persönlichkeitsstörungen* (Kohut 1969, engl. 1969). Neben diesen Aufsätzen werde ich im folgenden, im Sinne eines Verbindungsgliedes in der Theorieentwicklung, auch das Einführungskapitel aus der inhaltlich sehr dichten Monographie *Narzißmus. Eine Theorie der psychoanalytischen Behandlung narzißtischer Persönlichkeitsstörungen* (Kohut 1973, engl. 1971) vorstellen, die in Kapitel 5 eingehender diskutiert werden soll.

Begriffe und Theorien der Psychoanalyse

Den Aufsatz *Begriffe und Theorien der Psychoanalyse* (1977, engl. 1963) verfaßte Kohut zusammen mit seinem Kollegen Phillip Seitz, fünf Jahre nach Beginn ihrer gemeinsamen Seminarreihe. Er enthält neue Überlegungen zu den Themen Übertragung und Trauma, sowie zum Kohutschen Dreiinstanzenmodell, das er in seiner Vorlesung zum ersten Mal vorstellt.

Übertragung: Freuds ursprüngliche Definition

Was die Frage der Übertragung angeht, so hält Kohut Freud Ungenauigkeit vor, als dieser von seiner ursprünglichen Definition abweicht. Freud definierte Übertragung zunächst als das Eindringen des Unbewußten ins Vorbewußte. Nach Auffassung von Kohut wird hier der innerpsychische, und nicht so sehr der interpersonelle Prozeß hervorgehoben. Entsprechend ist Übertragung nicht an die Persönlichkeit des Analytikers gebunden, und ebenso wenig handelt es sich dabei um ein Ergebnis der Beziehung zwischen Analytiker und Patient. Die Auffassung von Übertragung als der Wiederbelebung unbewußter Gefühle aus der Kindheit, die auf den Analytiker projiziert werden, entwickelt Freud erst später. Kohut nennt dies 'klinische Übertragung' und unterscheidet sie von Freuds ursprünglicher Definition. Seine konzeptuelle Präzisierung ist insofern wichtig, als sie ihm ermöglicht, zwischen Übertragungen, die man als Eindringen des Unbewußten ins Vorbewußte auffassen kann, und übertragungsähnlichen Erfahrungen zu unterscheiden. Er spricht von übertragungsähnlichen Erfahrungen, weil sie nicht unter die ursprüngliche Definition fallen, aber doch etwas vom Patienten zum Ausdruck bringen, das in Beziehung zum Analytiker erlebt wird. Ausgehend von dieser wichtigen Unterscheidung entwickelt Kohut sein Konzept der 'narzißtischen Übertragung', das er später 'Selbstobjekt-Übertragung' nennen wird.

Kohut und Seitz beschreiben das Trauma als zentralen Bestandteil der psychopathologischen Entwicklung. Das Trauma in der Kindheit ist ein emotionales Ereignis, das die kindliche Psyche nicht in das abgegrenzte Vorbewußte zu integrieren vermag, da die Intensität der (damit verbundenen psychischen, A.d.Ü.) Anforderung zu groß ist, die psychischen Strukturen zu schwach sind oder die kindliche Psyche zum Zeitpunkt des traumatischen Ereignisses vorübergehend empfindlich reagiert. Für Kohut handelt es sich beim Trauma um ein psychoökonomisches Konzept, das sich auf die *affektive* Intensität bezieht, nicht auf den Inhalt des Traumas selbst. Trauma bedeutet Überstimulierung. Der Zeitpunkt, zu dem ein Trauma auftritt, ist dabei von entscheidender Bedeutung. Obgleich ein Kind immer empfindlich auf ein Trauma reagieren wird, so ist diese Empfindsamkeit doch dann am größten, wenn nach einem Wachstumsschub ein neues psychisches Gleichgewicht hergestellt wurde.

Frustrationen nehmen dann traumatische Ausmaße an, wenn die Toleranzgrenze der kindlichen Psyche überschritten wird, oder wenn Gratifikationen unvorhersehbar sind. Im Falle traumatischer Frustrationen werden infantile Triebimpulse sowie daran geknüpfte Erinnerungen, aufgrund der Angst und Verzweiflung, die damit verbunden sind, ins Unbewußte verdrängt. Diese Triebimpulse und Erinnerungen können nicht durch neue Erfahrungen beeinflußt werden und sind somit auch keiner Modifikation zugänglich. Vielmehr folgen sie den Gesetzen des Primärprozesses und drängen nach sofortiger Befriedigung.

Nach Meinung von Kohut ist es möglich, in der Kindheit erlebte Frustrationen, wenn sie im therapeutischen Setting mobilisiert werden, in annehmbarem Maße durchzuarbeiten. D.h. Veränderung im Sinne struktureller Entwicklung ist möglich über die allmähliche Umwandlung erträglicher Frustrationen. Das letztendliche Ziel der Psychoanalyse besteht in der therapeutischen Wiederbelebung und Heilung der unbewußten Erinnerungen an traumatische Erlebnisse.

Strukturtheorie und das Dreiinstanzenmodell der Psyche

In ihrem Aufsatz schlagen Kohut und Seitz folgende Ergänzung zur psychoanalytischen Theorie vor:

Diese Expansion im Bereich der psychoanalytischen Theorie findet in einem diagrammatischen Modell ihren Ausdruck besonders in der Tatsache, daß im strukturellen Modell der Psyche die Schranke der Abwehrkräfte nur einen kleinen Teil der infantilen tiefenpsychologischen Phänomene von den Bereichen der entwickelten, voll ausgebildeten Psyche Erwachsener abtrennt - während die tiefen, unbewußten Aktivitäten (...) in einem breiten, fortwährenden Kontakt mit den vorbewußten Schichten der psychischen >>Oberfläche<< stehen. (Kohut & Seitz 1977, S.77, engl. 1963)

Erinnern wir uns, daß Kohut in seiner Theorievorlesung zum ersten Mal auf diesen unabgegrenzten Sektor der Psyche zu sprechen kam und ihn 'Bereich progressiver Neutralisierung' nannte (siehe Abbildung 4.1). Er grenzt ihn vom übertragungsinduzierenden Bereich ab, der der Verdrängungsschranke unterliegt, und beschreibt ihn wie folgt:

Die rechte Seite des Diagramms stellt den Bereich der Übertragungen dar. Hier üben infantile Triebimpulse, die mit einer Frustration von traumatischer Intensität zusammengetroffen sind, ihren Übertragungseinfluß aus, über die Schranke der Abwehrkräfte hinweg, und erzeugen Kompromißbildungen (zwischen primären und sekundären Prozessen) mit den vorbewußten Bestandteilen des Ich. Die linke Seite des Diagramms stellt den Bereich der >>fortschreitenden Neutralisierung<< dar, wo die infantilen Impulse, die auf optimale Frustration gestoßen sind, allmählich in neutralisierte geistige Aktivitäten umgewandelt werden. (a.a.O., S. 78-79)

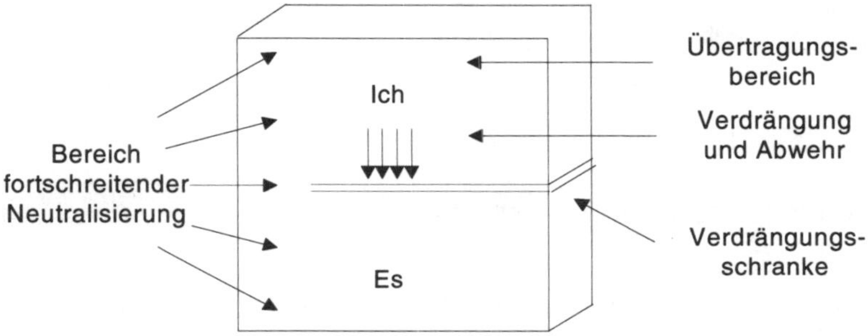

Abbildung 4.1: Der 'Bereich fortschreitender Neutralisierung'

Der Bereich fortschreitender Neutralisierung entsteht via Internalisierung, unter der Bedingung optimaler Frustration; die Verdrängungsschranke wiederum entspringt Frustrationen und Verboten traumatischen Ausmaßes. Freud behandelte die Umwelt des Kindes, so als ob sie wenig Einfluß auf dessen Psyche habe. Kohut und Seitz hingegen schreiben der Umwelt einen bedeutsamen Einfluß auf die psychische Entwicklung zu, der über die Persönlichkeit der Eltern zum Tragen komme:

Die Unterschiede zwischen Kindheitserlebnissen traumatischer und optimaler Frustration liegen im Ausmaß der jeweiligen Frustration begründet. Es ist der wichtige Unterschied zu machen zwischen dem barschen >>Nein<< einer Mutter und dem freundlichen >>nein<< einer anderen. Es ist ein Unterschied zwischen einem erschreckenden Verbot einerseits und einer erfahrenen Erziehungshaltung andererseits. Es ist der Unterschied zwischen dem Verhalten eines Vaters, der dem Wutausbruch seines Kindes mit einem ebenso feindselig erscheinenden Wutanfall begegnet, und der Handlungsweise eines anderen, der sein Kind in die Arme nimmt und beruhigt -, und zwar fest, aber dennoch nicht aggressiv; liebevoll, aber dennoch nicht einschmeichelnd. Es ist weiterhin ein Unterschied zu machen zwischen einem unnachgiebigen Verbot, das nur betont, was das Kind nicht tun darf oder kann und dem Angebot eines annehmbaren Ersatzes für das verbotene Objekt oder die verbotene Aktivität. (a.a.O., S. 79-80)

Das Kind formt innere Abbilder der triebeinschränkenden Verhaltensweisen der Eltern. Sind diese Verhaltensweisen nicht traumatisierend, ist das Kind fähig, seinen eigenen Triebimpulsen liebevoll und besänftigend, und nicht mit Gegenaggression, zu begegnen. Diese nicht-traumatischen Erfahrungen fließen in jenen psychischen Bereich ein, der nicht der Abwehrschranke unterliegt. Dazu Kohut und Seitz:

Optimal frustrierende Erlebnisse führen deshalb zur Herausbildung einer triebhemmenden (neutralisierenden) Struktur, die selbst aus neutralisierten Gedächtnisspuren zusammengesetzt ist und mit Hilfe neutralisierter endopsychischer Kräfte arbeitet. (...)
Die wichtigste Quelle einer gut funktionierenden psychischen Struktur ist jedoch die Persönlichkeit der Eltern und insbesondere ihre Fähigkeit, auf die Triebäußerungen der Kinder mit einer nicht feindselig erscheinenden Bestimmtheit und einer nicht schmeichelnd-verführerischen Zuneigung zu antworten. (...)
Wenn ein Kind von Seiten der Eltern ständig unüberlegten, feindlichen oder schmeichelnden Reaktionen auf seine Forderungen hin ausgesetzt ist, dann führt die daraus entstehende heftige Angst oder Überreizung zu einer baldigen Erschöpfung der >>heranwachsenden<< Psyche, da ein zu großer Teil seiner ursprünglichen Triebausstattung unterdrückt wird und somit an der psychischen Entwicklung nicht teilhaben kann. (a.a.O., S. 80-81)

Formen und Umformungen des Narzißmus

Im zweiten Aufsatz dieser wichtigen Reihe, *Formen und Umformungen des Narzißmus* (1975, engl. 1966), entwirft Kohut narzißmustheoretische Konzepte, denen wir in Ansätzen bereits begegneten. Der Narzißmus, so seine These, folgt einer eigenen Entwicklungslinie, mit eigenen unverwechselbaren psychischen Konfigurationen und Entwicklungszielen. Er unterscheide sich von Freuds Konzept der Objektliebe als dem Endpunkt eines reifen Narzißmus.

Kohuts These ist von großer Tragweite, da Narzißmus hier weder als unerwünscht noch pathologisch aufgefaßt wird. Der Verzicht auf narzißtische Wünsche zugunsten der Objektliebe war ein Behandlungsziel Freuds. Kohuts Auffassung impliziert somit auch behandlungstechnische Veränderungen. Narzißtische Strukturen in desintegrierten Zuständen müssen geordnet und in die Persönlichkeit integriert werden. Abbildung 4.2 beschreibt Kohuts Entwicklungslinie des Narzißmus.

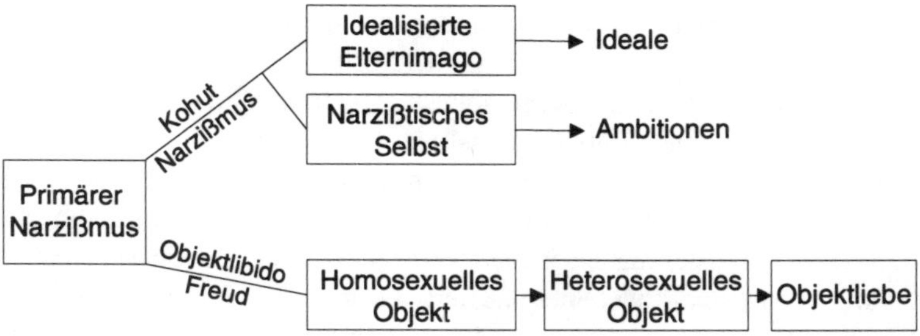

Abbildung 4.2: Kohuts Ergänzung der Freudschen Entwicklungslinie

Narzißmus, den er als libidinöse Besetzung des Selbst beschreibt, nimmt nach Kohuts Meinung innerhalb der psychoanalytischen Gemeinschaft eine etwas zweideutige Stellung ein: Die Neutralität, mit der man in der rein theoretischen Auseinandersetzung das Thema Narzißmus behandelt, wird in informellen Diskussionen zur Polemik. Diese wertende Haltung spiegelt nach Kohut die Verankerung der Psychoanalyse im Wertesystem der westlichen Zivilisation wider. Der Versuch, Narzißmus durch Objektliebe zu ersetzen, enge unser Arbeitsgebiet ein, da die Psychoanalyse hierdurch in den Dienst der Gesellschaft und nicht in den unserer Patienten gestellt werde. Manche behaupten, Kohut habe durch sein Werk dem Narzißmus ähnlich zu seinem Recht verholfen wie der Schriftsteller Charles Dickens der Armut.

Formen des Narzißmus

Im ersten Abschnitt von *Formen und Umformungen des Narzißmus* (a.a.O.) stellt Kohut seine Ideen zur Reifung des Narzißmus und seiner Entwicklungsformen vor. Er postuliert, daß das narzißtische Erleben mit dem paradiesischen Zustand des Säuglings beginnt, der jedoch durch das unvermeidliche mütterliche 'Versagen' bei der Pflege ihres Kindes gestört wird. Der Säugling versucht, diesen Zustand wiederherstellen, indem er zwei neue Systeme narzißtischer Perfektion aufbaut. Ein System versucht, ein perfektes Selbst zu schaffen, eine Entwicklungsstufe, auf der alles Gute, Lustvolle und Perfekte als zur eigenen Innenwelt zugehörig erlebt wird, während alles Schlechte dem Außen zugeschrieben wird. Freud sprach hier vom „purifizierten Lust-Ich" (1915). Kohut nennt es die Konfiguration des 'narzißtischen Selbst'.

Das zweite System ist bestrebt, den verlorenen paradiesischen Zustand wiederherzustellen, indem es eine 'Anderen' außerhalb des eigenen Selbst mit absoluter Macht und Vollkommenheit ausstattet. Die Bindung an den perfekten 'Anderen' stellt das Gefühl des Kindes von Ganzheit und Glückseligkeit wieder her. Kohut nennt dies die narzißtische Konfiguration der 'idealisierten Elternimago'. Diese beiden Formen des Narzißmus, die idealisierte Elternimago und das narzißtische Selbst, entspringen beide dem unterbrochenen Primärnarzißmus. Jedes dieser beiden Systeme folgt einer eigenen Entwicklungslinie.

Die Idealisierung im Falle der idealisierten Elternimago entsteht über die Projektion eines Teils der ursprünglichen Glückseligkeit, Macht und Vollkommenheit auf die Eltern. Die Idealisierung ist jedoch kein Selbstzweck, denn sie muß letztlich wieder zurückgenommen oder internalisiert werden. Um diesen Prozeß zu verstehen, diskutiert Kohut das Konzept der Internalisierung, das für seine Entwicklungstheorie von zentraler Bedeutung ist.

Nach Auffassung von Kohut ist der Prozeß der Internalisierung an die Erfahrung des Objektverlustes geknüpft, wie Freud in *Trauer und Melancholie* (1917) erläutert: Die Seele muß sich nicht mit dem Verlust eines Objekts abfinden. Vielmehr wird das verlorene Objekt als Erinnerung 'hereingenommen' und wird so zu einer psychischen Struktur, die nunmehr jene Funktionen übernimmt, die vormals das Objekt zu erfüllen hatte.

Verluste, so Kohut, umfassen im Falle von Kindern sowohl den schweren Schlag eines tatsächlichen Objektverlustes bis hin zu den winzigen und erträglichen Verlusten, die die Folge unvermeidlicher Enttäuschungen in eng umrissenen Eigenschaften des Objektes sind. So geht etwa ein kleiner Teil der der idealisierten Elternimago zugeschriebenen Allwissenheit verloren, wenn die Lügen des Kindes von den angeblich allwissenden Eltern unentdeckt bleiben. Jede elterliche Unzulänglichkeit zieht auf Seiten der kindlichen Psyche den Versuch nach sich, die verlorene elterliche Eigenschaft aufrechtzuerhalten. Im Falle einer nicht-traumatischen Enttäuschung, wie etwa der unentdeckt gebliebenen Lüge, wird die einst auf den Elternteil projizierte Idealisierung wiedererlangt und via Internalisierung Teil des kindlichen Ich-Ideals. Die Wertschätzung unserer Ideale verdankt sich somit der Reifung des Narzißmus, und nicht so sehr dem Inhalt der Werte selbst.

Der zweite Versuch, den ursprünglichen paradiesischen Zustand wiederherzustellen, läuft über die Schaffung eines perfekten Selbst, dem 'narzißtischen Selbst', das Kohut später als 'Größenselbst' (1968, dt. 1975) bezeichnen wird. Hier wird nicht ein 'Anderer', sondern das eigene Selbst narzißtisch besetzt. So wie die Überbewertung des 'Anderen' einen phasenadäquaten Reifungsschritt in der narzißtischen Entwicklung darstellt, so hat auch die Überwertung des eigenen Selbst als notwendiger Entwicklungsschritt zu gelten. Während die idealisierte Elternimago mit Ehrfurcht auf das Objekt ihrer Idealisierung blickt, möchte das narzißtische Selbst mit Bewunderung und ehrfürchtiger Scheu *gesehen* werden. Während die idealisierte Elternimago zur Bildung des Ich-Ideals beiträgt, ist das narzißtische Selbst eng an die Triebe und ihre Spannungszustände gebunden. Die idealisierte Elternimago trägt zu unseren Idealen bei, das narzißtische Selbst zu unserem Ehrgeiz. Erfahrungsgemäß, so Kohut, wird das Individuum von seinen Idealen gelenkt und von seinem Ehrgeiz getrieben. Dieses Konzept markiert den Beginn dessen, was Kohut später (1977, dt. 1981) als 'bipolares Selbst' beschreiben wird.

Der Ehrgeiz entspringt einem kindlichen System von Größenphantasien, die beständig nach Bestätigung der Größe und Vollkommenheit des Selbst durch einen bedeutsamen 'Anderen' suchen. Der 'Andere' ist nur insofern von Bedeutung, als er an der Größe und Vollkommenheit des Kindes teilhat; er hat keine Bedeutung an und für sich. Seine Aufgabe ist es, die exhibitionistischen Bedürfnisse des Kindes zu erfüllen und zu bestätigen. In seinem vielfach zitierten Ausspruch beschreibt Kohut dieses Entwicklungsbedürfnis des Kindes, das „den Glanz im Auge der Mutter (...)" braucht, „(...) um sich die (...) Lust, die aus dem narzißtischen Überströmtwerden mit Libido entsteht, zu erhalten. Die narzißtische Speisung von Seiten der Mutter bestärkt nacheinander die jeweils leitenden Funktionen und Aktivitäten der Reifungsphasen" (1966, dt. 1975, S. 149).

Exhibitionismus ist die normal empfundene Erfahrung des narzißtischen Selbst des Kindes. Das Kind sehnt sich danach, bewundert zu werden. Der Vorstellungsinhalt des narzißtischen Selbst ist jedoch die Größenphantasie. Ob Größenphantasien zu einer gesunden oder aber ungünstigen Entwicklung beitragen, ist nach Kohut davon abhängig, inwieweit sie in die realistischen Zielsetzungen des Ichs integriert werden konnten. Wenn „die frühen narzißtischen Phantasien von Macht und Größe nicht durch plötzliche, vorzeitige Erlebnisse traumatischer Enttäuschung durchkreuzt (...)", sondern „(...) allmählich in die realitätsorganisierende Organisation des Ichs integriert wurden (...)" (a.a.O., S. 150), so ist das Ich in der Lage, das Gefühl von Macht adaptiv zu nutzen. Die Grandiosität wird schließlich als gesunde Freude an der eigenen Tätigkeit und den eigenen Erfolgen ins Ich integriert, begleitet von einem Gefühl der Zuversicht.

Umformungen des Narzißmus

Der zweite Teil des Aufsatzes untersucht die Umformungen des Narzißmus in Qualitäten wie z.B. schöpferische Begabung und Arbeit, die Fähigkeit, die Begrenztheit des eigenen Lebens anzuerkennen, Einfühlungsvermögen (Empathie), Humor, und Weisheit. Ich möchte diese Eigenschaften im folgenden etwas näher erläutern:

1. *Schöpferische Begabung und Arbeit (Kreativität):* Schöpferische Menschen verfügen über die kind-ähnliche Fähigkeit, in der Phantasie mit der sie umgebenden Welt zu spielen, da ihre psychische Trennung von dieser Umwelt weniger ausgeprägt ist. Schöpferische Arbeit wird so zum Bestandteil des eigenen Selbst. Ähnlich einer Mutter, die ihren ungeborenen Fötus idealisiert, überträgt der schöpferische Mensch, in einer Umwandlung des Narzißmus, die Idealisierung auf seine oder ihre Arbeit.

2. *Seelisches Einfühlungsvermögen (Empathie):* Die erste Wahrnehmung der Gefühle anderer Menschen rührt aus der Annahme, daß die Welt eine Verlängerung

des eigenen Selbst ist. Dies bereitet das Selbst auf die Erkenntnis vor, daß das innere Erleben anderer unserem eigenen psychischen Erleben ähnlich ist. Mit Hilfe unserer Einfühlungskraft, also dem Erkennen von Erfahrungen, die unseren eigenen ähnlich sind, sammeln wir psychologische Informationen über uns und andere. Der Ursprung unseres Einfühlungsvermögens liegt nach Kohut im Bemühen des sich entwickelnden Selbst, die Gefühle und das Verhalten der Mutter zu entschlüsseln.

3. *Das Erkennen der Endlichkeit der eigenen Existenz*: Die Fähigkeit, die Begrenztheit der eigenen Existenz zu anerkennen, stellt für Kohut die größte psychische Leistung dar. Sie setzt voraus, daß wir unser Beharren auf Allmacht aufgeben und die Vergänglichkeit des Seins annehmen. Nicht selten geht diese psychische Leistung mit einer erweiterten Form von Narzißmus einher, der ein Gefühl des ruhiges Stolzes, ja der Überlegenheit spürbar werden läßt, über ein Wissen zu verfügen, das die Mehrheit der Menschen nicht teilt.

4. *Humor*: Als Umformung des Narzißmus', und nicht nur im Sinne bloßer Verleugnung, kann Humor dazu beitragen, die eigenen Endlichkeit anzunehmen. Im Humor begegnen wir einem Gefühl des ruhigen inneren Triumphes, mit einer Beimischung unleugbarer Melancholie, das nicht mehr das Bild fragmentarischer oder abwehrbedingter Größenideen und Hochstimmung bietet.

5. *Weisheit*: Der Kern menschlicher Weisheit liegt für Kohut in der Fähigkeit, narzißtische Größenideen aufzugeben und die Unvermeidbarkeit des Todes anzuerkennen. Als Kennzeichen des späteren Lebensabschnittes ist Weisheit ein Amalgam aus verschiedenen psychischen Einstellungen, die eine stabile Haltung des Selbst dem Leben und der Welt gegenüber miteinschließt. Sie ist das Ergebnis einer lebenslangen Entwicklung, in die die Ideale der Jugend, der Humor der reifen Persönlichkeit, sowie die Akzeptanz der eigenen Vergänglichkeit im Alter einfließen. Sie impliziert das Bewußtsein, daß die eigenen Kräfte abnehmen und alles zu Ende geht. Kohut schließt diesen historischen Aufsatz mit folgendem Kommentar:

> Schließlich möchte ich noch sagen, daß ich, mehr und mehr, vom Wert dieser Begriffsbildung für die psychoanalytische Therapie überzeugt bin. (...) In vielen Fällen stellt die Neuformung der narzißtischen Strukturen und ihre Einbeziehung in die Persönlichkeit - die Stärkung der Ideale und das Erreichen, wenigstens in bescheidenem Maße, so heilsamer Umwandlungen des Narzißmus wie Humor, Schöpferkraft, Einfühlung und Weisheit - das echtere und gültigere Resultat der Therapie dar für die häufig nur oberflächliche und prekäre Bereitschaft des Patienten, seinen Narzißmus in Objektliebe verwandeln zu lassen. (a.a.O., S. 166-167).

Die psychoanalytische Behandlung narzißtischer Persönlichkeitsstörungen

Im letzten Aufsatz dieser Reihe, *Die psychoanalytische Behandlung narzißtischer Persönlichkeitsstörungen* (1975, engl. 1968), behandelt Kohut die therapeutischen

Implikationen, die sich aus seinem neuen Verständnis des Narzißmus ergeben. Während der Analyse von Patienten mit narzißtischen Persönlichkeitsstörungen kommt es, so seine These, zur Mobilisierung der übertragungsähnlichen Strukturen des narzißtischen Selbst sowie der idealisierten Elternimago. Kohut spricht hier von übertragungsähnlichen Strukturen, um sie von Freuds ursprünglicher Übertragungsdefinition zu unterscheiden. Nach Diskussionen mit Anna Freud ändert Kohut in diesem Aufsatz den Begriff 'narzißtisches Selbst' in 'Größenselbst' (Cocks 1994). Unglücklicherweise ist das Präfix 'Größen...' negativ konnotiert, so daß es in der Folgezeit die Konzepte 'Größenselbst' und 'Größenphantasie' häufig mißverstanden wurden.

Kohut wiederholt in diesem Aufsatz seine früheren Hypothesen (1966, dt. 1975) hinsichtlich der Entwicklungslinie des Größenselbst und der idealisierten Elternimago. Er betont, daß unter dem Einfluß schwerer Traumata keine dieser beiden Strukturen in die Persönlichkeit integriert wird, was dazu führt, daß sowohl die archaischen Ansprüche des Größenselbst beibehalten werden, als auch die Suche der idealisierten Elternimago nach einem idealisierten spannungsregulierenden Objekt nicht aufgegeben werden kann. Diese, infolge von Traumata in ihrer Entwicklung gehemmten narzißtischen Konfigurationen, sind nun relativ stabil und können im Rahmen einer therapeutischen Beziehung, d.h. innerhalb der übertragungsähnlichen Erfahrungen, wie sie für jeden einzelnen charakteristisch sind, wiederbelebt werden. Kohut nennt die klinische Wiederbelebung der narzißtischen Konfigurationen 'narzißtische Übertragungen'. Er erfindet die Begriffe 'Spiegelübertragung' und 'idealisierende Übertragung', um damit die Mobilisierung des Größenselbst respektive der idealisierten Elternimago zu beschreiben. Für Kohut stellt dieser Aufsatz eine „zusammenfassende Vorschau auf eine ausgedehntere Studie" (a.a.O., S. 202) dar, die er in *Narzißmus. Eine Theorie der psychoanalytischen Behandlung narzißtischer Persönlichkeitsstörungen* (1973, engl. 1971) vorstellen wird.

Narzißmus. Eine Theorie der psychoanalytischen Behandlung narzißtischer Persönlichkeitsstörungen: Einführung

23 Jahre liegen zwischen Kohuts ersten interessierten Annährungen an das Thema 'narzißtische Kränkung', das in seiner Sensibilität für Thomas Manns Helden Gustav Aschenbach und dessen Fragmentierung in *Tod in Venedig* zum Ausdruck kommt, und der Veröffentlichung seiner zentralen Monographie *Narzißmus. Eine Theorie der psychoanalytischen Behandlung narzißtischer Persönlichkeitsstörungen* (1973, engl. 1971). Seine Theoriereise durch die Psychoanalyse begann mit den Grundlagen der klassischen Theorie, konzentrierte sich auf Forschungsfragen wie psychoanalytische Untersuchungsmethode, Metapsychologie und Narzißmus, und fand schließlich ihren Höhepunkt im Entwurf einer Psychologie des Selbst. Kohut

entwickelte seine Ideen während dieser 23 Jahre in seinen Aufsätzen, Diskussionen und Theorievorlesungen. *Narzißmus* ist die Ernte dieser Schaffensperiode - eine theoretische Studie, die die damals vorherrschende und wertbeladene Meinung innerhalb der Psychoanalyse zum Thema Narzißmus infragestellt.

Für Kohut war die psychoanalytische Theorie kein statisches, sondern ein sich beständig weiterentwickelndes Wissensgebäude. In diesem Sinne verstand er seine theoretischen Formulierungen als Erweiterung des Freudschen Denkens, und nicht als dessen Ersatz. Als ehemaliger Präsident der Amerikanischen Psychoanalytischen Vereinigung hatte er die Rigidität des psychoanalytischen Establishments kennengelernt und war demzufolge sehr darauf bedacht, seine neuen Überlegungen im Kontext und in der Sprache der vorherrschenden klassischen Theorieposition zu formulieren. An mehreren Stellen vergleicht er das Konzept der libidinösen Objekte und ihrer unbewußten Repräsentanzen mit seiner neuen Theorie der narzißtischen Objekte und ihrer unbewußten Repräsentanzen und gibt mit dieser gelungenen Gegenüberstellung den Leserinnen und Lesern, die sich näher mit den Themen libidinöse Objekte und Trieb-Abwehr-Psychologie auseinandersetzen wollen, einen ausgezeichneten Leitfaden an die Hand.

Überblick

Kohut übernimmt Hartmanns Definition des Narzißmus' als „Besetzung des eigenen Selbst“ (a.a.O., S. 13). Wie Hartmann ist er der Auffassung, daß das Selbst vom Ich getrennt ist, jedoch keine eigenständige psychische Instanz wie Es, Ich oder Überich darstellt. Vielmehr handelt es sich beim Selbst um die einer Objektrepräsentanz vergleichbare psychische Struktur, die unterschiedliche, ja sogar widersprüchliche Qualitäten beinhalten kann.

Kohut legt großen Wert auf eine genaue Definiton narzißtischer Störungen sowie deren Abgrenzung von den Psychosen und Borderline-Zuständen, um einer falschen Anwendung seiner Theorien vorzubeugen. Differentialdiagnostisch sei von Bedeutung, daß es in den Analysen von Patienten mit narzißtischen Persönlichkeitsstörungen zuweilen zu regressiven Schwankungen komme, deren Symptome denen bei Psychosen oder Borderline-Persönlichkeitsstörungen ähnlich sind. Es gibt jedoch Kriterien, mit deren Hilfe sich Patienten mit narzißtischen Persönlichkeitsstörungen von Psychotikern oder Patienten mit sogenannten Borderline-Persönlichkeitsstörungen abgrenzen lassen: Die stabilen, wenn auch in ihrer Entwicklung gestörten inneren Objekte, die für ein kohäsives, wenngleich in diesem Fall fragiles Selbst verantwortlich sind. Die Stabilität dieser entwicklungsgehemmten inneren Objekte ermöglicht ihre Wiederbelebung und ihren Ausdruck in From spezifischer stabiler narzißtischer Übertragungen, ohne ernsthaft eine Fragmentierung des Selbst zu riskieren. Kohut vertritt die These, daß das spontane Entstehen einer narzißtischen Übertragungsform ein zuverlässiges differentialdiagnostisches Kriterium sei, eine narzißtische Persönlichkeitsstörung von einer Psychose oder einer Borderline-Persönlichkeitsstörung zu unterscheiden.

In seinen differentialdiagnostischen Überlegungen vergleicht Kohut die narzißtischen Störungen mit den klassischen Übertragungsneurosen, bei denen die inneren Objekte klar voneinander getrennt sind und deren Pathologie nicht im Rahmen ihres relativ kohäsiven Selbst zu suchen ist. Vielmehr liegt die Störung im Falle von Übertragungsneurosen im konflikthaften Erleben inzestuöser Wünsche gegenüber einem Liebesobjekt aus der Kindheit. Die Angst, die diese Wünsche hervorrufen, ist die vor drohender Bestrafung oder Alleingelassenwerden.

Menschen mit einer narzißtischen Störung hingegen haben Angst vor dem Bewußtwerden ihrer Verletzlichkeit und ihrer Neigung zur Fragmentierung. Die zentrale Pathologie liegt hier in der Entwicklungsstörung narzißtischer Konfigurationen, was dazu führt, daß das Selbst nicht über zuverlässige und kohäsive narzißtische Quellen verfügt und unfähig ist, das Selbstwertempfinden auf normalem Niveau zu regulieren und zu halten.

Die Entwicklungslinie des Narzißmus

In seiner Einführung zu *Narzißmus* (a.a.O.) stellt Kohut seine Hypothesen zur Entwicklung des Narzißmus vor und beschreibt die unbewußten narzißtischen Konfigurationen des Größenselbst und der idealisierten Elternimago. An diesem Punkt scheint es mir jedoch sinnvoll, uns für einen Moment von Kohut abzuwenden und das Konzept unbewußter Konfigurationen zu diskutieren.

Eine unbewußte Konfiguration ist eine Gruppe von Bedürfnissen, Wünschen, Gefühlen, Phantasien und Erinnerungen innerhalb des Unbewußten. Das ödipale Drama der Kindheit ist eine solche unbewußte Konfiguration. Die ödipale Konfiguration stellt einen Zusammenschluß von Wünschen, Gefühlen, Ängsten und Phantasien dar, die unbewußt sind und die das Innenleben sowie dessen Manifestation in der äußeren Realität motivieren. Konzeptuell sind natürlich auch andere Konfigurationen möglich, und so betrachtet Kohut auch das Größenselbst und die idealisierte Elternimago als unbewußte Konfigurationen. Für ihn bilden diese Konfigurationen das Herzstück des narzißtischen Anteils der Persönlichkeit. Sie sind zentrale Stukturen innerhalb der Psyche. Kohut verwendet 'Struktur' und 'Konfiguration' synonym.

Es ist wichtig zu begreifen, um was es sich bei den narzißtischen Konfigurationen handelt und welche Charakteristika sie aufweisen, da sie für Kohuts Verständnis psychischen Funktionierens wesentlich sind. Die Konfiguration des Größenselbst entspringt der Phantasie eines vollkommenen Selbst. Ich erwähnte bereits, daß ich den Begriff 'Größenselbst' aufgrund seiner etwas abwertenden Konnotierung für unglücklich gewählt halte. 'Expansives Selbst' wäre vielleicht ein besserer Begriff gewesen, um den exhibitionistischen Narzißmus des Größenselbst zu beschreiben.

Nichtsdestotrotz, Größenphantasien von Allmacht und Allwissenheit bilden den Vorstellungsinhalt des Größenselbst. Transportiert werden diese Phantasien beispielsweise in den übermenschlichen Kräften von Comic-Helden. Die Popularität dieser Figuren, für die alles möglich ist, liegt in der Anziehungskraft ihrer Größenphantasien, die diese auf Kinder *und* Erwachsene ausüben. Es gibt keine Grenzen. Alles kann erreicht werden. Diese Figuren springen mit einem Satz über hohe Gebäude, versetzen Berge und können Gedanken lesen. Flugphantasien sind ebenso häufig wie Phantasien von grenzenloser körperlicher und intellektueller Potenz. Ein grenzenloses Gefühl der Größe ist Teil dieser Phantasie. Der exhibitionistische Wunsch, gesehen, angehimmelt und für die eigenen unbegrenzten Fähigkeiten sowie die bloße Existenz bewundert zu werden, ist eine Gefühlseigenschaft des Größenselbst. In Rohform begegnen wir dieser unbewußten Konfiguration beim zweijährigen Kind, das dieses Furchtlose, Alles-Könnende und Allwissende, dieses „Schau-mich-an!" des Größenselbst ausagiert.

So wie das ödipale Drama der Kindheit, ein Konglomerat aus unbewußten Wünschen, Ängsten und Erinnerungen, das Erleben und Verhalten in der äußeren Realität beeinflußt, so trifft dies für das Größenselbst mit seiner Geschichte unbegrenzter Möglichkeiten und exhibitionistischer Wünsche zu. Konzeptuell betrachtet, ist es im Unbewußten angesiedelt und beeinflußt die Regulierung des Verhaltens, des Selbstwertempfindens sowie letztlich des Ehrgeizes.

In der anderen narzißtischen Konfiguration, der idealisierten Elternimago, ist die Phantasie eines vollkommenen Anderen enthalten. Das ersehnte Eins-Sein mit diesem allwissenden Wesen bedeutet Befriedigung, Stärke und Ganzheit. Die Geschichte der idealisierten Elternimago ist die Geschichte eines Wunsches, mit dem vollkommenen Anderen zu verschmelzen, der nicht nur weise, gütig, umfassend gebildet und unendlich stark ist, sondern auch über die Fähigkeit verfügt, Schmerz zu lindern und unser emotionales Gleichgewicht zu regulieren und zu stabilisieren. Eins-Sein bedeutet Ganzheit; Trennung in irgendeiner Form bedeutet hingegen Bruch. Die idealisierte Elternimago ist ein Konglomerat an unbewußten Wünschen, Ängsten und Erinnerungen, das die Spannungsregulierung beeinflußt und wird schließlich selbst zum geliebten Ideal.

Kohut bezieht sich auf das Größenselbst und die idealisierte Elternimago als die 'archaischen narzißtischen Konfigurationen', da sie dem frühen unbewußten Versuch entspringen, die ursprüngliche Vollkommenheit aufrechtzuerhalten. Ihre zentralen Aussagen sind: „Ich bin vollkommen" = Größenselbst, „Du bist vollkommen, aber ich bin Teil von Dir" = idealisierte Elternimago.

Kohut geht davon aus, daß diese beiden Konfigurationen nebeneinander existieren, von Anfang an vorhanden sind, jedoch unterschiedliche Entwicklungslinien verfolgen. Das archaische Größenselbst wird schließlich gezähmt und in die erwachsene Persönlichkeit integriert. Sie „liefert die Triebenergie für ich-syntone Erwartungen und Ziele, für die Freude an unseren Tätigkeiten und für wichtige Aspekte unserer Selbstachtung" (a.a.O., S. 46). Abbildung 4.3 zeigt Kohuts Entwicklungslinie des Narzißmus sowie die Reifung des exhibitionistischen Narzißmus, der dem Größenselbst entspringt und schließlich in unsere Ambitionen mündet. Auch die idealisierte Elternimago wird ein Bestandteil der psychischen Organisation und manifestiert sich über den Führungsanspruch ihrer Ideale (a.a.O., S. 46). Abbildung 4.3 zeigt außerdem die Reifung des idealisierenden Narzißmus, der der idealisierten Elternimago entspringt und schließlich in die Entstehung von Idealen mündet.

Stillstand der narzißtischen Entwicklung

Kohut geht in seiner Einführung noch kurz auf die Auswirkungen von Traumata auf die Entwicklung der narzißtischen Konfigurationen ein - ein Thema, das er an anderer Stelle seiner Monographie ausführlicher behandeln wird. „Wenn das Kind jedoch schwere narzißtische Traumata erleidet, dann verschmilzt das Größen-Selbst nicht mit dem maßgeblichen Ich-Gehalt, sondern bleibt in unveränderter Form erhalten und strebt nach Erfüllung seiner archaischen Ziele“ (a.a.O., S. 46). Abbildung 4.4 zeigt, wie Traumata das Größenselbst der Möglichkeit berauben, seine Entwicklung abzuschließen. In Abbildung 4.5 sehen wir die Auswirkung von Traumata in der Entwicklung der idealisierten Elternimago. Dazu Kohut:

> Und wenn das Kind traumatische Enttäuschungen von dem bewunderten Erwachsenen erfährt, dann bleibt auch die idealisierte Elternimago in ihrer unveränderten Form erhalten, wie wird nicht in eine spannungsregulierende psychische Struktur umgewandelt, erreicht nicht die Position eines zugänglichen Introjektes, sondern sie bleibt ein archaisches Übergangs-Selbst-Objekt, das für die Aufrechterhaltung des narzißtischen Gleichgewichts gebraucht wird. (a.a.O., S. 46-47)

Wir haben hier die Entwicklungshemmungen der narzißtischen Konfigurationen lediglich angerissen. So wie sich die ödipalen Konfigurationen in spezifischen Übertragungen manifestieren, so finden nach Auffassung von Kohut auch die narzißtischen Konfigurationen in spezifischen Übertragungen ihren Ausdruck. *Narzißmus.* (a.a.O.) das ich in den folgenden zwei Kapiteln diskutieren werde, ist Kohuts tiefgreifende Untersuchung der entwicklungs- und übertragungsbedingten, sowie behandlungstechnisch relevanten Probleme, die uns im Zusammenhang mit Narzißmus begegnen.

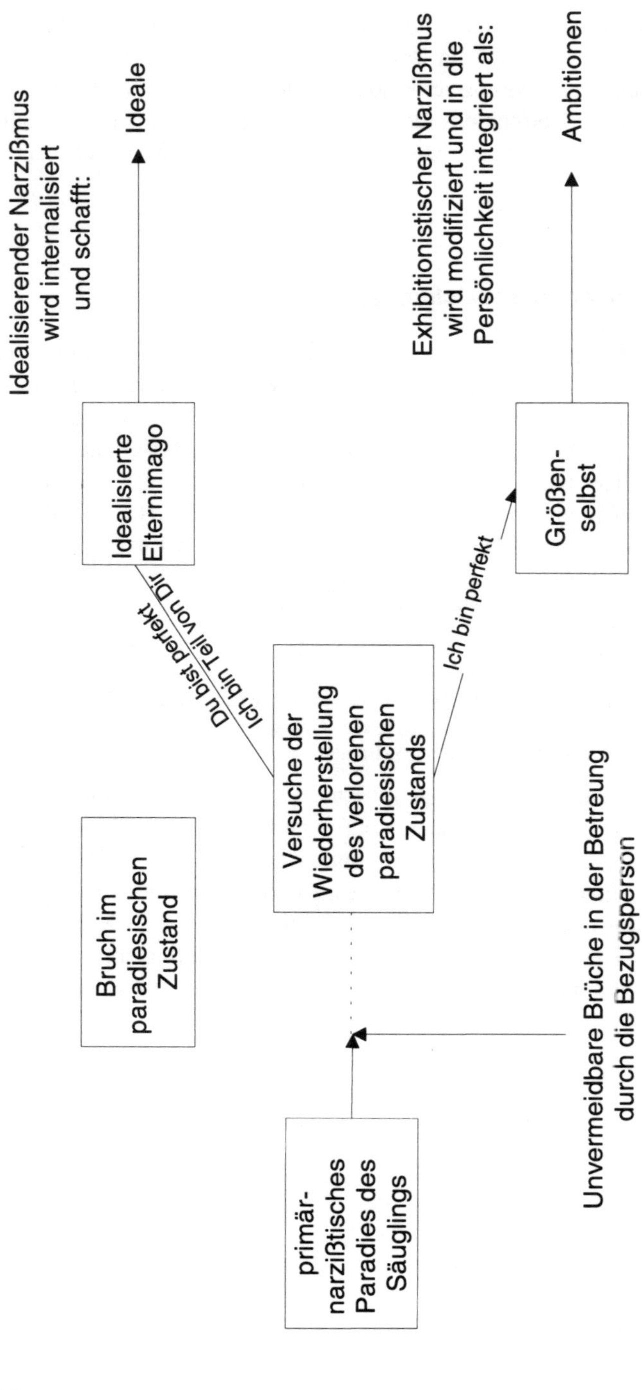

Abbildung 4.3: Die Entwicklungslinie des Narzißmus

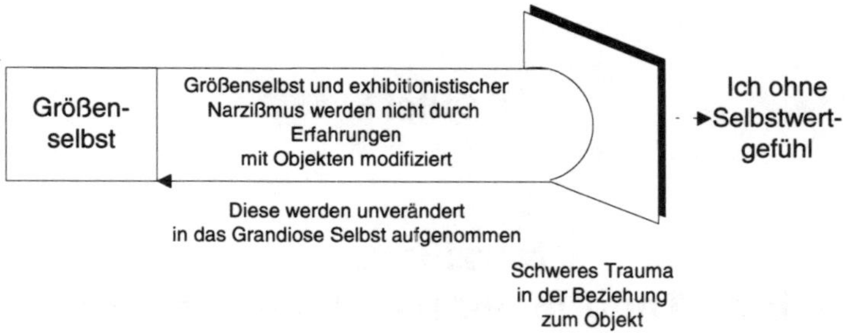

Abbildung 4.4: Trauma in der Entwicklung des Größenselbst

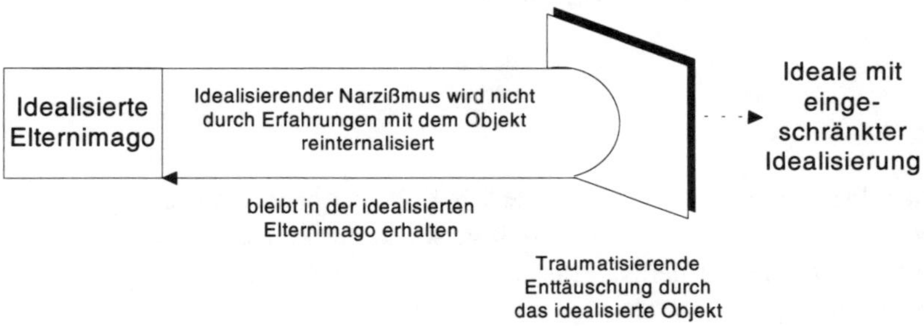

Abbildung 4.5: Trauma in der Entwicklung der idealisierten Elternimago

Kapitel 5

Narzißmus. Eine Theorie der psychoanalytischen Behandlung narzißtischer Persönlichkeitsstörungen: Teil I

Die idealisierte Elternimago

In den folgenden zwei Kapiteln werde ich Kohuts Konzeptualisierung der idealisierten Elternimago und des Größenselbst, sowie die klinischen Übertragungsformen vorstellen, die mit der Mobilisierung dieser Konfigurationen im Rahmen der Therapie einhergehen. Darüber hinaus möchte ich anhand von Fallbeispielen aufzeigen, wie diese Konzeptualisierungen in psychoanalytischen Psychotherapien Anwendung finden können.

Die Rekonstruktion früher psychischer Zustände, wie sie aus den Analysen erwachsener Patienten abgeleitet wurden, liefern das Datenmaterial, anhand dessen Kohut seine Konzepte narzißtischer Konfigurationen formulierte. Er wies jedoch auch auf die Schwierigkeit hin, solch frühe Erfahrungen mit Hilfe der Einfühlung in das affektive Lebens eines Erwachsenen, nachzuzeichnen:

> Die psychoanalytische Beschreibung früher Erfahrungen ist schwierig und voller Gefahren. Die Zuverlässigkeit unserer Einfühlung, ein wichtiges Instrument psychoanalytischer Beobachtung, wird um so geringer, je verschiedener das Beobachtete vom Beobachter ist, und die frühen Stadien der psychischen Entwicklung sind daher ganz besonders eine Herausforderung für unsere Fähigkeit, uns in uns selbst einzufühlen. (a.a.O., S. 57)

Die idealisierte Elternimago

Mit dieser Warnung beschreibt Kohut die idealisierende Komponente der narzißtischen Konfigurationen als „die Wiederbelebung eines von zwei Aspekten einer frühen Phase der seelischen Entwicklung in der Psychoanalyse“ (a.a.O., S. 57). Der zweite Aspekt ist das Größenselbst. Die zwei Konfigurationen bilden sich gleichzeitig in der frühen Entwicklung heraus und stellen den Versuch des Kindes dar, einen unterbrochenen Zustand paradiesischer Vollkommenheit wiederherzustellen. In Bezug auf die idealisierten Elternimago schreibt die Psyche „einem archaischen, rudimentären (Übergangs-)Selbst-Objekt" Vollkommenheit zu (a.a.O., S. 57).

Die gesamte Macht liegt beim idealisierten Objekt, mit dem das Kind beständig zu verschmelzen sucht, um sich ganz und lebendig zu fühlen. Das Kind muß jedoch letztlich diese Idealisierung wieder zurücknehmen, da es sonst von der Bindung an ein idealisiertes Objekt abhängig bleiben wird, um sich ganz zu fühlen. Nach Auffassung von Kohut entstehen überdauernde psychische Strukturen während der Reinternalisierung des idealisierenden Narzißmus', was sich in unterschiedlichen Prozessen manifestiert. Zum einen kommt es zu einer allmählichen Modifizierung der Idealisierung, wenn das Kind erkennt, daß den Eltern Grenzen gesetzt sind. Die idealisierenden Besetzungen gehen gleichsam 'durch das Objekt hindurch' - ein Prozeß, den Kohut 1963 zum ersten mal beschreibt. Neben einer Reduzierung der Idealisierung erlaubt es dieser Prozeß dem Kind, spezifische Aspekte der emotionalen Einstellungen und Reaktionen der Eltern zu internalisieren.

'Umwandelnde Verinnerlichung', ein anderer strukturbildender Prozeß ist dem Vorgang des Trauerns ähnlich, den Freud 1917 beschrieben hat. Eine psychische Struktur, so Freud, entsteht nach einem Verlust, wenn die auf das verlorene Objekt gerichtete Libido wieder abgezogen und als unbewußte Erinnerung verinnerlicht wird. Das verlorene Objekt wird im Gedächtnis behalten, seine Eigenschaften werden Teil der eigenen Persönlichkeit.

Kohut vertritt die These, daß die Bildung psychischer Strukturen an den allmählichen Abzug der Idealisierungen von den Pflegepersonen des Kindes geknüpft ist. Durch diese Internalisierungen entstehen neue Strukturen, die die vormals vom idealisierten Objekt ausgeführten psychischen Funktionen übernehmen, allerdings ohne die persönlichen Eigenschaften des Objektes. Zu einer stufenweisen Rücknahme der Idealisierung kommt es, wenn die Frustrationen des Kindes von erträglichem Ausmaß sind und allmählich stattfinden. Kohut spricht hier von 'optimaler Frustration'. In Situationen plötzlicher massiver Enttäuschungen jedoch gibt es keine optimale Frustration; das Kind ist nicht mehr in der Lage, den überwältigenden Verlust schrittweise, via umwandelnder Verinnerlichung, zu verarbeiten.

Objektformen: Selbstobjekte, echte Objekte und psychische Strukturen

Kohut weist mit Nachdruck darauf hin, daß der Schlüssel für das Verständnis narzißtischer Störungen in der Überlegung liegt, daß die Objekte, die bestimmte intrapsychische Funktionen für das Kind erfüllen, im Sinne eben dieser Funktionen erlebt werden, und nicht im Sinne ihrer charakteristischen Eigenschaften. Das Kind erlebt sie als Teil seines Selbst. Wenn sie ihre Aufgaben erfüllen, werden sie zur

Selbstverständlichkeit, wie eine Hüfte oder ein anderes Körperteil. Nur wenn das Objekt versagt, wird es bemerkt. Kohut bezeichnet jene Objekte, die als Teil des eigenen Selbst erlebt werden als 'Selbst-Objekte'. Sie existieren als psychische Aufgaben und werden nicht im Sinne tatsächlicher, eigenständiger Objekte wahrgenommen. 1978 führt Kohut die Schreibweise 'Selbstobjekt' ohne Bindestrich ein, um die Ungetrenntheit dieses Objekts vom eigenen Selbst zu unterstreichen. (Nachdem er ein Jahr lang über diese Änderung nachgedacht hatte, feierte er seinen Entschluß am 29. Oktober 1978 anläßlich einer Einladung bei Ernest und Ina Wolf (Wolf 1996a)). Die neue Schreibweise tauchte zum ersten mal in einem gemeinsamen Aufsatz von Kohut und Ernest Wolf auf, der im gleichen Jahr veröffentlicht wurde (1978, dt. 1983).

Im Gegensatz zum Selbstobjekt ist das echte Objekt psychisch vom eigenen Selbst getrennt. Sie werden geliebt und gehaßt „von einer Psyche, die sich von den archaischen Objekten gelöst, autonome Strukturen angenommen, die unabhängigen Motive und Reaktionen anderer akzeptiert und den Begriff der Gegenseitigkeit verstanden hat“ (1973, S. 71, engl. 1971).

Psychische Strukturen hingegen sind Internalisierungen der tröstenden, spannungsregulierenden und adaptiven Funktionen, die zuvor von den Selbstobjekten erfüllt worden waren. Sie sind das Ergebnis eines allmählichen Abzugs der narzißtischen Idealisierung von den alten Objekten und erfüllen ihre psychischen Funktionen selbst in der Abwesenheit des Selbstobjekts.

Idealisierende Übertragung

Eine optimale Internalisierung wird verhindert, wenn ein Kind den traumatischen Verlust eines idealisierten Elternteils erleidet (siehe Abbildung 4.5). Die Entwicklung notwendiger psychischer Strukturen via allmählicher und stufenweiser Verinnerlichung kann in diesem Fall nicht stattfinden; das Kind bleibt von Übertragungsbeziehungen mit Selbstobjekten abhängig, um das strukturelle 'Loch' aufzufüllen.

> Das Kind erwirbt nicht die nötige psychische Struktur, seine Psyche bleibt an ein archaisches Selbst-Objekt fixiert, und die Persönlichkeit bleibt das ganze Leben hindurch in einer Weise von gewissen Objekten abhängig, die man als intensive Form von Objekthunger bezeichnen könnte. Die Intensität der Suche nach und die Abhängigkeit von diesen Objekten kommt daher, daß sie als Ersatz für fehlende Segmente der psychischen Struktur gesucht werden. Sie sind nicht Objekte (im psychoanalytischen Sinn), da sie nicht wegen ihrer Eigenschaften geliebt oder bewundert werden, und ihre tatsächlichen Merkmale und ihre Handlungen werden nur dunkel wahrgenommen. Sie werden nicht ersehnt, sondern gebraucht, um die Funktionen eines Sektors des psychischen Apparates zu ersetzen, der in der Kindheit nicht gebildet werden konnte. (a.a.O., S. 65-66)

Kohut teilt die einzelnen Störungstypen im Zusammenhang mit der idealisierten Elternimago in drei Gruppen ein, wobei jede Störung vom jeweiligen Zeitpunkt der Traumatisierung abhängig ist (siehe Abbildung 5.1).

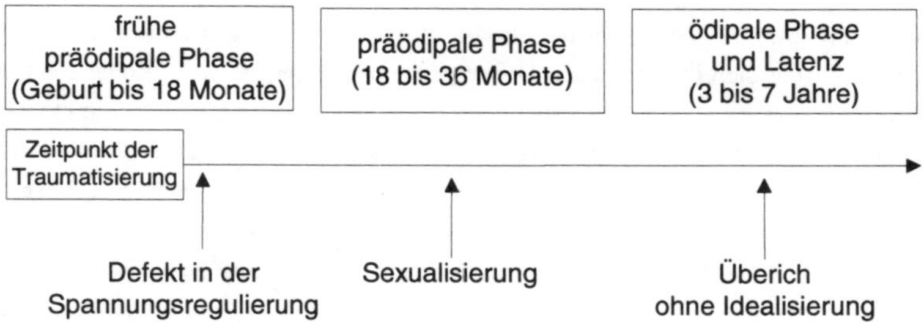

Abbildung 5.1: Folgen von Traumata in der kindlichen Entwicklung

Die erste Gruppe bezieht sich auf Traumata, die während der frühen präödipalen Phase stattfinden und hier die Entwicklung jener basalen innerpsychischen Fähigkeit verhindern, eigenständig das narzißtische Gleichgewicht aufrechtzuerhalten oder wiederherzustellen. Schwere Traumata dieser Art sind in der Regel die Folge uneinfühlsamer Pflegepersonen. Die frühe fehlende Einstimmung auf seine emotionalen Bedürfnisse beraubt das Kind bestimmter mütterlicher Funktionen, etwa als Reizschutz, Spannungsregulierung oder optimaler Stimulierung.

Nicht selten führt dieses Trauma später zu Suchtkrankheiten, die die spannungsregulierenden und selbstberuhigenden Funktionen der fehlenden psychischen Struktur ersetzen sollen.

Die zweite Störungsgruppe steht in Zusammenhang mit späten präödipalen Traumata, die die Entwicklung einer triebkontrollierenden und triebneutralisierenden *Grundstruktur des Ichs* verhindern. Traumatisierungen während dieser Entwicklungsphase manifestieren sich häufig als Sexualisierung narzißtischer Bedürfnisse bzw. sexualisiertes Verhalten im Erwachsenenalter. Kohut begreift diese Sexualisierungen als Versuch, ein narzißtisch gestörtes Selbst zu beruhigen und zu stabilisieren.

Eine dritte Gruppe von Störungen ist die Folge von Traumata in der ödipalen Phase oder frühen Latenzperiode, wenn das Kind noch nicht über ein vollständig entwickeltes Überich verfügt. Der Erwachsene, der Traumatisierungen während der späten ödipalen Phase oder frühen Latenzzeit ausgesetzt war, verfügt zwar über ein Überich, das bestimmte Werthaltungen und Normvorstellungen enthält, bleibt jedoch „immer auf der Suche nach äußeren Idealfiguren (mag man auch Werte und Normen besitzen), von denen man die Zuwendung und Führung bekommen möchte, die das ungenügend idealisierte Über-Ich nicht geben kann“ (a.a.O., S. 69).

Die verschiedenen idealisierenden Übertragungen, die die spezifischen, in ihrer Entwicklung behinderten Bedürfnisse der idealisierten Elternimago zum Ausdruck bringen, sind, so Kohut, krankheitsspezifisch für narzißtische Persönlichkeitsstörungen und werden im Laufe einer psychoanalytischen Therapie manifest.

Klinische Falldarstellung

Um die behandlungstechnischen Probleme, die im Zusammenhang mit der idealisierten Elternimago auftreten, sowie die entsprechenden Übertragungen aufzuzeigen, stellt Kohut die Behandlungsgeschichte von Herrn A. vor. Der Patient, ein Mann Mitte zwanzig, ersuchte um therapeutische Hilfe aufgrund unbestimmter depressiver Verstimmungen, homosexueller Phantasien, sowie einem Abfall seiner beruflichen Leistungsfähigkeit und Kreativität. Diese Symptome traten immer dann auf, wenn er das Gefühl hatte, daß sich ältere, für ihn bedeutsame Männer nicht für ihn interessierten. Traf seine Wahrnehmung zu oder gab es Zeichen von Mißbilligung, fühlte er sich leer und deprimiert, wurde dann wütend, kalt, herablassend und distanziert, um schließlich ein Nachlassen seiner Kreativität festzustellen. Seine Lebendigkeit kehrte zurück, sobald er sich von diesen Männern angenommen und akzeptiert fühlen konnte.

Herrn A.s Empfindlichkeit, was die Bestätigung seitens älterer Männer anging, entsprang seinen Erfahrungen mit seinem Vater, einem erfolgreichen europäischen Geschäftsmann. Als Junge in der Latenz hatte Herr A. seinen Vater idealisiert, der ein gut gehendes Geschäft hatte, das er jedoch infolge der deutschen Besatzung verlor. Die Familie ging in ein anderes Land, in dem sich der Vater neuerlich geschäftlich etablieren konnte. Dieser Triumph schlug jedoch um in Depression, als die Deutschen auch dieses Land besetzten und der Vater sein Geschäft neuerlich verlor. Für Herrn A. war die Depression seines Vaters ein Trauma. Er hatte ihn immer als unverletzbar erlebt, selbst angesichts der deutschen Besatzungstruppen. Kohut erklärt Herrn A.s spätere Verwundbarkeit als Folge einer Störung im Prozeß der umwandelnden Verinnerlichung, die durch die massive Entidealisierung entstanden war, als Herr A.s Vater seine berufliche Tüchtigkeit verlor und depressiv wurde. Dieser Bruch hatte zur Folge, daß Herr A. nur über ein unzureichend idealisiertes Überich verfügte. Zwar hatte er die Werthaltungen seines Vaters internalisiert und sein Überich funktionierte im Sinne bestimmter ethischer Anforderungen. Doch fehlte Herrn A. die Möglichkeit, die notwendigen Internalisierungen schrittweise vorzunehmen, so daß das Überich nicht die charakteristische erhöhte Stellung einnahm und auch nicht in der Lage war, das Selbstwertgefühl des Patienten zu heben, wenn dieser seinen Normvorstellungen entsprach. Sein Selbstwertgefühl konnte nur aufrechterhalten werden, wenn eine äußere Quelle, ein älterer Mann, ihn und seine Arbeit lobte. Kohut nennt drei Hauptkomponenten der narzißtischen Störung des Patienten:

1. *Eine diffuse Verwundbarkeit hinsichtlich der Fähigkeit zur Spannungsregulierung und Selbstberuhigung:* Obgleich die offensichtlichen Traumata in der Latenz stattgefunden haben, reichen die Wurzeln seiner narzißtischen Verwundbarkeit bis in die frühe präödipale Phase zurück, als die Mutter des Patienten nicht in der Lage war, sich auf ihn einzustimmen und einfühlsam auf seine Bedürfnisse zu reagieren. Es gab kein einzelnes traumatisches Ereignis in diesen frühen Jahren. Traumatisch war vielmehr die Persönlichkeit der Mutter. In dieser Hinsicht ist Kohut der Auffassung, daß angemessene Einfühlung auf Seiten der Mutter in den ersten Lebensjahren die Internalisierung ihrer beruhigenden und spannungsregulierenden Fähigkeiten fördert. Über die vielen kleinen Internalisierungen der beruhigenden und regulierenden mütterlichen Funktionen ist das Kind in der Lage, selbst regulierende psychische Strukturen aufzubauen. Dies ist jedoch bei einer unempathischen oder aber auf übertriebene Art und Weise auf ihren Sohn bezogene Mutter nicht der Fall, so daß das Kind auf äußere Quellen der Beruhigung und Spannungsregulierung angewiesen bleibt.

Ist die Mutter, wie im Fall von Herrn A., nicht empathisch auf ihr Kind eingestimmt, so wird häufig der Vater gesucht, um die fehlende Einfühlung auszugleichen. Wenn es der Vater zulassen kann, idealisiert und wieder entidealisiert zu werden (schrittweise und in angemessenem Maße), so können wichtige psychische Strukturen noch entwickelt werden. Ist die Entidealisierung des ausgleichenden Elternteils massiv, wie etwa im Fall von Herrn A., kann die zweite Chance eines strukturellen Aufbaus nicht genutzt werden und das Kind entwickelt eine umfassende narzißtische Verwundbarkeit.

2. *Sexualisierung selbstberuhigender und spannungsregulierender Fähigkeiten:* Nachdem er die Bestätigung eines idealisierten Mannes verloren und in eine tiefe Depression verfallen war, entwickelte Herr A. Phantasien, körperlich starke Männer zu unterwerfen und sexuell zu befriedigen. Es konnte in der analytischen Arbeit herausgearbeitet werden, daß diese Phantasien, die Herr A. nicht in die Realität umsetzte, seinen Wunsch ausdrückten, in sexualisierter Art und Weise die Stärke eines idealisierten Mannes zu gewinnen. Es handelte sich um restaurative Versuche, seine verlorene Vitalität wiederzuerlangen.

3. *Mobilisierung eines reaktiven Größenselbst als Antwort auf narzißtische Kränkungen:* Auf diesen Punkt werde ich näher eingehen, wenn ich Kohuts Konzepte des Größenselbst und der Spiegelübertragung diskutieren werde. Kurz gesagt, das reaktive Größenselbst kann als abwehrbedingte Größenphantasie verstanden werden, die als Reaktion auf eine Kränkung erfolgt, nach dem Motto „Sie können mich nicht hinauswerfen, ich kündige!". Diese reaktiv entwickelte Phantasie eigener Grandiosität war verantwortlich für Herrn A.s herablassendes, unterkühltes und distanziertes Verhalten, nachdem man ihn gekränkt hatte.

Klinische und therapeutische Aspekte der idealisierenden Übertragung

Kohut unterscheidet die idealisierende Übertragung narzißtischen Ursprungs von anderen Formen der Übertragung. In der Idealisierung des ödipalen Objekts etwa wird das Objekt als eigenständige, getrennte Einheit erlebt, die unabhängig vom eigenen Selbst Wünsche und Ziele verfolgt. Die Beziehung zu einem ödipalen Objekt enthält Elemente der Gegenseitigkeit. Dies unterscheidet sie von der Idealisierung des Selbstobjekts, bei der das Objekt nicht als getrennte Einheit erlebt wird und keine Gegenseitigkeit möglich ist.

Eine andere Form der Idealisierung, die Idealisierung der psychoanalytischen Funktionen des Therapeuten, ist Teil der positiven Übertragung. Es gibt sie in allen Psychotherapien und sie ist es, die die analytische Arbeit erst ermöglicht. Obgleich die Idealisierung der analytischen Funktion wesentlich für den Fortgang der analytischen Arbeit ist, hält sie Kohut für eine Hilfs-Übertragung, die für den *Inhalt* der analytischen Arbeit nicht von zentraler Bedeutung ist. Vielmehr ist es die idealisierende Übertragung, die durch die Wiederbelebung der idealisierten Elternimago in der Analyse in Gang gesetzt wird, die den Kern der defizitären psychischen Strukturen und somit auch der analytischen Arbeit ausmacht.

Kohut unterscheidet verschiedene Formen der idealisierenden Übertragung und weist darauf hin, daß der jeweilige Zeitpunkt, wann eine bestimmte Übertragungsform auftritt, eine bedeutsame Rolle spielt. Menschen mit frühen Traumatisierungen in ihrer Lebensgeschichte leiden für gewöhnlich unter einer sehr umfassenden narzißtischen Verwundbarkeit. Sie tun sich schwer, nach einer Erschütterung ihres Selbstwertgefühls ihr narzißtisches Gleichgewicht wiederzufinden und suchen Selbstberuhigung und Spannungsregulierung beim Analytiker. Nach Auffassung von Kohut spiegeln diese idealisierenden Übertragungen das Defizit früher Bezugspersonen wider, die das Kind weder vor Über- noch vor Unterstimulierung zu schützen vermochten, es nicht beruhigen konnten, wenn es aufgeregt war, und auch die Funktion der Spannungsregulierung zu übernehmen nicht in der Lage waren.

Idealisierende Übertragungen, die von späteren Traumata herrühren, sind leichter zu erkennen. Wie im Falle von Herrn A. erwachsen sie plötzlichen, massiven Entidealisierungen infolge von Verlust, Krankheit, etc. des idealisierten Objekts. In diesen Situationen bleibt die Sehnsucht nach Bindung an ein allmächtiges Objekt, als Ausdruck der idealisierten Elternimago, verdeckt und wird entweder durch horizontale Spaltung (Verdrängungsschranke) verdrängt oder in einer vertikalen Spaltung, wie ich sie in Kapitel 6 diskutieren werde verleugnet. Die Möglichkeit, das Objekt allmählich und schrittweise zu entidealisieren, existiert nicht mehr, eine umwandelnde Verinnerlichung kann nicht stattfinden und das Überich wird seiner Idealisierungen beraubt. Die Folge ist eine endlose Suche nach idealisierten Objekten, mit denen Verschmelzung möglich ist.

Kohut stellt in diesem Zusammenhang einige behandlungstechnische Überlegungen an zur In-Gang-Setzung und Aufrechterhaltung des analytischen Prozesses bei Patienten mit narzißtischen Persönlichkeitsstörungen, sowie zur Frage der therapeutischen Wirkfaktoren, die er in seinem Buch *Wie heilt die Psychoanalyse?* (1987, engl. 1984) ausführlicher behandeln wird.

Ähnlich der analytischen Arbeit mit klassischen Übertragungsneurosen kann die Arbeit mit narzißtischen Störungen in verschiedene Behandlungsphasen unterteilt werden: Herstellung der Übertragung und Phase des Durcharbeitens. In der ersten Phase manifestieren sich Widerstände gegenüber der Mobilisierung der idealisierenden Übertragung, die in Träumen und anderen Assoziationen deutlich werden. Die Ängste hinsichtlich der Mobilisierung der Übertragung sind vielfältig: Sie können entweder das kalte, unzuverlässige und unberechenbare frühe idealisierte Objekt betreffen; es kann die Befürchtung entstehen, der traumatischen Erfahrung ein weiteres mal ausgesetzt zu werden. Oder aber der Wunsch, mit dem idealisierten Objekt zu verschmelzen, führt zu Angst vor dem Verlust der eigenen Individualität. Behandlungstechnisch gibt Kohut folgende Empfehlung:

> Der Analytiker sollte das Vorhandensein aller dieser Widerstände erkennen und sie dem Patienten mit freundlichem Verstehen erläutern, aber im allgemeinen braucht er nicht mehr zu tun, um ihn zu beruhigen. Er kann meist erwarten, daß die pathognomische Regression sich spontan herstellt, wenn er nicht mit vorzeitigen Übertragungsdeutungen (...) oder mit anderen störenden Interventionen eingreift. (...)
>
> An dieser Stelle möchte ich nur betonen, daß ein ungewöhnlich freundliches Verhalten des Analytikers, das manchmal mit der Notwendigkeit, ein therapeutisches Bündnis zu schaffen, gerechtfertigt wird, bei den Analysen narzißtischer Persönlichkeitsstörungen ebensowenig empfehlenswert

ist wie bei den Analysen von Übertragungsneurosen. Im letzteren Falle wird es als verführerisch erlebt und kann Übertragungs-Artefakte erzeugen; bei den narzißtischen Persönlichkeitsstörungen wird es im allgemeinen von sensiblen Patienten als Herablassung empfunden, die den Stolz des Analysanden verletzt, seine Isolation und sein Mißtrauen vermehrt (d.h. seine Neigung, sich auf eine archaische Form des Größenselbst zurückzuziehen) und somit das spontane Auftreten der spezifischen pathognomischen Regression des Patienten stört. (a.a.O., S. 111-112)

Von Seiten seiner traditionalistisch eingestellten Kritiker wurde gegen Kohut nicht selten der Vorwurf laut, er leiste der Gratifikation unbewußter Wünsche Vorschub, indem er eine übertrieben freundliche Haltung gegenüber seinen Patienten einnehme. Diese Kritik, die die allgemein menschliche Verantwortung des Analytikers mit der Befriedigung unbewußter libidinöser Wünsche verwechselt, gründet auf einem Mißverständnis der behandlungstechnischen Empfehlungen Kohuts. Diese sind, wie wir gesehen haben, im Falle von Übertragungsneurosen und narzißtischen Störungen im Grunde ähnlich.

Kohut beschreibt, wie der Prozeß des Durcharbeitens bei narzißtischen Störungen erst einsetzt, nachdem die pathognomische narzißtische Übertragung hergestellt und ein narzißtisches Gleichgewicht, basierend auf der Einheit mit dem idealisierten Selbstobjekt, erreicht wurde. Ist die Bindung an den Analytiker als idealisiertem Selbstobjekt ungebrochen, kann sich der Analysand ganz, zufrieden, anziehend und kreativ fühlen. Das Durcharbeiten beginnt dann, wenn es zu einem Bruch in dieser Übertragung kommt. Bei narzißtischen Störungen ist dies ein störendes Ereignis zwischen Analytiker und Patient, und weniger eine unbewußte Reaktion auf bedrohliche, auf den Analytiker gerichtete Wunschregungen, wie sie für die Übertragungsneurosen typisch sind.

Auf eine Unterbrechung der narzißtischen Übertragung reagiert der Patient oft niedergeschlagen, wütend, kalt und unnahbar. Niedergeschlagenheit und Wut ähneln der Hilflosigkeit, wie sie der Verlust von Körperfunktionen, etwa infolge einer Krankheit oder eines Unfalls, hervorrufen. Die Unterbrechung der narzißtischen Übertragung konfrontiert den Patienten mit der Tatsache, daß die nie infragegestellte Kontrolle über den Analytiker als Selbstobjekt nicht der Realität entspricht. In der pathognomischen Regression der idealisierenden Übertragung wird der Analytiker nicht als eigenständiges und unabhängiges Individuum erlebt. Jeder Beweis für Getrenntheit, wie etwa die Entscheidung des Analytikers, in Urlaub zu gehen, jedes Anzeichen von Kühle oder nicht unmittelbarem Verständnis auf Seiten des Analytikers, Terminverschiebungen, Wochenendunterbrechungen, Verspätungen, ja selbst Terminänderungen zugunsten des Patienten, rufen in diesem Verzweiflung und Wut hervor. Begreift der Therapeut die Entwicklungsdimension der Übertragung, dann ist es möglich, die Klagen des Patienten über diese Störungen, so geringfügig sie auf einen Beobachter von außen auch wirken mögen, richtig einzuordnen. Es ist die archaische Natur der Übertragung, die verantwortlich dafür ist, wie der Patient diese Störung erlebt. Um eine narzißtische Persönlichkeitsstörung effektiv zu behandeln, muß der Therapeut seine Einfühlung dem jeweiligen Niveau der narzißtischen Bindung des Patienten anpassen.

Die Reaktionen der Patienten auf derartige Brüche in der Übertragungsbeziehung nehmen eine zentrale Stellung in Kohuts Behandlungen ein. Seinen behandlungstechnische Empfehlung geht dahin, die auslösenden Ereignisse so genau wie möglich zu eruieren und nach psychischen Bedeutungen der spezifischen Interaktionen zu suchen, die diese Störung hervorgerufen haben. Kohut stellt in diesem Zusammenhang Herrn G. vor, um die narzißtische Kränkbarkeit eines Patienten sowie jenes Maß an Einfühlung deutlich zu machen, die notwendig ist, um diese Kränkbarkeit zu verstehen. Auf Kohuts Ankündigung, daß er für eine Woche abwesend sein würde, reagierte Herr G. wütend, kühl und hochmütig. In seinem Bemühen, die Reaktion des Patienten zu verstehen, konzentrierte sich Kohut zunächst auf die bevorstehende Trennung selbst, doch Deutungen in dieser Richtung erwiesen sich als fruchtlos. Schließlich meinte er jedoch zu verstehen, was den Bruch ausgelöst hatte: Entsprechend früherer Erfahrungen mit diesem Patienten hatte Kohut heftige Reaktionen (z.B. nächtliche Telefonanrufe) auf seine Ankündigung hin erwartet und sich innerlich mit einem „Auf ein Neues...!“ dagegen zu wappnen versucht. Herr G. hatte nicht auf den Inhalt, sondern den Ton von Kohuts Ankündigung reagiert und das Gefühl bekommen, das, was er zuvor als die grenzenlose Einfühlung seines Therapeuten erlebt hatte, verloren zu haben. Als der tatsächliche Grund für den Bruch herausgearbeitet werden konnte, fing sich Herr G. wieder und stellte die Bindung an sein idealisiertes Selbstobjekt wieder her.

Obgleich es klinisch gesehen zahlreiche Variationen gibt, läßt sich nach Kohut das Wesen des therapeutischen Prozesses in einige „verhältnismäßig einfache Prinzipien“ zusammenfassen (a.a.O., s. 117):

> Im Gegensatz zu den Analysen von Übertragungsneurosen bezieht sich der größte Teil des Durcharbeitungsprozesses bei den Analysen narzißtischer Persönlichkeitsstörungen nicht auf die Überwindung von Ich- und Über-Ich-Widerständen gegen die Aufhebung von Verdrängungen. Obwohl solche Widerstände auch hier auftreten (...) bezieht sich der wesentliche Teil des Durcharbeitungsprozesses hier auf die Reaktionen des Ichs auf den Verlust des narzißtisch erlebten Objekts. (...) Der Prozeß des Drucharbeitens zielt hier jedoch im wesentlichen auf den schrittweisen Entzug narzißtischer Libido vom narzißtisch besetzten, archaischen Objekt; er führt zum Erwerb neuer psychischer Strukturen und Funktionen in dem Maße, indem die Besetzungen von den Repräsentanzen des Objekts und seinen Tätigkeiten zum psychischen Apparat und seinen Funktionen verschoben werden. (a.a.O., S. 117-120)

1971 sieht Kohut den Kern der analytischen Heilung im Falle narzißtischer Persönlichkeitsstörungen in den spezifischen Komponenten des Durcharbeitens: angemessene Brüche in der Übertragungsbeziehung zum Analytiker, gefolgt von einem Abzug narzißtischer Libido, mit dem das idealisierte Selbstobjekt besetzt wurde, was wiederum in den Aufbau psychischer Strukturen via umwandelnder Verinnerlichung mündet.

Auf therapeutischer Seite ist es die sorgfältige Untersuchung des Interaktionsgeschehen zwischen Analytiker und Analysand (wenn die Beziehung zum idealisierten Analytiker unterbrochen wird), die das Durcharbeiten fördert. Wenn beide, Analytiker und Patient, verstehen, was nun genau zum jeweiligen Bruch geführt hat, stellt sich die idealisierende Übertragung wieder her und in der Regel werden sich die

Patienten an bestimmte Ereignisse aus ihrer Lebensgeschichte erinnern, die die Dynamik des stattgefundenen Bruches erhellen. Das Durcharbeiten hat eine strukturelle Festigung sowie erhöhte Spannungstoleranz im Patienten zur Folge, wenn der Analytiker abwesend ist. Mit der schrittweisen Aufgabe des idealisierten Selbstobjekts kann auch die Idealisierung nach und nach abgezogen werden, was den Prozeß der umwandelnden Verinnerlichung fördert.

Kohut warnt aber auch vor Gegenübertragungsreaktionen auf die idealisierende Übertragung: „Wenn der Analytiker nicht mit seinem eigenen Größen-Selbst ins Reine gekommen ist, so kann er auf die Idealisierung mit intensiver Erregung seiner unbewußten Größenphantasien reagieren" (a.a.O., S. 303). Der Therapeut gerät in Verlegenheit, fühlt sich beschämt und unsicher – und wehrt womöglich die Idealisierung des Patienten ab, indem er sie zu früh deutet, die Aufmerksamkeit auf idealisierte Objekte der Vergangenheit lenkt, und/oder die Idealisierung im Sinne abgewehrter feindseliger Gefühle deutet. Diese der Abwehr entspringenden Reaktionen auf Seiten des Therapeuten haben bedeutsame Folgen, da sie die Idealisierung zurückdrängen, die Mobilisierung der idealisierten Elternimago verhindern und die Entfaltung des analytischen Prozesses in der Behandlung narzißtischer Persönlichkeitsstörungen stören.

Eine Gegenübertragungsreaktion, auf die Kohut nicht eingeht, ist die Stimulierung unmodifizierter Größenideen im Therapeuten, ausgelöst durch die Idealisierung des Patienten. Wurde das Bedürfnis des Therapeuten nach dem „Glanz im Auge der Mutter" in seiner eigenen Entwicklung nicht ausreichend befriedigt, kann es passieren, daß er eine pathologische Abhängigkeit von der selbstwerterhöhenden Eigenschaft der Idealisierung entwickelt. Es würde sich dann um eine Übertragungsreaktion auf Seiten des Therapeuten handeln, die, wenn sie unerkannt bleibt, die therapeutische Arbeit vor ernsthafte Probleme stellen kann.

Ein Fallbeispiel

Übertriebene Ausprägungen einer bestimmten Pathologie eignen sich gut, die Charakteristika eines Krankheitsbildes aufzuzeigen. Ich denke hier an einen meiner Patienten, John, einen 23jährigen Weißen, der in einer idealisierenden Übertragungsbeziehung zu einem anderen Mann gefangen war, der ihn jedoch ausnutzte. Mit der Darstellung seines Falles verfolge ich zwei Ziele. Ich hoffe zum einen, das Konzept einer Entwicklungshemmung der idealisierten Elternimago klarer zu machen, und zum anderen aufzuzeigen, wie eine selbstpsychologisch orientierte psychodynamische Psychotherapie dazu beitragen kann, daß die Entwicklung eines beschädigten Selbst wieder in Gang gesetzt wird.

John ersuchte um therapeutische Hilfe aufgrund von Beziehungsproblemen mit einem älteren Mann, den er während seines ersten Jahres am College, drei Jahre vor Therapiebeginn, kennengelernt hatte. Zuvor war es vor allem die schwierige Anpassung an sein neues Leben im College gewesen, weg von zu Hause, die ihm zu schaffen machte. Er lernte eine junge Frau kennen, die ihm den Übergang erleichterte, von der er jedoch von heute auf morgen verlassen wurde. John war verzweifelt und begegnete in dieser Situation dem älteren, charismatischen Elliot. John, der wie benommen und verwirrt gewesen war, nachdem ihn seine Freundin verlassen hatte, fühlte sich nun wieder ganz, als er erkannte, daß Elliot seine quasi-religiöse Philosophie der Offenheit und vollkommenen Gegenseitigkeit teilte.

Elliot lebte in den Tag hinein und forderte John auf, sich ihm anzuschließen. Der hatte in Elliot ganz offensichtlich Halt gefunden und willigte ein. Zusammen zogen sie umher, bis sie sich schließlich mit einem profitablen, aber illegalen Geschäft in einem kleinen Ort niederließen. Nach einiger Zeit bat Elliot John, das Geschäft weiterzuführen, während er nach Kalifornien ging. John sollte alle Einnahmen, bis auf einen kleinen Betrag für den eigenen Lebensunterhalt, an Elliot überweisen. Seine Bindung an Elliot war von zentraler Bedeutung und so tat er alles, um das Geschäft am Laufen zu halten und Elliot zufriedenzustellen. Der ständigen Bedrohung ausgesetzt, von Elliot verlassen zu werden, hielt er sich mit fünf bis sechs Telefonanrufen täglich über Wasser.

Als John um Therapie nachsuchte, war sein Leben aus den Fugen geraten. Um die Bindung an Elliot nicht zu gefährden, bestand sein Leben schließlich nur noch aus Geschäft, lebensrettenden Telefonanrufen und Schlafen. Etwas anderes gab es nicht. John besuchte Elliot zwei mal im Jahr und während seines letzten Besuchs waren die „Probleme" aufgetreten, die ihn nun in Therapie führten. Als wir uns diese „Probleme" genauer ansahen, stellte sich heraus, daß Elliots tyrannische Forderungen John ärgerten. Seine hatten jedoch keinen Wahrheitsgehalt für ihn und so hoffte er, daß er mit Hilfe der Therapie Elliots Ansprüchen gerecht werden konnte, um diese für ihn so wichtige Beziehung nicht zu gefährden.

Um die Ursprünge dieser Bindung zu verstehen, betrachtete ich mir Johns Familiengeschichte näher. Dem Patienten selbst, das dritte von fünf Geschwistern, fiel zunächst recht wenig zu seiner Familie ein. Schließlich konnten wir jedoch herausarbeiten, daß seine Mutter, ähnlich wie die Mutter von Herrn A., innerlich leer war und sich auf das emotionale Leben ihrer Kinder nicht einzustellen vermochte. Sehr inkohärent in ihren empathischen Bemühungen, verfügte sie nicht über die Fähigkeit, beruhigend auf sie einzuwirken, wenn sie von heftigen Gefühlen gepeinigt wurden. Die Eigenart der Mutter sowie deren fehlendes Fähigkeit, sich gefühlsmäßig einzustimmen, führten zu einer diffusen Verletzbarkeit in John, wenn es darum ging, mit dem, was ihn innerlich bewegte, fertig zu werden.

Kinder von solchen Müttern wenden sich an ihre Väter, um das mütterliche Defizit auszugleichen. Ist dieser emotional verfügbar, können sich wichtige psychische Strukturen noch entwickeln. Es muß nicht betont werden, daß Johns Vater, der als Vorarbeiter in einem Sägewerk arbeitete, von immenser Bedeutung von ihn war. John war stolz auf seinen Vater und erinnerte sich an seine aufregenden Besuche im Sägewerk. Dieses wurde jedoch geschlossen, als John ungefähr zwölf war. Sein Vater wurde arbeitslos und in der Folge ernsthaft depressiv. John bekam mit, wie schnell sein Vater gekränkt war und wollte ihn beschützen. Die Depression des Vaters führte zum Verlust des stabilisierenden Selbstobjekts, das er so dringend benötigte. Im Geheimen sehnte er sich jedoch nach dem starken Vater, der ihn zuvor so stolz und ganz gemacht hatte. Kinder verlieren die zweite Chance einer strukturellen Weiterentwicklung, wenn die Entidealisierung des ausgleichenden Elternteils plötzlich und massiv eintritt. Eine umfassende emotionale Verwundbarkeit ist die Folge und traf auch für John zu. Der traumatische Verlust seines Vaters während der Präadoleszenz hinterließ ein ungestilltes Bedürfnis nach einem stabilisierenden idealisierten Selbstobjekt.

Johns Kränkbarkeit ließ ihn die Nähe athletischer Trainer und anderer idealisierter Männer suchen, denen er gefallen wollte, um eine Selbstobjektbeziehung herzustellen.

Die Geschichte schien sich zu wiederholen, als John von zu Hause wegging, um das College zu besuchen. Er fand eine Frau, die ihm den Übergang erleichterte und wurde aus der Bahn geworfen, als sie die psychische Funktion, die sie für ihn übernommen hatte, nicht mehr erfüllte. Und wieder wandte sich John an einen idealisierten Dritten, um sich selbst zu stabilisieren. Doch die Folgen waren diesmal verheerend. Die Intensität von Johns Bedürfnis, sowie die Tatsache, daß seine Gefühlen keinen Wahrheitsgehalt für ihn hatten, führten in die pathologische Abhängigkeit von Elliot, dem idealisierten Selbstobjekt.

Ich begann Johns Behandlung mit einer Reihe von Fragen, von denen die erste diagnostischer Natur war. Das Chaos in Johns Leben ließ auch auf ein chaotisches Innenleben schließen. Meine diagnostischen Überlegungen konzentrierten sich darauf, ob John unter einer verdeckten Psychose litt, die häufig auch als Borderline-Persönlichkeit bezeichnet wird, oder ob er über stabile psychische Strukturen verfügte, die jedoch in ihrer Entwicklung zum Stillstand gekommen waren. In der Sprache der Metapsychologie formuliert: Waren die inneren Objekte unzureichend strukturiert oder war die idealisierte Elternimago stabil, wenngleich auf einer frühen Entwicklungsstufe festgefroren? Wenn die idealisierte narzißtische Konfiguration als psychische Struktur organisiert, in ihrer Entwicklung aber gehemmt ist, dann ist Nachreifen möglich über die Reaktivierung der stabilen Übertragung in der therapeutischen Situation. Wenn andererseits die inneren Objekte nur unzureichend strukturiert sind, wären die Übertragungen instabil und Nachreifen nicht möglich. In diesem Falle wäre das Therapieziel, die Abwehr zu stützen und überstimulierende Erfahrungen zu verhindern helfen.

Da ich mir über Johns inneren Zustand sowie seine Fähigkeit, mit Affekten umzugehen, nicht sicher war, wollte ich in der Behandlung keine intensive Regression fördern und entschied mich für eine Psychotherapie auf der Basis von einer Wochenstunde. Ganz im Gegensatz zu meinen Befürchtungen und zu meiner großen Überraschung wurden daraus neun Jahre regelmäßiger und unchaotischer gemeinsamer therapeutischer Arbeit. Zu Beginn konzentrierten wir uns in unserer Arbeit auf die realen äußeren Gefahren in Johns Leben sowie auf die „Probleme" in seiner Beziehung zu Elliot. Ohne zu werten, verbündete ich mich mit Johns Bedürfnis nach Sicherheit. Hinsichtlich der Illegalität seiner Geschäfte nahm ich keine moralisierende Haltung ein. Nach und nach konnte John die Verleugnung der Gefahren, denen er sich aussetzte, aufgeben und er erkannte, wie es diesbezüglich um ihn stand.

Ohne Elliot anzugreifen, explorierten wir die „Probleme" in ihrer Beziehung. Ich bestätigte Johns Wahrnehmung, daß Elliot ein tyrannischer und fordernder Mensch war. Ich sagte ihm außerdem, daß die „Spannung", die er empfand, eine natürliche Reaktion auf eine schwierige und fordernde Person sei. Doch während die „Spannung" in dieser Situation gesund und normal sei, stelle seine Unfähigkeit, seinen Gefühlen zu trauen, ein Problem dar.

Allmählich erkannte John, wie Elliot ihn ausgenutzt hatte. Nach annähernd zwei Jahren realitätsorientierter therapeutischer Arbeit, ohne Deutungen oder Bewertungen, äußerte John den Wunsch, sich zu befreien. Er hatte Angst, Elliot würde sich dafür rächen, daß er ihn verließ, doch dieser verschwand einfach, als John nicht mehr anrief. Meine Befürchtungen hinsichtlich eines chaotischen Behandlungsverlaufes erwiesen sich als falsch. Wir setzten die Arbeit fort, ruhig und ohne bedeutsame Zwischenfälle. Wie erkläre ich mir diesen überraschenden Fortgang der therapeutischen Arbeit?

Ich denke, daß John über die Zeit hinweg eine ruhige idealisierende Übertragung zu mir aufbaute, die sein Bedürfnis nach einer stabilisierenden Bindung erfüllte und ihm ermöglichte, Elliot loszulassen. Johns Fähigkeit, eine stabile Übertragungsbeziehung zu mir herzustellen, beantwortete meine anfänglichen diagnostischen Fragen. Die zur Wiederaufnahme psychischen Wachstums notwendige Struktur existierte, wenngleich sie einem Entwicklungsstillstand unterlag. Zu diesem Zeitpunkt in der therapeutischen Arbeit hatte jedoch noch keine strukturelle Veränderung stattgefunden. Johns Bedürfnis nach einem idealisierten Selbstobjekt war ungebrochen, lediglich seine Objektwahl hatte sich verändert.

Als diese kritische diagnostische Frage geklärt und ich der Überzeugung war, daß John in der Lage war, Affekte auszuhalten, konnte ich aktiv die idealisierende Übertragung fördern. Gelegenheit dafür bot sich, als John in Erwägung zog, eine feste Arbeitsstelle anzunehmen und ans College zurückzugehen. Ich fragte mich, ob diese Überlegungen auch mit der Übertragung zu tun hatten. Zu einem Zeitpunkt, den ich für günstig hielt, sprach ich Johns Bedürfnis an zu gefallen, um die Bindung an ein idealisiertes Selbstobjekt aufrechtzuerhalten. Ich fragte ihn, ob seine Überlegungen, zu arbeiten und sein Studium wiederaufzunehmen auch damit zusammenhingen, daß er mir gefallen wollte.

John gab zu, daß dies der Fall war. Er nahm an, daß, wenn er einer regelmäßigen Arbeit nachging und wieder zu studieren begann, ich ihn mögen und mich selbst als Therapeut gut fühlen würde. Er hatte den Lohn, den er meinte einem Selbstobjekt für dessen Interesse an ihm bezahlen zu müssen, gewechselt: Aus Geld war nun therapeutischer Ehrgeiz geworden. Er hatte das, was er als Elliots Bedürfnisse kennengelernt hatte, nun mir zugeschrieben.

Nachdem wir die idealisierende Übertragung erkannt hatten, konnten wir allmählich versuchen, deren Wesen und Bedeutung besser zu verstehen. Dies war möglich, wann immer es zu einem Bruch in der Übertragung kam, in der Regel, wenn Urlaub anstand, Termine verschoben oder abgesagt werden mußten, oder aber ich meinen eigenen Gedanken nachhing. Kam es zu einem solchen Bruch, reagierte John mit Rückzug, Traurigkeit, Lethargie und stiller Wut. Als Reaktion darauf, versuchte ich ihm zunächst zu helfen, die Wut und dem Stimmungsumschwung zu erkennen und zu benennen. Als er wahrnehmen konnte, daß es auf seiner Seite zu einem Bruch gekommen war, versuchte ich in einem zweiten Schritt, über eine genaue Untersuchung des Interaktionsgeschehens herauszufinden, was den Bruch hervorgerufen hatte. Wenn uns dies gelang, stellte sich die Übertragungsbeziehung wieder her. Diese Schritte, die wir viele male wiederholten, führten dazu, daß John erkannte, daß er eine Beziehung zu einem bedeutsamen Individuum suchte, um sich ganz und lebendig zu fühlen. Er erkannte auch, daß er sich tot fühlte, wenn er diese vitalisierende Bindung verlor. Zuerst war diese Erkenntnis bedrohlich für ihn. Schließlich jedoch verstand er, wie die Intensität seines Bedürfnisses ihn verletzbar machte und dazu brachte, wichtige Teile seines Selbst aufzugeben. Wir bearbeiteten diesen idealisierten Bereich von John Persönlichkeitsstruktur sehr ausführlich. Mit der Zeit gelang es ihm, über jene Internalisierungsprozesse, die Kohut beschreibt, psychische Funktionen, die ich zur Verfügung gestellt hatte, zu internalisieren.

John bewarb sich schließlich an einer Universtität am Ort und wurde auch angenommen. Er arbeitete fleißig, machte seinen Abschluß und fand eine interessante Anstellung. Sein altes Interesse am Sport kehrte zurück – etwas, das wirklich zu ihm gehörte, da er annahm, daß ich eher ein „Intellektueller“ sei, der sich nicht für sportliche Aktivitäten interessierte. Er entwickelte Phantasien, mit mir zu kämpfen, als sein selbstbewußtes und körperliches Selbst zum Vorschein kam. Er erinnerte sich, wie er seinen zerbrechlichen Vater vor seiner Selbstsicherheit schützen wollte und war froh, daß seine Stärke mich nicht bedrohte. Je selbstsicherer sich John in unserer Arbeit zeigen konnte, desto selbstsicherer fühlte er sich in der äußeren Realität. Er machte seinen Abschluß und suchte aktiv nach einer Arbeitsstelle, die ihm berufliche Entwicklungsmöglichkeiten bot.

Angesichts seiner Verletzbarkeit in Beziehungen, hatte John bereits zu einem früheren Zeitpunkt in der Therapie den Entschluß gefaßt, erst dann wieder eine Beziehung einzugehen, wenn er sich psychisch kräftiger fühlte. Dies war der Fall nach ein paar Jahren und er begann, wieder Verabredungen zu treffen. Zu einer Frau, die er schließlich kennenlernte, entwickelte sich eine ernsthafte Beziehung. Er dachte an Heirat, doch seine Freundin bekam Angst und floh. Dieser Verlust stellte seine therapeutischen Fortschritte auf die Probe, da es ja, wie wir uns erinnern, die Zurückweisung durch eine Frau gewesen war, die zu seiner anfänglichen Regression geführt hatte. John war fürchterlich wütend, arbeitete das Ende der Beziehung durch und überstand diese Verletzung, ohne ernsthaft zu regredieren.

Bald darauf fühlte er sich in der Lage, die therapeutische Arbeit zu beenden. Ich stimmte mit ihm überein, doch meine Zustimmung machte ihn wütend. Er hatte das Gefühl, daß ich mich nicht um ihn kümmere und fühlte sich daran erinnert, wie wenig Widerstand sein Vater seinem Weglaufen mit Elliot entgegengesetzt hatte. Er hatte sich gewünscht, sein Vater hätte ihn zurückgehalten, so wie er sich nun wünschte, ich würde ihn aufhalten. Und doch wußte er, daß ein solcher Versuch meinerseits meinen eigenen Bedürfnissen entspringen würde, und nicht den seinen, da er nun ein eigenständiges Leben führen wollte.

John arbeitete das Ende der Therapie erfolgreich durch und beendete die Behandlung ohne besondere Schwierigkeiten. Über die Jahre nahm er hin und wieder ein paar Stunden. Es geht ihm gut und er meistert sein Leben mit erstaunlichem Geschick. Die Psychotherapie, die einmal pro Woche über eine Zeitraum von neun Jahren stattfand, hat zu einer Wiederherstellung des idealisierten Sektors in Johns Persönlichkeitsstruktur geführt.

Kapitel 6

Narzißmus: Teil II

Das Größenselbst

Neben der *idealisierten Elternimago* beschreibt Kohut das *Größenselbst* als die zweite unbewußte Struktur, die in der Behandlung narzißtischer Persönlichkeitsstörungen wiederbelebt wird. Wir erinnern uns, daß in Kohuts Schema das Größenselbst dem zweiten Versuch des Kindes entspringt, das verlorene Paradies wiederzuerlangen, indem es ein Gefühl der Vollkommenheit im eigenen Selbst schafft. Dabei wird jegliche Unvollkommenheit der äußeren Realität zugeschrieben. Diese beiden Konfigurationen, die idealisierte Elternimago und das Größenselbst, sind Teil zweier gleich gewichteter, sowie sich gleichzeitig manifestierender Stränge der narzißtischen Entwicklung. Die Neigung, die Allmacht und den Exhibitionismus des Größenselbst als die frühere der beiden Konfigurationen zu betrachten, ist Ausdruck eines weiteren wertbeladenen Vorurteils. Im Einzelfall dominiert jedoch häufig eine Entwicklungslinie, in Abhängigkeit von der Art und dem Zeitpunkt des Traumas in der frühen Kindheit.

Allmacht, Grandiosität und exhibitionistischer Narzißmus sind die Wesensmerkmale des Größenselbst. Sie machen eine Veränderung durch, wenn die Eltern die Größenphantasien ihres Kindes anerkennen und sich auch darüber freuen können. Wenn die kindliche Forderung nach einem Echo auf seine Gefühle von Überschwang und unbegrenzter Macht wohlwollend reagiert wird, kann das Kind schließlich auf seine undifferenzierten exhibitionistischen Wünsche und Größenphantasien verzichten und seine realen Begrenzungen akzeptieren. Die lauten Forderungen des Größenselbst machen der Freude an realistischen Fähigkeiten und einem realistischen Selbstwertempfinden Platz.

Die Persönlichkeitsstruktur der Bezugspersonen ist wesentlich für die strukturelle Entwicklung des Kindes. Über den sog. *Durchgang durch das Objekt* drückt sie den Größenideen des Kindes ihren Stempel auf. Das Größenselbst kann jedoch nicht in die Persönlichkeitsstruktur integriert werden, wenn seine optimale Entwicklung gestört wird, sei es infolge der Uneinfühlsamkeit der Bezugsperson, sei es infolge traumatischer Erlebnisse. In jedem dieser Fälle wird das Größenselbst in seiner archaischen Form weiterbestehen, verdrängt oder vom Realitäts-Ich abgespalten - unbeeinflußt von der äußeren Realität (siehe Abbildung 4.4).

Um die richtige Dosierung dessen zu illustrieren, mit dem gesunde Eltern die normalen Größenphantasien ihres Kindes fördern, wollen wir uns das Spiel eines Vaters mit seinem zweijährigen Sohn vor Augen führen, in dem der Junge versucht, aufrecht auf dem ausgestreckten Arms seines Vaters zu stehen. Als es ihm tatsächlich gelingt, das Gleichgewicht zu finden und sich aufzurichten, ruft der Vater stolz aus: „Sieger!!!". Voller Triumph wirft der kleine Junge beide Arme über den Kopf und strahlt über das ganze Gesicht. Wie in einer Statue stehen die beiden vereint, bis der Junge, wissend um den richtigen Moment, sich in die Arme seines Vaters wirft und beide lustvoll miteinander raufen.

Diese kurze Spielsequenz ist ein liebenswertes Beispiel dafür, wie ein Vater am exhibitionistischen Narzißmus seines Sohnes teilhat und diesen buchstäblich (unter-)stützt. Die wohlwollende Akzeptanz der Größenphantasien des Sohnes fördert die reibungslose Integration des Exhibitionismus in das kindliche Selbst. Der Vater übernimmt die psychische Funktion eines Spiegels, der bestätigt, akzeptiert und ruhig die Größenphantasien des Jungen widerspiegelt. Die Teilnahme des Vaters am Spiel und seine offenkundige Freude am Überschwang seines Söhnchens tragen dazu bei, die Intensität der Größenideen zu modulieren. Der Vater schafft einen sicheren Spielplatz für den Narzißmus seines Sohnes ohne Scham, Schuld, Verlegenheit oder Überstimulierung.

Ein anderes Erlebnis, das ich mit diesem Vater-Sohn-Paar hatte, zeigt eindrucksvoll eine weitere Form der Spiegelerfahrung. Anläßlich eines Besuchs der beiden während meines Militärdienstes besichtigten wir einen Luftwaffenstützpunkt und erhielten Zutritt zu einem riesigen Hangar. Als wir durch das weitläufige Gebäude gingen, rollte direkt vor unseren Augen ein Jet auf die Startbahn. Es war ein ohrenbetäubender Lärm. Der Boden bebte und die Luft vibrierte, als die laufenden Motoren ihre Hitzewellen ausstießen. Es war ein bedrohliches Erlebnis für uns alle drei. Innerhalb weniger Sekunden war aus dem „Sieger!" ein tränenersticktes Bündel an Angst geworden und die gleiche Hand, die zuvor seinen mächtigen Exhibitionismus gefördert hatte, nahm ihn nun hoch und umarmte ihn, jedoch auf andere Art und Weise. Das war nun keine lustvolle Rangelei, sondern diese Umarmung signalisierte, daß die Angst und die Verletzlichkeit des kleinen „Champion" gesehen und mit der gleichen Stärke akzeptiert wurden wie zuvor sein kindlicher Überschwang. Die Angst des Jungen wurde angenommen, ohne ihn zu beschämen oder zu demütigen.

Formen der Spiegelübertragung

In der psychoanalytischen Behandlungssituation wird das Größenselbst wiederbelebt und in Form einer Übertragung erlebt, die Kohut als *Spiegelübertragung* beschreibt. Ergänzt man das Konzept unbewußter Konfigurationen um die Konzepte der idealisierten Elternimago und des Größenselbst, so ergeben sich insgesamt drei umfassende Übertragungskonfigurationen: die Übertragungsneurose, die idealisierenden Übertragungen und die Spiegelübertragung. (Siehe Abbildung 6.1).

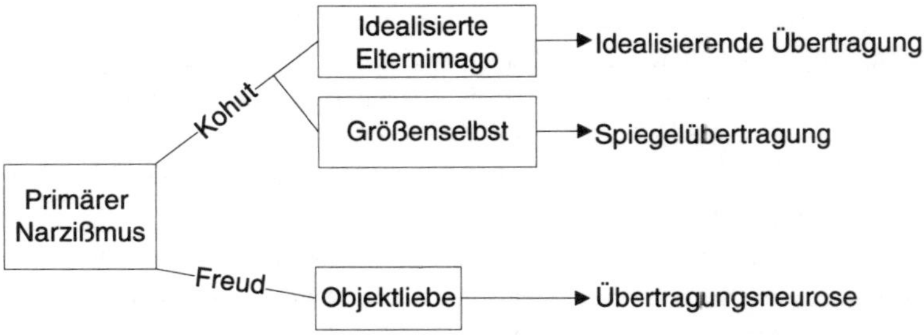

Abbildung 6.1: Übertragungsformen

Entwicklungspsychologische Überlegungen

Die Spiegelübertragung ist Ausdruck des Größenselbst. Kohut beschreibt drei Arten von Spiegelübertragung, die sich, je nach Zeitpunkt des traumatischen Erlebnisses, unterscheiden lassen.

Verschmelzung durch Erweiterung des Größenselbst. Diese Spiegelübertragung geht auf ein Trauma in der frühen Entwicklung des Kindes zurück. Klinisch betrachtet wird der Analytiker lediglich als Erweiterung des eigenen Größenselbst wahrgenommen, er ist nur insofern wichtig, als er Träger und Echo der Größenphantasien und des Exhibitionismus des Kindes ist. Der Patient geht davon aus, den Analytiker kontrollieren und beherrschen zu können, ähnlich wie ein kleines Kind meint, Kontrolle und Macht über die Eltern zu haben. Der Therapeut, der als Teil des eigenen Selbst erlebt wird, empfindet diese Form der Übertragung nicht selten als Unterdrückung, gegen die er sich zur Wehr zu setzen sucht.

Die Alter-Ego- oder Zwillingsübertragung. Bei dieser, entwicklungspsychologisch reiferen Form der Spiegelübertragung findet man Traumata, die später in der Entwicklung des Kindes stattgefunden haben. Das Größenselbst ist bereits ansatzweise vom Objekt getrennt. Der Therapeut wird als ähnlich oder dem eigenen Größenselbst gleich erlebt; d.h. der Patient nimmt an, daß der oder die Analytiker/-in so ist wie er. In *Wie heilt die Psychoanalyse?* (1987, engl. 1984) revidiert Kohut diese Auffassung und betrachtet die Alter-Ego-Übertragung als Übertragungsform, die von der Spiegelübertragung abgetrennt ist.

Die Spiegelübertragung im engeren Sinne. Hierbei handelt es sich um die reifste Form der Spiegelübertragung. Das dafür verantwortliche Trauma findet spät in der Entwicklung statt und der Therapeut wird als vom eigenen Selbst getrennt wahrgenommen, jedoch nur insofern als wichtig erachtet, als er für die Erfüllung der Bedürfnisse des wiederbelebten Größenselbst zuständig ist. Dazu Kohut:

In diesem engeren Wortsinn ist die Spiegelübertragung die therapeutische Wiederherstellung jener normalen Entwicklungsphase des Größen-Selbst, in dem der Glanz im Auge der Mutter, der die exhibitionistische Darbietung des Kindes wiederspiegelt, (...) das Selbstwertgefühl des Kindes stärken und durch eine schrittweise zunehmende Spezifität dieser Reaktionen das Selbstwertgefühl in eine realistischere Richtung lenken. Wie die Mutter in jener Entwicklungsphase, so ist nun der Analytiker ein Objekt, das nur insofern von Bedeutung ist, als es an der narzißtischen Lust des Kindes teilnehmen und sie so bestätigen soll. (a.a.O., S. 141)

Kohut verweist in diesem Zusammenhang auf die Wichtigkeit des visuellen Raumes zwischen Mutter und Kind. Von der Mutter angeschaut zu werden und sie wiederum anzuschauen, sind von zentraler Bedeutung. Das Kind braucht die Mutter, die es sehen und freudvoll an seinen exhibitionistischen Darbietungen teilhaben soll. Ihre Beteiligung am Körperselbst des Kindes ist wesentlich für dessen Entwicklung eines körperlichen Ganzheitsgefühls.

Wir können daraus schließen, daß die glückliche Reaktion der Mutter auf das ganze Kind (...) in der entsprechenden Phase die Entwicklung vom Autoerotismus zum Narzißmus unterstützt – von der Stufe des fragmentierten Selbst (der Stufe der Selbstkerne) zur Stufe des kohärenten Selbst (...).

Und doch wissen wir, daß Kinder Spiele lieben, in denen Körperteile wieder isoliert werden, wenn sie z.B. die Finger zählen: >>Das ist der Daumen, der schüttelt die Pflaumen, der steckt sie in den Sack, der nimmt sie huckepack (...)<<. Das Vergnügen an solchen Spielen kommt anscheinend daher, daß leichte Fragmentierungsängste in einer Zeit wachgerufen werden, in der die Kohärenz des Selbst noch nicht sicher fundiert ist. Die Spannung wird jedoch in Grenzen gehalten (wie die Trennungsangst beim Guck-guck-da-da-Spiel (Kleeman 1967)), und wenn sie beim letzten Finger angekommen sind, machen die einfühlende Mutter und das Kind die Fragmentierung ungeschehen, indem sie sich in lachender Umarmung vereinen. (a.a.O., S. 143-144)

Die angemessene Unterstützung des exhibitionistischen Narzißmus schafft ein Gefühl der Ganzheit und des Wohlbefindens, stärkt die Ich-Funktionen und erhöht die Leistungsfähigkeit. Kohut weist jedoch auch darauf hin, daß exzessives Arbeiten zu jenen verzweifelten Aktivitäten gehört, mit der der Unlebendigkeit eines Selbst begegnet wird, das in der Förderung seines narzißtischen Exhibitionismus zu kurz gekommen ist. Suchtartiges Arbeiten wird gemeinhin mit fragmentierten Selbstzuständen assoziiert, wobei für gewöhnlich Ursache und Wirkung verwechselt werden. Übermäßiges Arbeiten wird oft als Auslöser einer Fragmentierung des Selbst angesehen, während in Wahrheit die Fragmentierung bereits eine ganze Weile besteht und die gesteigerte Arbeitstätigkeit der Versuch ist, das wachsende Gefühl von Unlebendigkeit abzuwehren.

In der Spiegelübertragung wird der Analytiker zu der Figur, um die, im narzißtischen Bereich, Konstanz hergestellt werden kann. Indem der Analytiker aufmerksam zuhört und auf den Patienten reagiert, werden die psychischen Funktionen, die zur Aufrechterhaltung eines kohärenten Selbst notwendig sind, gestützt. Brüche in der Spiegelübertragung führen zur Fragmentierung des Leib-Seele-Selbst und konzentrieren sich auf isolierte Leib-Seele-Funktionen und -Handlungen. Behandlungstechnisch gesehen bieten diese Brüche therapeutische Möglichkeiten, ähnlich den einsichtsfördernden Brüchen, die im Rahmen der idealisierten Übertragung auftreten, und sind Teil des Durcharbeitens der unbewußten Größenphantasien. Obgleich Kohut drei Arten der Spiegelübertragung herausarbeitet, ist der klinische Effekt in allen drei Fällen der gleiche, so daß er übergreifend von *Spiegelübertragung* spricht.

Genetisch-dynamische Gesichtspunkte

Kohut beschreibt darüber hinaus eine weitere Klassifikation der Spiegelübertragung, die auf genetisch-dynamischen Überlegungen basiert. Auch hier unterscheidet er drei Arten der Spiegelübertragung. Die erste nennt er die *primäre Spiegelübertragung*, die sich als Übertragung dann einstellt, wenn in der Therapie das Größenselbst mobilisiert wird. Die zweite ist die *reaktive Wiederbelebung des Größenselbst*, eine Regression, die als Reaktion auf den Bruch einer idealisierenden Übertragung stattfindet, wie das Fallbeispiel von Herrn A. gezeigt hat. Hier ist das Gefühl der Ganzheit, das durch die Verschmelzung mit einem vollkommenen Anderen entstanden ist, erschüttert. Der Patient zieht sich auf sein einsames Selbst als einziger Quelle von Vollkommenheit und Sicherheit zurück. Selbstgerechte Empörung, Ressentiment, kühle Herablassung, Sarkasmus und Schweigsamkeit begleiten diese Haltung. Diese regressiven Schwankungen sind weder zu vermeiden, da die Fähigkeit des Therapeuten sich einzufühlen, ebenso an Grenzen stößt wie die Empathie der Mutter, noch sind sie unerwünscht. Auch sie bieten therapeutische Möglichkeiten. Anstatt den *Inhalt* der regressiven Zustands zu explorieren, plädiert Kohut dafür, der *Bedeutung* des auslösenden Ereignisses nachzugehen:

> Die analytische Arbeit stützt sich jedoch nicht auf die regressive Position selbst, die einen Rückzug von einer bearbeitungsfähigen narzißtischen Beziehung darstellt, und die isolierte Deutung des Inhaltes der Erscheinungsformen des Größen-Selbst oder hypochondrischen Befürchtungen und Schamerlebnisse des Patienten würden somit nutzlos und ein technischer Fehler sein. Wenn einmal der dynamische Zusammenhang einer bestimmten Übertragungsschwankung aufgeklärt ist, ist es nicht nötig, die einfühlende Rekonstruktion der Kindheitsgefühle zu vermeiden, die der gegenwärtigen regressiven Position in der Analyse entsprechen. Man kann also die Analogie aufzeigen zwischen den gegenwärtigen hypochondrischen Befürchtungen eines Patienten und den unbestimmten Sorgen eines einsamen Kindes um seine Gesundheit, das sich ungeschützt und bedroht fühlt, und man erleichtert damit das Verständnis des Patienten sowohl für die tiefere Bedeutung seines gegenwärtigen Zustandes als auch für dessen Entstehung. Die Hauptaufgabe des Analytikers ist jedoch in diesen Episoden immer noch das Erkennen des gesamten therapeutischen Prozesses, und seine Deutungen müssen sich hauptsächlich auf das traumatische Ereignis konzentrieren, das den Rückzug ausgelöst hat. (a.a.O., S. 163)

Klinische Falldarstellung

Um den Unterschied zwischen der reaktiven Mobilisierung des Größenselbst und der sekundären Spiegelübertragung deutlich zu machen, stellt Kohut die psychoanalytische Behandlung des jungen Patienten Herrn K. vor. Nach einer kurzen Phase der Idealisierung seines Analytikers folgte eine längere Phase in der Behandlung, in der eine Spiegelübertragung vorherrschend war. Über Rekonstruktionen verstand Kohut schließlich, daß Herr K. in seiner kurzfristigen Idealisierung den in der Kindheit fehlgeschlagenen Versuch darstellte, seinen Vater nach der Geburt des jüngeren Bruders zu idealisieren. Die Hinwendung zum Vater war notwendig geworden, als sich Herrn K.s Mutter, die immer nur zu einem Kind eine Bindung herstellen konnte, abrupt von ihm abwandte, um sich um das neugeborene Geschwister zu kümmern. Ihre Haltung Herrn K. gegenüber schlug von undifferenzierter Bewunderung um in kritische Zurückweisung seines Bedürfnisses, sie möge sich an seiner Anwesenheit freuen. Herr K. versuchte sich zu stabilisieren, indem er sich seinem idealisierten Vater anzuschließen suchte, was jedoch fehlschlug, da sich dieser angesichts der Idealisierung seines Sohn unwohl fühlte. In seinen restitutiven Bemühungen behindert, versuchte Herr K. neuerlich, seine Mutter für sich zu gewinnen, indem er seine athletischen Fähigkeiten, die sie zuvor so bewundert hatte, exhibitionistisch zur Schau stellte. Dieses Beispiel kindlicher Idealisierung, gefolgt von einer Wiederbelebung des Größenselbst, wiederholte sich auch in der Analyse. Diese Aktivierung des Größenselbst unterscheidet sich von der reaktiven Wiederbelebung des Größenselbst nach einem empathischen Bruch.

Der therapeutische Prozeß bei Spiegelübertragungen

Wie schon zuvor vergleicht Kohut das Durcharbeiten des Größenselbst mit dem Prozeß des Durcharbeitens bei Übertragungsneurosen. Im Falle von Übertragungsneurosen ist das Behandlungsziel, das Ich gegenüber unbewußten libidinösen Wünschen zu stärken. Dies gelingt über die Deutung dieser Wünsche sowie der damit verbundenen Abwehrhaltungen, wie sie sich in der Übertragung manifestieren. Ähnlich bleiben auch die groben exhibitionistischen Wünsche des Größenselbst unbewußt, sei es infolge einer vertikalen Spaltung (siehe unten), sei es durch Verdrängung. Die Folge davon ist, daß die gesunden narzißtischen Energien, die an das Größenselbst gebunden sind, für ich-syntone Aktivitäten und realistische Erfolge nicht zur Verfügung stehen. Dieser Möglichkeit narzißtischer Zufuhr beraubt, hat das Realitäts-Ich mit Unzufriedenheit und einem beeinträchtigten Selbstwertgefühl zu kämpfen.

Um Kohuts behandlungstechnischen Ansatz nachvollziehen zu können, muß man das Konzept der 'vertikalen Spaltung' verstehen, das Abbildung 6.2 illustriert. Die vertikale Spaltung ist ein vom zentralen Persönlichkeitsraum abgespaltener Bereich. Er wird durch den Abwehrmechanismus der Verleugnung aufrechterhalten, der das gleichzeitige Wissen und Nicht-Wissen um unannehmbare Inhalte ermöglicht. Diese Abwehrhaltung versetzt die betreffende Person in die Lage, Phantasien und Verhaltensweisen zu pflegen, wie etwa bei Perversionen, die mit den Wertvorstellungen des zentralen Persönlichkeitsbereichs nicht übereinstimmen. Die vertikale Spaltung ist verantwortlich für die vielen Widersprüche im Denken und Handeln, wie wir sie bei ein und derselben Person antreffen.

Die Gefühle von Erniedrigung, Scham, sowie Angst vor Übererregung, die für gewöhnlich an das Größenselbst geknüpft sind, bleiben im abgespaltenen Bereich, da sie mit dem Rest der Persönlichkeit nicht zu vereinbaren sind. Abbildung 6.3 zeigt eine vertikalen Spaltung bei einer narzißtischen Störung unter Beteiligung des Größenselbst.

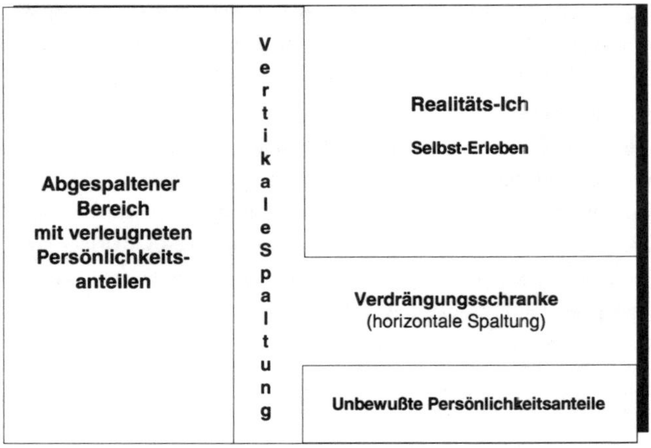

Abbildung 6.2: Die vertikale Spaltung

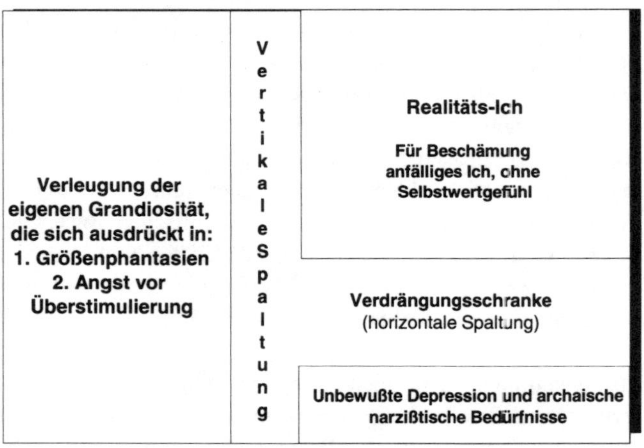

Abbildung 6.3: Die vertikale Spaltung mit verleugneter Grandiosität

In der psychoanalytischen Behandlung wird versucht, die Spaltung aufzuheben, indem die verleugneten Inhalte des abgespaltenen Persönlichkeitsbereichs allmählich bewußt gemacht werden, um ihre Integration in die restliche Persönlichkeit zu ermöglichen. Im Laufe dieses Heilungsprozesses kommt der Betreffende in Kontakt mit ungekannten Persönlichkeitsanteilen, die nicht selten ein schockiertes und überraschtes „Bin das wirklich ich?" oder „Wie ist es möglich, daß solche Seiten in mir existieren?". Kohut stellt die Patienten C. und D. vor, um die Enthüllung des Größenselbst während der Behandlung zu illustrieren:

Patient C. z.B. hatte folgenden Traum, als er erwartete, öffentlich geehrt und gefeiert zu werden: >>Die Frage eines Nachfolgers für mich kam auf. Ich dachte: Wie wäre es mit Gott?<<. Der Traum war teilweise das Ergebnis des nicht ganz erfolglosen Versuches, die Größenphantasie durch Humor zu mildern; dennoch rief er Erregung und Angst hervor und führte gegen erneute Widerstände zu einer beängstigenden Erinnerung an Kindheitsphantasien, in denen er meinte, Gott zu sein.
In vielen Fällen wird jedoch die Größenvorstellung, die den Kern der Phantasien des Analysanden bildet, nur angedeutet. Patient D. erinnerte sich zum Beispiel mit intensiver Beschämung und gegen heftigen Widerstand, daß er sich als Kind häufig vorstellte, er lasse die Straßenbahnen in der Stadt fahren (...) durch eine von seinem Kopf ausgehende >>Gedankenkontrolle<< (...) und daß sein Kopf (anscheinend vom Rest des Körpers getrennt) hoch über den Wolken schwebend seinen magischen Einfluß ausübte. (a.a.O., S. 175-176)

Die Aufhebung der Spaltung und die Enthüllung ihrer verleugneten Inhalte finden in der Regel während der ersten Phase einer Behandlung statt. Das Ich geht aus der Aufhebung der Spaltung gestärkt hervor, da nun keine Energie mehr benötigt wird, diese aufrechtzuerhalten. Dieses gestärkte Ich ist nun besser in der Lage, sich auf die archaischen Anteile des Größenselbst einzulassen, die unterhalb der Verdrängungsschranke gehalten werden, die Kohut als 'horizontale Spaltung' bezeichnet.

Die Grandiosität, die sich hinter der vertikalen Spaltung verborgen hält und/oder unter die horizontale Spaltung verdrängt wird, wird mobilisiert und die an die Spiegelübertragung geknüpften Größenphantasien kommen zum Vorschein. Das Behandlungsziel ist die Integration des Größenselbst in die restliche Persönlichkeit, zusammen mit dem daran gebundenen Wunsch, als schön, außergewöhnlich und bewundernswert erkannt zu werden. Der beschämende, archaisch-exhibitionistische Narzißmus, der zuvor verdrängt werden mußte, verändert sich und kann nun zur Stärkung des Selbstwertgefühls genutzt werden. Größenphantasien, die nicht eindeutig in Worte gefaßt werden können, manifestieren sich häufig als vage, immer wiederkehrende Themen, etwa als Bedürfnis, besonders, einzigartig oder wertvoll zu sein. Abbildung 6.4 zeigt schematisch eine aufgehobene vertikale Spaltung sowie die Integration der Grandiosität in die Persönlichkeit.

Die Kernangst bei narzißtischen Störungen ist nicht die Kastrationsangst, sondern die Angst vor dem Hereinbrechen heftiger Erregungszustände, die mit den narzißtischen Strukturen verbunden ist. Die Betroffenen fürchten den Verlust des eigenen Selbst in der ekstatischen Verschmelzung mit dem idealisierten Selbstobjekt. Sie haben vor der dauernden Vereinsamung, die die Erfahrung isolierender Grandiosität begleitet, ebenso Angst wie vor der erschreckenden Erfahrung der Beschämung und Unsicherheit, die mit dem Hereinbrechen exhibitionistischer Wünsche einhergeht.

Kohuts behandlungstechnische Empfehlungen im Umgang mit Störungen des Größenselbst sind sehr präzise formuliert und verdienen es, wörtlich zitiert zu werden:

mit dem Patienten die Erscheinungsformen des wiederbelebten Größen-Selbst während des Durcharbeitens der Spiegelübertragung zu analysieren, wobei der Analysand ihm die Erfüllung nur der einen Funktion zuweist: Echo und Widerspiegelung seiner Größenvorstellungen und seines Exhibitionismus zu sein; (...) Wenn der Analytiker jedoch ein echtes Verständnis für das Phasenadäquate der Forderungen des Größen-Selbst aufbringt und wenn er begreift, daß es für lange Zeit ein Fehler ist, dem Patienten klar zu machen, daß seine Erwartungen unrealistisch sind, sondern er im Gegenteil dem Patienten zeigen muß, daß sie im Gesamtzusammenhang der frühen, in der Übertragung wiederbelebten Lebensphase adäquat sind und ihren Ausdruck finden müssen, dann kann der Patient schrittweise die Bedürfnisse und Phantasien des Größen-Selbst enthüllen, und der langsame Prozeß wird eingeleitet, der zur Integration des Größen-Selbst in die Struktur des Real-Ichs und zu einer adaptiv nützlichen Umwandlung seiner Energien führt – in beinahe unsichtbaren Schritten und häufig ohne besondere Erklärungen des Analytikers. (a.a.O., S. 203-204)

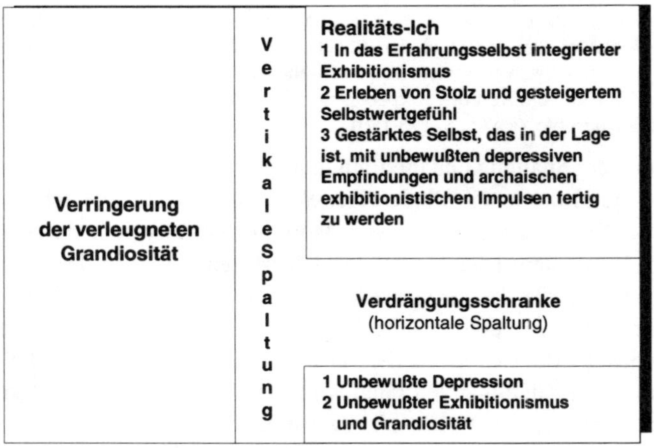

Abbildung 6.4:
Aufgehobene vertikale Spaltung und Integration der verleugneten Grandiosität

Die Reaktionen des Therapeuten auf die Spiegelübertragung

Wie der Therapeut auf die Spiegelübertragung des Patienten reagiert, ist von der jeweiligen Übertragungsform abhängig. Bei der Spiegelübertragung im engeren Sinne erkennt der Patient die Existenz des Therapeuten als getrenntes Objekt in einem begrenzten Ausmaß an, obgleich ihm die Funktion zugeschrieben wird, auf die exhibitionistischen Wünsche und Größenideen des Patienten billigend und bewundernd zu reagieren. In der Zwillings- und Verschmelzungsübertragung, die entwicklungspsychologisch früher anzusiedeln sind, wird die Existenz des Therapeuten als unabhängiger Anderer in der Regel verleugnet. Dies kann eine für den Therapeuten schmerzliche Erfahrung sein, da seine eigenen narzißtischen Bedürfnisse nicht erfüllt werden. Die Aufgabe des Therapeuten liegt darin, die Größenideen des Patienten anzunehmen, dessen Widerstände gegenüber ihrer Aufdeckung zu deuten, sowie deutlich zu machen, daß es sich bei diesen Phantasien um Entwicklungsbedürfnisse handelt, die in der Vergangenheit durchaus einmal phasengerecht waren. In dieser Arbeit muß der Therapeut mit der Langeweile und Unaufmerksamkeit fertig werden, die dem Erleben entspringen, nicht als *getrenntes* Objekt an der Therapeut-Patient-Interaktion beteiligt zu sein. Die narzißtischen Ansprüche des Größenselbst des Patienten erlebt der Therapeut wie eine Versklavung. Kohut bezeichnet dies als eine Gegenübertragungsreaktion auf Unachtsamkeit und warnt davor, die eigene Ungeduld auszuagieren, etwa in Form von offenem Ärger, Anklagen oder forcierten Widerstandsdeutungen.

Ein Fallbeispiel

Anhand eines Patienten möchte ich aufzeigen, wie es im Bereich des Größenselbst zu einem Entwicklungsstillstand kommen kann und wie dies in einer selbstpsychologisch orientierten Psychoanalyse therapeutisch angegangen werden kann. Obgleich narzißtische Konfigurationen und ihre entsprechenden Übertragungskorrelate immer präsent sind, so kann doch eine dieser Konfigurationen überwertig erlebt werden.

Dies war der Fall bei Vince, einem 28jährigen Anwalt, der mir vom Therapeuten seiner Frau wegen eines sexuellen Problems überwiesen wurde. Es wurde jedoch schnell deutlich, daß die Sorge angesichts dieses Problem allein auf Seiten seiner Frau zu suchen war. Vince verstand sein sexuelles Desinteresse als Antwort auf die häufigen unberechenbaren und einschüchternden Wutausbrüche seiner Frau. Er fand sie schlichtweg nicht anziehend, wenn sie vor Wut kochte und zog sich zurück, um sich zu schützen. War sie nicht zornig, hatte er keinerlei Schwierigkeiten und interpretierte sein mangelndes Interesse auch nicht als sexuelles Problem. Seine Frau, so Vince lapidar, sei nur die lauteste und gewalttätigste unter mehreren einschüchternden Menschen in seiner Umgebung. Auch von seinem Vater und seinen Vorgesetzten fühle er sich eingeschüchtert, obgleich ihn von diesen keiner mit offenen Wutausbrüchen konfrontierte.

Viel größere Sorgen, so Vince, bereite ihm ein anderes Problem. Trotz seiner Begabung leide er an einem tiefen Versagensgefühl, das es ihm unmöglich mache, selbstbewußt seine Anwaltskarriere zu verfolgen. Anstatt stolz auf seine Talente zu sein, empfinde er sich als zurückgeblieben und ineffektiv. Er sehne sich danach, seinen aufregenden Beruf als erfüllend zu erleben, anstatt ständig befürchten zu müssen, wegen seiner Unfähigkeit hinausgeworfen zu werden. Er halte sich für einen „tollen Sportwagen", der jedoch „nicht richtig anspringen" wollte. Er meinte, wie hinter einem durchsichtigen Vorhang zu leben, getrennt vom Rest der Welt.

Vince war das zweite Kind eines Italieners und einer Amerikanerin. Die Beziehung zu seinen Eltern beschreibt er als enttäuschend. Sein Vater war eine sehr dominante Persönlichkeit, emotional nicht verfügbar, da er sich, während der Latenzzeit und Adoleszenz seines Sohnes, seiner erfolgreichen akademischen Karriere widmete. Vince sehnte sich danach, daß sein berühmter Vater aktiv an seinem Leben teilhatte. Schmerzlich erinnert er sich an die Bemerkung eines Lehrers, sein Vater möge doch mehr Zeit mit seinem Sohn verbringen, worauf dieser die erschütternde Antwort lieferte, das würde er gerne tun, wenn nur sein Sohn sich mehr für *seine* Interessen begeistern könnte.

Der Vater legte sehr viel Wert auf Intelligenz und unterzog die Freunde seines Sohnes einer kritischen Prüfung hinsichtlich ihrer intellektuellen Fähigkeiten. Das höchste Lob war den klügsten Freunden vorbehalten. Die anderen schienen keine Rolle zu spielen. Ähnlich schmerzhaft war die Erinnerung an die Abendessen im Familienkreis, bei denen der Vater die restlichen Familienmitglieder zu weltpolitischen Vorkommnissen ausfragte. Während dieser abendlichen „Quiz-Runde" machte er sich über seine Frau, die Mutter des Patienten, lustig, die er ihrer Einfalt und wenig fundierten Antworten wegen schikanierte. Wenn sich sein Vater mit einer Frage an ihn wandte, schien sich Vinces Fähigkeit zu denken in Luft aufzulösen. Er fühlte sich wie gelähmt, bekam kein Wort heraus und dämmerte weg, was sich zu einem vertrauten Dauerzustand entwickelte.

Dieser Dämmerzustand dauerte an, als Vince in die Schule kam, wo er in ständiger Angst lebte, Fragen der Lehrer beantworten zu müssen. Trotz seiner Intelligenz war er unfähig, gut zu funktionieren. Wiederholte Male mußte er sich anhören, daß er trotz seines großen Potentials doch eine Enttäuschung für die Lehrer war, weil er sich nicht genug anstrengte. Schließlich gelangte Vince zu der Überzeugung, daß er zurückgeblieben, faul und eine Enttäuschung für andere war. Sein Vater besorgte ihm Nachhilfelehrer, doch dies bestätigte Vince nur noch mehr in seiner Überzeugung, dumm zu sein. Die Mutter galt innerhalb der Familie als leer und unfähig. Ihr Interesse schien mehr dem Aussehen und der Gestaltung ihres Heims als anderen Menschen zu gelten. Mit einem Anflug von schwarzem Humor erinnert sich Vince an eine Bemerkung seiner Mutter, nachdem sie die Ferienwohnung der Familie am Ende des gemeinsamen Urlaubs geputzt hatte: „Perfekt! So als ob nie jemand dagewesen wäre."

Vince glaubte, daß seine ältere Schwester klüger war und von den Eltern mehr geschätzt wurde als er. Sie war das Kind ihres Vaters, dem an Intelligenz so viel lag, und sie war es, die dessen ersehnte Aufmerksmkeit auf sich zog. Vince hingegen war dazu verdammt, sich auf die Seite der entwerteten Mutter zu schlagen. Vince und ich vereinbarten eine psychoanalytische Psychotherapie mit zwei Wochenstunden. Während des ersten Behandlungsjahres, in dem Vince fast ausschließlich über seine Angst sprach, hinausgeworfen zu werden, machten wir wenig Fortschritte. Sein Gefühl zu versagen versetzte ihn in solche Angst, daß er unfähig war, seine tiefe Traurigkeit anzuerkennen. Ebenso selten erlebte er Glück. In einem der seltenen Glücksmomente fürchtete er die Erregung, die mit seiner Freude verbunden war. Er meinte, verrückt zu werden.

Eine selbstpsychologische Sichtweise würde hier von einem Entwicklungsstillstand in zwei Bereichen ausgehen: Zum einen die umfassende Schwierigkeit des Patienten, Affekte zu erleben, was auf ein Versagen des frühen idealisierten Selbstobjektes zurückzuführen ist, das diese psychische Funktion nicht übernommen hat. Die Quelle dieser Schwierigkeit liegt in seiner frühen Beziehungserfahrung mit seiner Mutter. Unfähig, ihr eigenes inneres Erleben auszuhalten, war sie ebenso wenig in der Lage, ihrem Sohn dabei zu helfen, mit seinen Affekte fertig zu werden und die damit verbundenen Spannungen zu regulieren. Dies mündete in die diffuse narzißtische Kränkbarkeit, in der man seine Gefühle sehr schnell verletzen konnte.

Der zweite Bereich bezieht sich auf einen Stillstand in der Entwicklung des Größenselbst, was am Gefühl zu versagen, sowie am geringen Selbstbewußtsein deutlich wurde. Im Bemühen, sein schwaches Selbst zu stabilisieren, wandte sich Vince an seinen idealisierten Vater, jenen Elternteil, der nicht entwertet wurde. Er sehnte sich danach, am Ruhm des Vaters teilzuhaben und sich so selbst aufzuwerten, doch der Vater stand für diesen Wunsch der Verschmelzung und die eingeforderten Internalisierungen gefühlsmäßig nicht zur Verfügung. Darüber hinaus sehnte sich Vince nach dem Lob des Vaters. Er brauchte die väterliche Bestätigung, um sein Selbstwertgefühl zu stabilisieren und schließlich auch seinen exhibitionistischen Narzißmus strukturell zu verändern. Doch auch hier versagte der Vater, dieses Mal in seiner Funktion als Selbstobjekt, das die Aufgabe hatte, das Größenselbst seines Sohnes zu spiegeln.

Die Probleme dieses Patienten sind vielfältig. Ich stelle ihn deshalb vor, um auf die traumatischen Folgen hinzuweisen, die eine fehlgeschlagene spiegelnde Selbstobjekterfahrung für die Entwicklung des Größenselbst hat. Im Falle von Vince führte die fehlende Erfahrung des Gespiegelt-Werdens durch seinen Vater dazu, daß sein Größenselbst unmoduliert blieb, voller intensiver archaischer Wünsche nach Vollkommenheit und Selbsterweiterung. Da es ihm natürlich nicht gelang, den Ansprüchen dieser unbewußten Größenphantasien gerecht zu werden, hielt er sich für einen Versager; diese Überzeugung war auch durch seine tatsächlichen und bedeutsamen Talente nicht korrigierbar. Später erkannte ich auch, daß dieses Gefühl des Versagens auch eine Schutzfunktion hatte. Nur so gelang es Vince, sich vor gefährlichen Situationen und den lauten Ansprüchen seines Größenselbst zu schützen.

Diese selbstpsychologisch orientierte Erklärung unterscheidet sich von der klassischen psychoanalytischen Position, die das Versagensgefühl von Vince als Abwehr von Angst deuten würde, die seine libidinösen und aggressiven Wünsche in ihm wachrufen. Im klassischen Verständnis rührt die Angst von der Phantasie her, daß der Vater die Wünsche seines Sohnes mit Kastration rächt. Jedoch vom selbstpsychologischen Standpunkt aus betrachtet, enthielt das beständige Gefühl, ein Versager zu sein, die Botschaft, die sowohl an ihn selbst als auch an den Vater gerichtet war, daß Vince keine Gefahr darstellte. Er war ganz einfach ein einfältiger und unfähiger Junge.

Da während des ersten Behandlungsjahres nichts vorwärts ging, hielt ich eine höherfrequente Therapie für indiziert. Ich schlug eine Psychoanalyse vor, die Vince probeweise akzeptierte. In der Analyse vertiefte sich seine Hoffnungslosigkeit noch mehr. Immer wieder stellte er den Sinn des Ganzen infrage. Obgleich er regelmäßig kam, konnte er den Sitzungen nichts abgewinnen. Jede Entdeckung bestätigte die Schwere seiner Krankheit nur noch mehr. Nichts konnte ihn begeistern. Ich reagierte auf diese ungeminderte Hoffnungslosigkeit, indem ich mich selbst als Versager fühlte. Ich fragte mich, ob meine Sichtweise richtig war. Oder lag der Angst des Patienten nicht doch ein klassisch ödipaler Konflikt zugrunde?

In einer Supervision bestätigte sich mein Eindruck. Bestätigungen dieser Art waren eine Erfahrung, die Vince in seinem Leben schmerzlich vermißte. Die Schwierigkeit, eigenen Affekten zu trauen, stellte sich in unserer Arbeit schon bald als zentrales Problem heraus. Weder Traurigkeit noch Hochstimmung erlebte er als Gefühle, auf die er sich verlassen konnte und die auszuhalten waren. Mein Versuch, in dieser Richtung weiterzuforschen, wobei ich die frühen Erfahrungen mit der Mutter im Blick hatte, blieben ohne Erfolg, da Vince seine Mutter pauschal als unfähig abtat. Er kam jedoch wieder auf die vielen fruchtlosen Versuche zu sprechen, die er unternommen hatte, um den Stolz der Vaters zu gewinnen, worauf die Traurigkeit zum Vorschein kam.

Ebenso wie er fürchtete, von seiner Traurigkeit überwältigt zu werden, hatte Vince Angst, die Freude darüber nicht auszuhalten, als man ihm beruflich endlich Anerkennung zollte. Da er sich angesichts seiner Affekte unwohl fühlte, vermied Vince Situationen, die ihn emotional berührten und war somit sicher vor affektiver Erregung. Er vermied heftige Gefühle in der äußeren Realität und fürchtete ihr Auftauchen in der Analyse. In diesem Zusammenhang erinnerte er sich daran, wie ihn sein Vater schlug, weil er „zu hysterisch" wurde, als er mit seiner Schwester herumalberte.

In dieser frühen Behandlungsphase konzentrierte ich mich mehr auf die *Angst* meines Patienten vor Affekten, als auf ihren jeweiligen Ursprung. Er erlebte mich als ein auf ihn eingestelltes und spannungsregulierendes Gegenüber und entwickelte allmählich ein Gefühl affektiver Sicherheit. Dadurch war er auch in der Lage, eine ihn beunruhigende Größenphantasie zu äußern, die ihn angesichts ihrer Unmodifiziertheit mit Scham erfüllte. Es ging darum, wie er sich insgeheim sein Auftreten in seiner Firma vorstellte: Mit der Brillanz seiner Einsichten blendete er alle anderen. Sein umfassendes Wissen erfüllte die anderen mit Ehrfurcht und seine Fähigkeit, Ungleichheiten zu integrieren, war phänomenal. Vince weinte vor Erleichterung, als er die Diskrepanz zwischen den Ansprüchen seiner Größenphantasie einerseits und den Grenzen der realen Gegebenheiten andererseits verstand.

Während der ersten Zeit unserer gemeinsamen Arbeit berichtete Vince über keinerlei Träume. Statt dessen drehte sich alles um den sich wiederholenden Alptraum in der Firma, in der seine Zurückgebliebenheit, wie er meinte, ständig offen zutage trat. Auch die Analyse wurde zu einem Bereich, in dem er die Ansprüche der archaisch-exhibitionistischen Phantasie zu spüren bekam. Er meinte, ohne Unterlaß reden und Einsichten am laufenden Band produzieren zu müssen. Er fürchtete, ich könne gelangweilt sein, mich ärgern und ihn für einen Einfaltspinsel halten, sobald er einmal schwieg. Die Analyse wurde jedoch nicht nur zur Bühne, auf der sich die lauten Forderungen des Größenselbst neuerlich in Szene setzten. In unseren Stunden wiederholten sich die traumatisierenden inquisitorischen Abendessen der Kindheit ebenso wie die schmerzlichen Erlebnisse der Schulzeit. Sich in psychotherapeutischer Behandlung zu befinden, erinnerte Vince an die Notwendigkeit, Nachhilfeunterricht zu nehmen, und war ein weiterer Beweis dafür, daß er beschränkt war. Die Analyse war keine positive Erfahrung, sondern bestätigte nur seine entwertende Sichtweise seiner selbst: „Ich schäme mich, wenn wir diesen kleinen Jungen in mir entdecken. Ich konnte nicht erwachsen werden und das ist mir peinlich. So einfach ist das." Trotz seiner Verzweiflung ließ sich Vince tiefer in die psychoanalytische Arbeit ein. Obgleich ihn seine Affekte nach wie vor ängstigten, konnte er sie besser spüren und aushalten. Die mit seiner verleugneten Grandiosität verbundenen Spannungen wurden konsequent sichtbar, als er sie metaphorisch beschreibt. Obwohl er seit vielen Jahren Ski fährt, wagt er sich nur auf die kleineren, weniger gefährlichen Pisten:

„Ich nehme immer die blauen (leichteren) Abfahrten. Ich fahre schon sehr lange Ski und kann auch die schwierigen Abfahrten, aber ich fürchte das Risiko und habe Angst zu stürzen. Zu stürzen bedeutet Niederlage, also fahre ich unter meinem Niveau, um keinen Sturz zu riskieren. Trotzdem habe ich vor kurzem Unterricht genommen und mein Skilehrer drängte mich, es mit einer schwierigeren Abfahrt zu versuchen. Wir fuhren die schwarzen Pisten und es ging mir besser, aber ich treibe mich selbst nicht an."

Unter den quälenden tyrannischen Forderungen seiner verleugneten Größenphantasien wurde jede Unvollkommenheit zur beschämenden Niederlage. Vor Beschämung schützte sich Vince mit einer lähmenden Vorsicht, die ihn auch in seinem Leben vor den steileren Pisten, die mehr Herausforderung bedeuteten, bewahrte. In der Analyse entwickelten sich sowohl eine frühe idealisierende Übertragung, als auch eine Spiegelübertragung 'im engeren Sinne', wobei letztere jedoch überwog.

Indem ich seine unmodifizierten Größenphantasien akzeptierte, ohne sie zu bewerten, konnte sich Vince auf diesen verleugneten Anteil seiner Persönlichkeit mehr einlassen. Mein Glaube an seine realistischen Fähigkeiten, den meine unverändert hoffnungsvolle Haltung implizierte, bestätigte sein gesundes Bedürfnis nach Selbstentwicklung. Sein Wunsch, es mit den 'steileren Pisten' aufzunehmen, wurde stärker.

Vince erkannte, daß er sein ganzes Leben 'auf Nummer sicher' gegangen war, doch nun fühlte er sich 'berufen', jene Stärke zum Einsatz zu bringen, über die insgeheim verfügte. In diesen hoffnungsvollen Gedanken manifestierte sich der stützende Effekt der Spiegelübertragung, den Vince in der Metapher seines Skilehrers zum Ausdruck gebracht hatte. In einer ähnlichen Richtung äußert sich der folgende Traum:

„Meine Familie entschied, daß ich morgen sterben sollte. Also kamen wir am Abend zu einer Begräbnisfeier im Hause meiner Eltern zusammen. Ich hatte mitentschieden und kam auch zu der Feier, weil ich es für das Richtige hielt. Je später es wurde, desto weniger konnte ich mich jedoch mit dem Beschluß anfreunden. Schließlich entschied ich, daß ich jung und gesund war und noch nicht sterben wollte. Der Plan meiner Familie hinsichtlich meines Todes gefiel mir nicht. Ich wollte ihn nicht ausführen und begann mich zu beschweren. Ich sagte meiner Mutter, daß ich es mir anders überlegt hätte. Ich sagte, daß es ein demütigender Plan war und daß ich ihn nicht ausführen wollte. Ich begann, meine Meinung zu ändern, nachdem ich mit einem Engländer gesprochen hatte, der auch auf der Feier war. Er war der Katalysator meiner Veränderung."

In seinen Assoziationen zu diesem Traum, erinnerte sich Vince an die vielen Male, als er dem von seiner Familie vorgezeichneten Weg blind gefolgt war. Er dachte dann an den Engländer im Traum, der, wie er meinte, mich darstellte. Der Mann war jung, strahlte Gelassenheit aus und schien ihn zu verstehen, vor allem als er auch der Meinung war, daß die Entscheidung zu sterben, falsch war. Vince fragte sich jedoch, warum der Tod, den er doch so fürchtete, in seinem Traum auftauchte.

Ich erwiderte, daß der Tod im Traum die tödliche Erfahrung fehlender Bestätigung seitens seiner Familie symbolisierte. Daß sie nicht an ihn glaubten, war wie Tod. Das Gefühl von Tod war es auch, das Vince empfand, als er das Leben vom 'kleinen Vinny' lebte, einem Jungen, der keinerlei Bedeutung hatte. Ich fügte hinzu, daß der Traum auch suggerierte, daß Vince lebendig wurde und diese Leblosigkeit nicht mehr länger zu ertragen bereit war.

Obgleich mein Verständnis des Traumes zuzutreffen schien, überraschte mich Vinces Assoziation. Er fühlte, daß die Analyse ihm half, sich zu verändern, doch schalt er sich dafür, wie kindisch und unsicher er all die Jahre gewesen war. Erst allmählich verstand ich, daß diese Verzweiflung, die mich zunächst verwirrte, einer Schutzfunktion diente. Ebenso wie sein Erleben in der äußeren Welt, brachten auch die Erfolge in unserer Arbeit Gefühle der Niederlage mit sich. Auch wenn sie schmerzlich war - die Hoffnungslosigkeit kannte er, sie war ihm vertraut, und so konnte er sie besser ertragen als die Spannungen, die mit der Freude über einen Erfolg verbunden waren. Hoffnungslosigkeit war für Vince eine Möglichkeit, seinen affektiven Spannungen zu regulieren. Sie war es, die seine heftigen Gefühle modulierte.

Vinces Reaktion auf den hoffnungsvollen Traum deutete darauf hin, daß es noch immer schwierig für ihn war, sich gefühlsmäßig aufzurichten. Sich für das zu schelten, wozu er in der Vergangenheit nicht in der Lage gewesen war, war seine Art, mit seiner Aufregung in der Gegenwart umzugehen. Um die spannungsgeladene Freude zu dämpfen, die seine neu gewonnene Selbstsicherheit mit sich brachte, suchte er sich die schmerzlichen und enttäuschenden vergangenen Jahre ins Gedächtnis zu rufen, anstatt sich das hoffnungsvolle Hier und Jetzt zu vergegenwärtigen. Hoffnungslosigkeit, so meine Interpretation, fungierte für Vince als emotionale Bremse. In ihrer Funktion war sie seiner Angst vor schwierigen Abfahrten ähnlich. Auf den steileren Pisten fährt es sich rasanter, am Rande der Kontrolle. Vince hingegen bremste sich selbst aus, sowohl beim Skifahren als auch im restlichen Leben, um die Aufregung zu vermeiden, die ihn, wie er meinte, verrückt machte.

Meine Bestätigung seines Wunsches nach Lebendigkeit, Selbstsicherheit und Vitalität, ging einher mit der allmählichen Offenlegung und Modifizierung verborgener Größenideen, und stärkte langsam seine Selbstentfaltung und sein Selbstwertgefühl. Daß er sich kräftiger fühlte, wurde deutlich, als er sich bitter darüber beklagte, daß ich eine unserer regelmäßigen Stunden verlegt hatte. Eine offene Äußerung dieser Art war ungewöhnlich für ihn. Er sagte, daß ihm mein Verhalten das Gefühl gab, irrelevant zu sein. Es erinnerte ihn an sein Gefühl des Nicht-Existierens, wenn seine Familie alles, was ihn betraf, für selbstverständlich nahm. Kurz nach dieser Episode kaufte sich Vince ein neues Auto. In seiner offenherzigen Beschreibung dieses für ihn so wichtigen Kaufes tauchen sowohl Freude als auch Angst auf:

Ich habe die Straße unter Kontrolle. Der Motor röhrt wie der eines Sportwagens. Ich liebe dieses Geräusch. Mir gefällt diese Kraft. Das Auto hat eine tolle Stereoanlage. Ich drehe das Radio an - großartig. Allmählich, aber nicht ganz, gewöhne ich mich daran. Aber da ist auch eine Angst. Ich biege auf die Straße ein. Sie ist dunkel und bedrohlich. Ich spüre einen Anflug von Angst, als ich mich so ganz allein auf die Straße hinaus wage, ohne zu wissen, wohin ich fuhr. Zuerst wollte ich auf den Expressway. Der war mir vertraut und ich fühlte mich sicherer, aber dann entschloß ich mich, die andere Route zu nehmen. Sie war interessanter, wenngleich ich sie nicht kannte.

Bald darauf äußerte Vince den Wunsch, zu kündigen und eine eigene Firma zu gründen, ein Wunsch, den er schon lange hegte, den er aber bislang nicht in der Lage war zu verwirklichen. Außerdem berichtete er, daß er sich von einem Wutanfall seiner Frau nicht habe einschüchtern lassen, sondern, im Gegenteil, ihr habe helfen können, sich wieder zu fangen. In Beziehung zu mir wurde er noch in einer anderen Hinsicht selbstsicherer. In einer Stunde hatte er das Gefühl, nichts sagen zu wollen. Nachdem er eine ganze Weile still dagelegen hatte, meinte er, daß es ein Fortschritt für ihn sei, sich auch im Nichts-Sagen sicher zu fühlen. Es war einer der seltenen Augenblicke in seinem Leben, in denen er sich entspannen konnte, und scherzhaft bedankte er sich für den Rest, als er die Stunde verließ.

Da er sich kräftiger fühlte, wolle er, so seine Aussage, seine Behandlung selbst in die Hand nehmen. Er brauchte den 'Nachhilfe-Unterricht' nicht länger und wollte zu einer zweistündigen Wochenfrequenz zurückkehren. Vorsichtig deutete ich an, ob er mit diesem Wunsch das Erreichte wieder ein Stück weit zurücknahm. Ich wollte die mögliche gesunde Selbstbehauptung, die in seiner 'Übernahme' zum Ausdruck kam, nicht mindern, doch ich fragte mich, ob dieser Wunsch nicht der Versuch war, sich selbst auszubremsen, um sich sicherer zu fühlen. Wir gingen dieser Frage nach, und es schien sich tatsächlich um eine gesunde Äußerung seines Selbstbewußtseins zu handeln, nicht um eine regressive Entwicklung. Versuchsweise vereinbarten wir eine Veränderung der Stundenfrequenz.

Daß sich Vince nicht zurückzog, wurde bald deutlich, als es um seinen Wunsch ging, eine eigene Firma zu gründen. Der Übergang in die berufliche Selbständigkeit verlief reibungslos und erfolgreich, ohne den inneren Bruch, den er befürchtet hatte. Meine Bemühungen, Vince bei der Regulierung seiner Spannungen beizustehen, gepaart mit der Arbeit am verleugneten Größenselbst, halfen ihm dabei, einen normalen Entwicklungsweg einzuschlagen.

Nach und nach konnte er mit seinen narzißtischen Spannungen besser umgehen, die gleichzeitig auch zurückgingen. Seine gewachsene Fähigkeit, Affekte zu empfinden, sowie unsere Arbeit im Bereich des Größenselbst, versetzten ihn in die Lage, seine Größenphantasie zu modulieren und seine Selbstbehauptung und gesunden Exhibitionismus sicher zu erleben. Die psychotherapeutische Arbeit verbesserte Vinces Selbstwertgefühl und brachte sein tödliches Versagensgefühl zum Verschwinden.

Kapitel 7

Die Heilung des Selbst: Teil I

Theoretische Neuerungen

Das Selbst als zentrale psychische Konfiguration

Historische Anmerkung

Kohuts Veröffentlichung von *Narzißmus. Eine Theorie der psychoanalytischen Behandlung narzißtischer Persönlichkeitsstörungen* (1973, engl. 1971) brachte frischen Wind in die psychoanalytische Theoriedebatte. Seine neuen Ideen wurden von manchen enthusiastisch aufgenommen, während andere heftige Kritik übten. Die These, daß der Narzißmus einer eigenen Entwicklungslinie folge, implizierte behandlungstechnische Neuerungen, während gleichzeitig die zentrale Bedeutung des Ödipuskomplexes infragegestellt wurde.

Kohut wußte, daß er sich auf geheiligter Erde befand und wies wiederholte Male darauf hin, daß seine Ideen Teil des sich entwickelnden psychoanalytischen Wissens seien. Daß er Freuds Theorien ergänzen, jedoch nicht ersetzen wolle. Obwohl er Gegenstimmen und theoretische Diskussionen erwartet hatte - mit derart heftigen intellektuellen und persönlichen Reaktionen auf seine Überlegungen hatte er nicht gerechnet. Fassungslos nahm er zur Kenntnis, wie ihn einige seiner Freunde und Kollegen innerhalb der psychoanalytischen Gemeinschaft mit Ausgrenzung auf seine Ausführungen reagierten.

Neben den heftigen und sehr unterschiedlichen Reaktionen auf seine Monographie wurde Kohut im Herbst 1971, dem Veröffentlichungsjahr des Buches, mit einer weiteren niederschmetternden Nachricht konfrontiert. Er erfuhr, daß er an Leukämie litt. Im Alter von 57 Jahren, nach der Veröffentlichung seines bahnbrechenden Werkes, mußte er nun am eigenen Leib die Vergänglichkeit erfahren, die er einige Jahre zuvor (1966, dt. 1975) beschrieben hatte. Selbst vor engsten Freunden und Kollegen hielt er die schreckliche Diagnose geheim, von der nur die Familie wußte. So mutete es seltsam an für jene, die nicht bescheid wußten, als er seine Lehrtätigkeit und klinischen Aktivitäten reduzierte, um die ihm verbliebene Zeit, von der er nicht wußte, wie lange sie noch dauern würde, zum Schreiben zu nutzen.

Ich glaube, daß Kohut, angesichts seines nahen Todes, nun Mut schöpfte und sich schneller zu einer klaren Abgrenzung seiner Ideen von der herrschenden Theorie veranlaßt sah, als es vielleicht sonst der Fall gewesen wäre. In *Die Heilung des Selbst* (1979, engl. 1977) bricht er mit der, wie er sie nennt, Psychologie des 'psychischen Apparates'. Zwar habe er die klassische Theorie nicht aufgegeben, doch

> habe ich die Grenzen der Anwendbarkeit einiger grundlegender analytischer Formulierungen erkannt. Auch im Hinblick auf die klassische psychoanalytische Auffassung von der Natur des Menschen - wie kraftvoll und schön sie auch sein mag - bin ich zu der Überzeugung gekommen, daß sie einem breiten Bereich im Spektrum menschlicher Psychopathologie und einer großen Zahl anderer psychischer Phänomene, die wir außerhalb der klinischen Situation antreffen, nicht gerecht wird. (...) Daher weiß ich auch, daß die Annahme, sie sei unzureichend oder führe sogar in mancher Hinsicht zu einer fehlerhaften Betrachtung des Menschen, dazu geeignet ist, Widerspruch hervorzurufen. (a.a.O., S. 14)

Erfahrungsnahe Theorie versus klassische Theorie

Die Heilung des Selbst (a.a.O.) ist Kohuts Plädoyer für eine neue Psychologie, die der Datengewinnung mittels einer empathisch-introspektiven Beobachtungsmethode allein entspringt. Kohuts Argumentationsführung ist insofern interessant, als sie mit einer Diskussion der Beendigung einer Analyse beginnt. Das Problem der Beendigung stellt die Konzeptualisierung psychischer Gesundheit infrage, da die Entscheidung, ob eine Behandlung beendet werden soll oder nicht, immer die Fortschritte der Analyse am Verständnis psychischer Gesundheit und Krankheit mißt. Dieses Maß bestimmt darüber, ob die analytischen Aufgaben, die zum Erreichen psychischer Gesundheit notwendig sind, erfüllt wurden oder nicht.

Von 1959 an betonte Kohut, daß die Psychoanalyse jene Wissenschaft sei, die die innere Welt des Menschen mit Hilfe von Introspektion und Empathie untersuche. Diese psychologischen Hilfsmittel definieren das Forschungsfeld des Psychologen, so wie das Mikroskop das Arbeitsgebiet des Histologen bestimme. Kohut nennt die Theorie, die via Empathie und Introspektion entwickelt wird, 'erfahrungsnahe' Theorie, da sie dem Studium aktueller Empfindungen und Erlebensweisen von Patienten entspringe. Er unterscheidet die 'erfahrungsnahe' Theorie von 'erfahrungsfernen' Theorien, die sich abstrakter Spekulationen verdanke, und weniger den Beobachtungen im klinischen Bereich.

Kohut sieht die erfahrungsferne Theorie dem Einfluß zahlreicher Verzerrungen ausgesetzt und kritisiert Freud, der unwissentlich ein Theoriegebäude erstellt habe, das es biologischen Prinzipien und westlichen Moralvorstellungen erlaubt habe, in die Theorie einzudringen. Obgleich keine Theorie absolut frei davon sein könne, lehnt Kohut den Einfluß eines kulturellen Bias sowie Spekulationen aus anderen Wissenschaften auf die psychologische Theorie ab. Freuds Bedürfnis, seine neue Wissenschaft zu legitimieren, veranlaßte ihn nach Auffassung Kohuts, die Psychoanalyse mit den anerkannten biologischen Thesen Darwins zu vereinen. Die

Triebpsychologie war Freuds Versuch, Biologie und Psychologie miteinander zu verbinden. In diesem Sinne verstand er die sexuellen und aggressiven Triebregungen als Ausdruck der Triebe, die das Überleben der Art und des Einzelnen sichern. Für Freud sind die Triebe die primäre Antriebskraft im menschlichen Erleben - das Kernstück seiner Theorie entspringt somit biologischer Spekulation, und nicht so sehr den Beobachtungen in dem Bereich, der durch Empathie und Introspektion definiert ist.

Ein weiteres Bias in der klassischen Theorie entstand durch westliche Moralvorstellungen, die die Ziele der Psychoanalyse insofern beeinflußten, als sie die Kontrolle und Kanalisierung primitiver Triebenergien in produktives Tätigsein forderten. Das therapeutische Ziel ist es, die zivilisationsbedrohenden Triebe zu zähmen.

Die ebenfalls in der westlichen Kultur verankerte Wertschätzung von altruistischem und selbstlosem Verhalten findet ihren Ausdruck in der klassischen psychoanalytischen Vorstellung, die die *normale* Entwicklung des Menschen als ein Fortschreiten von der narzißtischen Position bis zur Objektliebe konzipiert. So gesehen heißt psychische Gesundheit, Eigeninteressen aufzugeben und sich hin zu mehr Selbstlosigkeit zu entwickeln. Wenngleich objektiv von Analytikern und Therapeuten diskutiert, wird Narzißmus somit häufig zu etwas Anrüchigem.

Unabhängigkeit und Autarkie zählen ebenfalls zu den westlichen Wertvorstellungen, die die klassische Theorie durchdringen. Unabhängigkeit als theoretische Position betont die Trennung von den Objekten als letztendliche Entwicklungsaufgabe des Kindes. Ebenso findet Autarkie als Wertvorstellung Eingang in die klinische Theorie, wenn Separation, Autonomie und Unabhängigkeit als Ziele einer erfolgreichen Behandlung gelten. Nach Auffassung von Kohut integriert die klassische psychoanalytische Sichtweise all diese Biases in Form der ödipalen Konfiguration, die sie als zentrale Antriebsfeder des menschlichen Lebens ansieht.

Eine neue Sichtweise psychischer Gesundheit - Neue Kriterien zur Beendigung einer Behandlung

Kohuts Sichtweise der Conditio humana unterscheidet sich davon erheblich. Er versteht Narzißmus als normalen Bestandteil des Lebens, der vom Zeitpunkt der Geburt bis zum Tod existiert und nicht zugunsten der Objektliebe aufgegeben werden muß. Der Narzißmus folgt nach Kohut einer natürlichen Entwicklungslinie, die in ein ganzes und funktionierendes Selbst mündet. Das Selbst entwickelt sich aus bestimmten narzißtischen Strukturen, die er in seiner Monographie *Narzißmus. Eine Theorie der psychoanalytischen Behandlung narzißtischer Persönlichkeitsstörungen* (1977, engl. 1971) beschreibt. Narzißtische Störungen, so seine These, resultieren aus Defekten in den narzißtischen Strukturen des Selbst, und nicht aus einem Konflikt zwischen intakten Strukturen eines psychischen Apparates. Um eine abgeschlossene Analyse korrekt zu beurteilen, müsse man, so Kohut, die narzißtischen

Strukturen sowie, im Falle einer defizitären Entwicklung ihre Wiederherstellung betrachten.

In seiner Untersuchung defizitärer narzißtischer Strukturen berücksichtigt Kohut sowohl den von ihm so bezeichneten 'primären Defekt', wie er während der Kindheit entstanden ist, als auch die sogenannten 'sekundären Strukturen', die sich in zwei Subgruppen unterteilen lassen: die 'defensiven Strukturen' und die 'kompensatorischen Strukturen'. Defensive Strukturen überdecken den Primärdefekt im Selbst, während kompensatorische Strukturen den Defekt ausgleichen. Kohut vertritt die These, daß die Endphase einer psychoanalytischen Behandlung erreicht ist, wenn entweder der Primärdefekt des Selbst aufgedeckt und via Durcharbeiten und umwandelnde Verinnerlichung strukturiert wurde, oder aber wenn die kompensatorischen Strukturen über ausreichend Stabilität und Zuverlässigkeit verfügen.

Kohut besteht nicht auf der vollständigen Strukturierung eines Defektes. Damit verläßt er die klassische Position, die Wert auf die Vollständigkeit der analytischen Arbeit legt. Gerade diese Position lädt zu der Kritik ein, die die psychoanalytische Arbeit am schlimmsten treffen kann - nämlich der Vorwurf, daß die geleistete Arbeit unanalytisch gewesen sei. Die klassische Position sieht eine Analyse nur dann als vollständig abgeschlossen an, wenn ein Problem, etwa im Sinne eines ödipalen Konfliktes, 'vollständig aufgelöst' ist. Kohut hingegen ist der Auffassung, daß eine Analyse auch dann als erfolgreich abgeschlossen gelten kann, wenn ein Defekt nach wie vor vorhanden ist, vorausgesetzt er wird entsprechend ausgeglichen durch Fähigkeiten und Talente, die der Patient zuverlässig ausbauen konnte. Kohut ist an der funktionellen Verläßlichkeit neu integrierter Strukturen gelegen. Die Betonung, die er auf die *funktionelle* Intaktheit des Selbst legt, zeigt eine neue Herangehensweise bei der Beurteilung dessen, ob das Ende einer Analyse ins Auge gefaßt werden kann.

Ein Fallbeispiel

Anhand der Analyse von Herrn M. illustriert Kohut die Rolle kompensatorischer Strukturen und legt dar, daß eine Behandlung abgeschlossen werden kann, auch wenn nach wie vor ein Defekt im Selbst des Patienten besteht. Herr M., ein junger Autor, ersucht um therapeutische Hilfe, weil er unter einer Schreibhemmung, einem geringem Selbstwertgefühl sowie einem Gefühl innerer Leere leidet. Darüber hinaus berichtet er von sexuellen Phantasien - die er zuweilen auch ausagiert -, in denen er sadistische Kontrolle über Frauen auszuüben sucht, indem er sie fesselt.

Kohut betrachtet Herrn M.s Schreibhemmung als bedeutsames Symptom, da Schreiben eine wichtige potentielle Quelle seines Selbstwerts ist. Kohuts Verständnis der Hemmung ist komplex und berücksichtigt verschiedene Persönlichkeitsaspekte des Patienten. Ein zentraler Punkt hierbei ist die Unfähigkeit des Patienten, die Erregung zu halten, die ihn überkommt, wenn im Prozeß des Schreibens seine Phantasie angeregt wird. Unfähig, mit seiner Erregung fertig zu werden, unterdrückt Herr M. entweder seine Phantasie oder aber hört völlig auf zu arbeiten, um sich vor Überstimulierung zu schützen. Nach Meinung von Kohut hat diese Erregung, die für den Patienten nicht mehr handhabbar ist, mit dessen exhibitionistischem Narzißmus zu tun. Über das Auftauchen verschiedener Erinnerungen während der Analyse erfährt Kohut, daß Herr M. die frühen Reaktionen seiner Mutter auf seine Größenideen und exhibitionistischen Bedürfnisse als mangelhaft erlebt hat. Die Unfähigkeit der Mutter, als angemessener Spiegel und Container für den gesunden Exhibitionismus ihres Sohnes zu fungieren, war verantwortlich für einen primären strukturellen Defekt. Die psychischen Strukturen im Rahmens dieses Defekts vermochten mit der Erregung und Stimulierung nicht fertig zu werden, die mit den exhibitionistischen Bedürfnissen verbunden waren. Wäre es der Mutter gelungen, angemessen auf den Exhibitionismus ihres Sohnes zu reagieren, so hätten sich Strukturen entwickeln können, die mit seiner Erregung fertig geworden wären. So jedoch war er auf eine empfindliche Entweder-Oder-Abwehrstrategie angewiesen. Entweder unterdrückte er seinen Exhibitionismus und unterwarf sein Schreiben einer Hemmung, was ihn wiederum um die gesunde narzißtische Zufuhr brachte, die ihm das Schreiben bot, oder aber der Exhibitionismus brach durch im Ausagieren sexualisierter Phantasien, in denen er sich eine bewundernde und spielgelnde Frau zu seiner Sklavin machte, die seiner völligen Kontrolle unterlag und jeden seiner Wünsche erfüllte.

Ein zweiter Aspekt der Schreibhemmung dieses Patienten war ein Defekt in einer (von Kohut so bezeichneten) kompensatorischen Struktur. Wir erinnern uns, daß Kohut eine kompensatorische Struktur als ein Talent, eine bestimmte Fähigkeit, oder aber eine Beziehung definierte, die zuverlässig sind und, wie in diesem Fall, als Quelle gesunden Selbstwertempfindens dienen. Es handelt sich also um keine Abwehrformation. Für Herrn M. war jedoch das Schreiben eine kompensatorische Struktur, auf die er gerade *nicht* zurückgreifen konnte. Zwar hatte sie ihn nicht ganz verlassen, da er als Autor immer noch funktionierte, doch aufgrund ihrer defizitären Struktur vermochte sie ihm nicht die stabile und anhaltende narzißtische Zufuhr sichern, die er benötigte. Für Kohut stellt die Bildung stabiler kompensatorischer Strukturen einen bedeutsamen Aspekt der analytischen Heilung dar, an dem sich der Fortschritt in der Analyse messen läßt. Der Aufbau verläßlicher Strukturen, die einen Primärdefekt im Selbstwertsystem ausgleichen, ist ein angemessenes Ziel und Ergebnis einer Psychoanalyse. Insbesondere dann, wenn die tiefgehende Beschäftigung mit dem Primärdefekt die Ganzheit und Sicherheit des Selbst bedroht. Kohut ist der Auffassung, daß manche Primärdefekte bei Menschen mit Selbstwertstörungen am besten unangetastet bleiben und man als Analytiker hier große Behutsamkeit an den Tag legen sollte.

Es ist nicht uninteressant, wie Herr M. zum Schreiben kam. Zum Teil entsprang seine schriftstellerische Tätigkeit einem angeborenen Talent, zum Teil jedoch auch der Beziehung zu seinem sprachbegeisterten und wortgewaltigen Vater. Die gesamte Adoleszenz hindurch eiferte Herr M. dem idealisierten Vater nach und verlieh seinem Exhibitionismus durch das geschriebene Wort Ausdruck. Tragischerweise bereitete es dem Vater Unbehagen, von seinem Sohn idealisiert zu werden. Er zog sich von dem Jungen zurück und frustrierte somit dessen zweiten Versuch, ein Selbstobjekt zu finden, das ihm beistand, seine exhibitionistischen Bedürfnisse gefahrlos zu erleben. Kohut postuliert, daß im Falle einer gesunden Kindheit die Erfahrung einer erfolgreichen Verschmelzung mit einem idealisierten Vater möglich gewesen wäre. Es wäre zu den unvermeidlichen winzigen Enttäuschungen gekommen, doch hätten sich, via umwandelnder Verinnerlichung, schützende psychische Strukturen herausgebildet. Herrn M.s Selbstwert wäre durch die Verschmelzung gestärkt worden, und innere Strukturen hätten den Schaden, den die frühere unzureichende Spiegelung durch die Mutter hinterlassen hat, ausgleichen können.

Herrn M.s Schwierigkeit, die Erregung, die seine Phantasien hervorriefen, zu halten, hinderte ihn daran, seine Gedanken in Worte zu fassen. Die Folge war eine Schreibhemmung, die wiederum eine potentiell bedeutsame kompensatorische Struktur schwächte. Die analytische Arbeit konzentrierte sich auf das Größenselbst des Patienten, was eine gewisse Strukturierung des narzißtischen Primärdefekts ermöglichte. Am Ende der Behandlung hatte Kohut jedoch den Eindruck, daß die Arbeit im Bereich des Größenselbst unvollständig geblieben war. Die analytische Arbeit, die die enorme Verbesserung des psychischen Zustandes des Patienten am meisten mitbedingt hatte, war seiner Ansicht nach im Bereich der wiederhergestellten kompensatorischen Struktur zu suchen und war zwei Linien gefolgt. Ein Strang war über das Durcharbeiten der unzureichenden Spiegelung durch die Mutter gelaufen, das dazu beigetragen hatte, die exhibitionistischen Bedürfnisse des Patienten in die restlichen Persönlichkeit zu integrieren. Der zweite Strang betraf das Durcharbeiten der Zurückweisung durch den Vater, als Herr M. versuchte, mit dem idealisierten Vater im sprachlichen Bereich zu verschmelzen. Kohut faßt die Kernpunkte in der Analyse von Herrn M. zusammen und stellt folgende allgemeine Prinzipien hinsichtlich des Effekts wiederhergestellter kompensatorischer Strukturen auf:

„Die Tatsache, so kann man hinzufügen, daß in Herrn M.s Fall die entscheidende Besserung in den kompensatorischen Strukturen erfolgte und nicht im Bereich des grandios-exhibitionistischen Selbst, stellt den Grundsatz auf, daß die gültige Beendigung einer Analyse auf diese Art erreicht werden *kann.* (...) Wenn wir diese Zusammenfassung in eine allgemeine Feststellung übersetzen, können wir sagen, daß die psychoanalytische Behandlung eines Falles von narzißtischer Persönlichkeitsstörung den Punkt ihrer von innen her bestimmten Beendigung erreicht hat (die Heilung der Störung bewirkt hat), wenn es ihr gelungen ist, einen Sektor im Bereich des Selbst zu errichten, durch den ein ununterbrochener Zustrom von narzißtischen Strebungen seinem kreativen Ausdruck entgegengehen kann." (a.a.O., S. 59)

Die Unvollständigkeit von Herrn M.s Analyse gibt Kohut Gelegenheit, seine Auffassung von emotionaler Gesundheit vorzustellen, die er nicht als Lösung eines Konfliktes zwischen zwei psychischen Instanzen versteht. Vielmehr besteht Gesundheit als angemessenes Ziel einer Psychoanalyse in der Errichtung eines funktionalen Selbst, mit einem ungebrochenem Kontinuum an Ambitionen, Talenten und Idealen. Ein gesundes Selbst ist für Kohut ein Selbst, das den Ehrgeiz und den Schub exhibitionistischer Spannungen nicht als Bedrohung erlebt, und das von verläßlichen Idealen geleitet wird, die die Realisierung von Fähigkeiten und Talenten möglich macht. Dieses ungebrochene Kontinuum innerhalb des Selbst schafft ein befriedigendes und kreatives Lebensgefühl. Eine funktionale Sichtweise dieser Art ermöglicht es, daß ein Bereich der Psyche, wie etwa die kompensatorischen Strukturen, Defekte ausgleichen, die aufgrund der Tiefe oder Schwere des Entwicklungstraumas in einem anderen Bereich nicht korrigiert werden können.

Braucht die Psychoanalyse eine Psychologie des Selbst?

In seiner Antwort auf diese rhetorische Frage demonstriert Kohut die Erklärungskraft der Selbstpsychologie und hebt die Unterschiede zwischen der klassischen Theorie und seiner neuen Psychologie des Selbst hervor.

Er betrachtet zunächst einige Motive, die die ersten psychoanalytischen Theoretiker beeinflußten. Obgleich Arzt, so verstand sich Freud doch nicht als Heilender. Sein primäres Interesse galt nicht der Herstellung von Gesundheit. Freud lag daran, die Wahrheit zu erkunden und der Realität mutig ins Gesicht zu blicken. Auf den Behandlungsprozeß übertragen, bedeutet dies die Betonung von Kognition und Ausweitung von Wissen. Das Unbewußte bewußt zu machen, war ein Hauptziel der Freudschen Behandlung. Ein anderes Ziel war die Stärkung des Realitäts-Ichs über die Kräfte unbewußter Triebimpulse.

Freud war ein Anhänger 'wissenschaftlicher Objektivität', ein Standpunkt, der den Beobachter als völlig vom Beobachteten getrennt postuliert. Diese Sichtweise läßt jedoch den Einfluß außer acht, den der Beobachter auf das Beobachtete ausübt. Die Vorstellung einer eindeutigen Trennung zwischen Beobachter und Beobachtetem ist irreführend und hat die Theoriebildung innerhalb der Psychoanalyse tiefgreifend beeinflußt. Freuds Glaube an 'wissenschaftliche Objektivität' setzte seiner Arbeit Grenzen, da es ihn daran hinderte, den Einfluß der Anwesenheit und der Handlungen des Analytikers auf den Analysanden wahrzunehmen. Kohut erkennt die große Erklärungsmacht der Theorie Freuds an, wenn es darum geht, Störungen zu beschreiben, die innerhalb eines psychischen Apparates und seiner in Konflikt miteinander stehenden Kräfte entstehen. Freuds Theorie erklärt die konflikthaften strukturellen Neurosen, aber sie ist nicht geeignet, das Konzept eines Selbst und seiner Störungen adäquat zu erfassen.

Die klassische Theorie versteht Phänomene wie 'Oralität' und 'Analiät' als defensive Rückzugsmanöver von einer ödipalen Position auf regressive Punkte entlang des Kontinuums der psychosexuellen Entwicklung. Kohut hält diese Erklärung für zu eng und vereinfachend. Seiner Meinung nach wird hier nur ein kleiner Teil der Persönlichkeit angesprochen, während das komplexe Ganze aus den Augen verloren wird. Kohut konzentriert sich auf die Auswirkungen, die die Umgebung des Kindes sowohl in positiver als auch in negativer Hinsicht auf dessen Entwicklung hat.

> Meine klinische Erfahrung mit Patienten, deren schwere Persönlichkeitsstörungen ich ehemals auf eine Fixierung auf die Trieborganisation eines frühen Entwicklungsstadiums (Oralität) und den damit einhergehenden chronischen Infantilismus ihres Ich zurückgeführt hätte, hat mich immer mehr zu der Einsicht gebracht, daß die Triebfixierung und die weitreichenden Ich-Defekte weder genetisch der primäre, noch dynamisch-strukturell der zentralste Brennpunkt der Psychopathologie sind. Es ist das Selbst des Kindes, das infolge der schwer gestörten empathischen Reaktionen der Eltern nicht sicher etabliert wurde, und es ist das schwache und von Fragmentierung bedrohte Selbst, das (in dem Versuch, sich selbst zu vergewissern, daß es lebendig ist, ja, daß es überhaupt existiert) sich auf defensive Weise durch die Stimulierung erogener Zonen Lustzielen zuwendet und dann, sekundär, die orale (und anale) Triebfixierung und die Versklavung des Ich an die mit den stimulierten Körperzonen verbundenen Triebziele herbeiführt. (a.a.O., S. 75)

Die Triebe und das Selbst

Nach Kohuts Auffassung ist der primäre Faktor in der kindlichen Entwicklung die Beziehung zwischen dem sich entwickelnden Selbst und seinen Selbstobjekten, nicht die unbewußten libidinösen oder aggressiven Triebregungen. Wird das Selbst geschwächt, weil die Selbstobjekte des Kindes in ihrer idealisierenden oder spiegelnden Funktion versagen, stimuliert sich das Kind selbst mit Hilfe seiner erogenen Zonen. Diese Versuche, sich selbst zu beleben, werden oft bis ins Erwachsenenalter fortgeführt, wo sie dann in Form von Perversionen weiterbestehen. Sie umfassen das breite Spektrum selbststimulierender Aktivitäten, die dem Menschen zur Verfügung stehen.

Da Triebe in der klassischen psychoanalytischen Theorie eine zentrale Stellung einnehmen, muß Kohut sie natürlich in seiner Selbstpsychologie berücksichtigen. Er konzeptualisiert sie als Abbauprodukte eines fragmentierten Selbst. Wenn die affektive Entwicklung sowie die Selbstbehauptung des Kindes gestört sind, so zerfallen sie in die 'Triebelemente' Sexualität, Aggression und destruktive Feindseligkeit.

Deutung und Widerstand

Deutung und Widerstand sind weitere Konzepte, die laut Kohut von den neuen selbstpsychologischen Erklärungsansätzen profitieren können. Er vergleicht den Deutungsprozeß in der Analyse mit einem zweistufigen Entwicklungsprozeß, in dessen Verlauf das Selbst strukturiert wird. In einem ersten Schritt kommt es zur Verschmelzung mit einem empathischen Selbstobjekt, das dem sich entwickelnden Selbst die Erfahrung vermittelt, verstanden und bestätigt zu werden. Die Verschmelzung trägt auch zur Spannungsregulierung bei, da das sich entwickelnde Selbst an der Fähigkeit des Selbstobjekts partizipiert, eigene Affekte (aus-) zu halten. Schließlich werden Affekte als ein Signal und nicht mehr als ausufernde, überwältigende Erfahrung wahrgenommen. Der zweite Schritt betrifft die Erfahrung des Kindes, daß es ein Selbstobjekt gibt, das seine Bedürfnisse befriedigt.

Kohut vertritt die These, daß der Deutungsprozeß, gleich den innerpsychischen Stukturierungsvorgängen, in zwei Schritten erfolgt, die Verschmelzung und Handlung umfassen. Verschmelzung im Deutungsprozeß ist das, was Kohut die 'verstehende Phase' nennt; der Handlungsteil fällt in die 'erklärende Phase'. Kohut beschreibt den Deutungsprozeß wie folgt:

> Jede Deutung und jede Rekonstruktion besteht aus zwei Phasen; zuerst muß der Analysand merken, daß er verstanden worden ist; erst dann, als zweiter Schritt, wird der Analytiker dem Analysanden die spezifischen genetischen und dynamischen Faktoren zeigen, die den psychologischen Inhalt erklären, den er zuvor empathisch begriffen hatte. (a.a.O., S. 86)

Die heftige Wut, die manchmal auf eine Deutung erfolgt, sollte nicht im klassischen Sinne verstanden werden. Die klassische psychoanalytische Position besagt, daß Wut das Ergebnis einer korrekten Deutung ist, die primitive Aggression freigesetzt und zu Bewußtsein gebracht hat. Kohut sieht die Wut nicht so sehr als Ausdruck primärer Aggression, sondern als Nebenprodukt einer Kränkung, ausgelöst durch die falsche oder verfrühte Erklärung seitens des Analytikers.

Die Ansichten eines Analytikers zur frühkindlichen Entwicklung hat weitreichende Folgen für seine therapeutischen Konzeptualisierungen sowie sein behandlungstechnisches Vorgehen. Die klassische Position sieht den Säugling als Triebbündel, der während der ersten Monate noch nicht über ein psychisches Selbst verfügt. Der Entwicklungsaspekt zentriert sich um die Reifung der erogenen Zonen sowie die damit verbundenen affektiven Stürme. Kohut setzt einen anderen Schwerpunkt. Er fragt nach der Entwicklung des Selbst und dem jeweiligen Erleben während dieses Reifeprozesses. Die Beziehung des Selbst zu seiner Umgebung sowie die Auffassung des Selbst als ein Container von Affekten sind zentrale Konzepte der Psychologie Kohuts. Einige seiner Ideen finden wir wieder in Daniel Sterns Forschungsergebnissen seiner Säuglingsbeobachtung (1985, dt. 1992). So etwa folgende Überlegung Kohuts:

> Ich habe mit anderen Worten keinen Zweifel daran, daß wir mit Hilfe einer Psychologie des Selbst - dem Studium von Genese und Entwicklung des Selbst, seiner Bestandteile, seiner Ziele und seiner Störungen - lernen werden, neue Aspekte des psychischen Lebens zu erkennen und in größere psychologische Tiefe vorzudringen, selbst in den Bereichen normaler Kulturaneignung und der strukturellen Konflikte der klassischen Neurosen.
> Muß das nicht eigentlich so sein? Eine komplex organisierte, empathisch-responsive menschliche Umgebung reagiert auf das Kind *ab initio*: Ist es nicht höchst wahrscheinlich, daß wir bei der Untersuchung früher Kindheitszustände mit immer weiter verfeinerten Mitteln entdecken werden, daß ein rudimentäres Selbst schon sehr früh im Leben besteht? (Kohut 1979, S. 94, engl. 1977)

Angst, Träume und Aggression unter selbstpsychologischer Perspektive

An den psychischen Phänomenen Angst, Traum und Aggression zeigt Kohut die Erklärungskraft seiner Psychologie auf. Er vergleicht die Angst der strukturellen Neurosen mit der Angst, wie sie ein geschwächtes Selbst erlebt. Das Selbst einer strukturellen Neurose ist intakt und die Angst, die sich für gewöhnlich als vage Befürchtung präsentiert, erhält mit Hilfe der Widerstandsanalyse zunehmend deutlichere Konturen. Sie wird größer, da die zuvor verdrängten Kastrationsängste nunmehr aufgedeckt und erlebt werden.

Bei den Störungen des Selbst stellt sich uns die Angst anders dar. Sie entspringt einer vorbewußten Sorge um die fragile Natur des Selbst. Häufig nimmt sie ihren Anfang in spezifischen Befürchtungen, die das Empfinden von Ganzheit und Sicherheit betreffen, so etwa die Angst, daß eine Verletzung der Haut zu einer Blutvergiftung führt, daß es sich bei einer unbedeutenden Geschwulst um Krebs handelt, daß ein Riß im Fundament eines Hauses zu dessen Zusammenbruch führt. Wir haben es hier mit fokussierten und spezifischen Befürchtungen zu tun, (weniger mit vagen und diffusen Ängsten), d.h. mit konkreten Versuchen, die vage, umfassendere Sorge um das auseinanderfallende Selbst zu beschreiben. Mit fortschreitender Behandlung machen diese umschriebenen hypochondrischen Ängste für gewöhnlich der Erkenntnis Platz, daß es sich um eine diffuse Angst vor dem drohenden Auseinanderfallen des Selbst handelt. Nach Meinung von Kohut bietet eine Psychologie des psychischen Apparats keine befriedigende Erklärung dieser Angst, während eine Psychologie des Selbst deren Verstehen ermöglicht.

Auch anhand von Träumen versucht Kohut, die Nützlichkeit der Selbstpsychologie aufzuzeigen. Er beschreibt zwei Kategorien von Träumen. Zum einen die Träume bei strukturellen Neurosen. In ihnen kommen Triebwünsche, Konflikte und Versuche der Konfliktlösung zum Ausdruck. Mit Hilfe der Assoziationen des Patienten enttarnt der Analytiker die Traumarbeit und deckt den unbewußten Wunsch auf, der dem Traum zugrunde liegt.

Die zweite Kategorie von Träumen enthält Bilder, in denen die vagen Spannungen enthalten sind, die an traumatische Zustände geknüpft sind. Bei Träumen dieser Art führen die Assoziationen des Patienten nicht zur Aufdeckung tieferer, verdrängter Schichten des Unbewußten, wie dies in der ersten Gruppe von Träumen der Fall ist. Vielmehr ist es häufig so, daß die Assoziationen auf dem Niveau des manifesten Trauminhaltes bleiben und Bilder einer das Selbst bedrohenden Desintegration produzieren. Kohut spricht hier von 'Selbst-Zustands-Träumen' und vergleicht sie mit den Träumen traumatischer Neurosen.

Ein Beispiel soll dies verdeutlichen: Eine junge Frau, die vor einer einschneidenden Veränderung ihrer äußeren Lebensführung steht, plant, aus der Stadt wegzuziehen, der sie sich tief verbunden fühlt. Sie berichtet von einer Reihe von Träumen, in denen sie, auf dem Weg zu ihrem neuen Zuhause, ständig ihr Gepäck verliert. Wann immer sie erleichtert aufatmen kann, eines der Gepäckstücke wiederzufinden, verliert sie plötzlich ein anderes. Trotz aller Versuche gelingt es ihr nicht, ihre gesamte Habe an einem sicheren Ort und zur gleichen Zeit zusammenzuhalten. Ihre Assoziationen kreisen um den bevorstehenden Umzug und das Gefühl auseinanderzufallen. Sie führen nicht zu einem verdrängten Triebwunsch. Die Bedeutung des Traums liegt in seinem manifesten Inhalt, der dem Zustand ihres verwirrten und teilweise fragmentierten Selbst symbolisch Ausdruck verleiht. Über die Betrachtung des *Zustands* des Selbst, und nicht so sehr seiner *Inhalte*, so Kohut, biete die Selbstpsychologie klinische Verständnismöglichkeiten, die den allein triebpsychologisch arbeitenden Analytikern so nicht offenstünden.

Die Aggression ist ein weiterer Bereich, der laut Kohut vom selbstpsychologischen Ansatz profitieren kann. Eine der Grundannahmen der klassischen Theorie lautet, daß es sich bei Selbstbehauptung, Haß und Aggression um primäre psychische Gegebenheiten handelt, d.h. daß sie zur biologischen Grundausstattung des Menschen gehören. Kohut hingegen stellt die klassische Erklärung für aggressives und destruktives Verhalten des Menschen infrage. Für ihn drückt sich in der menschlichen Destruktivität kein primärer Trieb aus. Vielmehr sei Destruktivität die

Folge eines fragmentierten Selbst. Destruktive Wut werde immer aus einer Kränkung geboren. Obgleich es sich dabei um primitive Wut handelt, sei sie psychologisch gesehen doch nicht als primärer Trieb zu verstehen.

Im wesentlichen glaube ich also, daß die Destruktivität des Menschen als psychologisches Phänomen sekundär ist; daß sie ursprünglich als Folge des Versagens der Selbstobjekt-Umgebung auftritt, die dem Bedürfnis des Kindes nach optimalen - nicht maximalen, das sollte betont werden - empathischen Reaktionen nicht entspricht. Aggression ist darüber hinaus als psychologisches Phänomen nicht elementar. Wie die anorganischen Bausteine des organischen Moleküls ist sie von Anfang an ein Bestandteil der Selbstbehauptung des Kindes und bleibt unter normalen Umständen eingeschmolzen in die Selbstbehauptung des reifen Selbst des Erwachsenen. (a.a.O., S. 108)

Mit diesen Thesen setzt sich Kohut der Kritik aus, daß er die unangenehme Realität der aggressiven Natur des Menschen verleugne. Es ist jedoch so, daß Kohut die destruktive Fähigkeit des Menschen weder verneint, noch verleugnet, sondern vielmehr eine neuartige Erklärung ihres Ursprungs anbietet. Immer wieder betont er, daß sein Verständnis des Selbst, das er im empathischen Umgang mit seinen Patienten gewonnen habe, eine umfassendere und tiefergehende Erklärung der Conditio humana biete als die auf Spekulation basierende Thesen der klassischen Theorie. Der *gewachsene Fels* der menschlichen Psyche (also jener Punkt, über den hinaus die Analyse nicht weiter vordringen kann) ist für Kohut nicht die Kastrationsdrohung. Es geht nicht um eine drohende physische Vernichtung, vielmehr um die drohende Zerstörung des Selbst.

In der Wut kommt für Kohut der Zusammenbruch der angeborenen gesunden Selbstbehauptung des Kindes zum Ausdruck. Der Säugling komme mit der Fähigkeit zur Selbstbehauptung zur Welt, die von den empathischen Reaktionen seiner Selbstobjekt-Umgebung verstärkt werde. Erfährt das Kind durch diese Umgebung eine traumatische Enttäuschung, zerfällt diese Selbstbehauptung und wird zu Wut. Selbstbehauptung, nicht Aggression, ist die primäre psychische Gegebenheit:

Beschreibend ausgedrückt: Die Grundlinie des aggressiven Verhaltens ist nicht das wütend-destruktive Baby - es ist von Anfang an das sich selbst behauptende Baby, dessen Aggressionen ein Bestandteil der Festigkeit und Sicherheit sind, mit der es seine Forderungen an Selbstobjekte stellt, die ihm eine Umgebung (durchschnittlich) empathischen Widerhalls verschaffen. Obwohl traumatische Empathiebrüche (Verzögerungen) natürlich Erfahrungen sind, denen jedes Kleinkind unweigerlich ausgesetzt ist, ist die vom Baby gezeigte Wut nicht primär. Die primäre psychische Konfiguration, so kurzlebig sie auch ist, enthält keine destruktive Wut, sondern unvermeidlich Selbstbehauptung; das darauffolgende Zerbrechen der größeren psychischen Konfiguration isoliert die selbstbehauptende Komponente und verwandelt sie dabei sekundär in Wut. (a.a.O., S. 109-110)

Als nächstes wendet sich Kohut dem Sexualtrieb zu. Auch hier konzeptualisiert er die pathologischen Manifestationen von Sexualität im Kontext des Selbst und seiner Selbstobjekt-Erfahrungen, und weniger als Manifestation eines primären Triebes. Perversionen sind nach Kohut Ausdruck eines geschwächten Selbst, das versucht, sich selbst mit Hilfe sexualisierter Mittel zu stimulieren und zu beleben. In der Perversion komme die sexualisierte Beziehung zu einem Selbstobjekt zum Ausdruck, das in seiner Funktion versagt habe.

Der isolierte infantile Sexualtrieb ist nicht die primäre psychologische Konfiguration (...). Die primäre psychologische Konfiguration (...) ist die Erfahrung der Beziehung zwischen dem Selbst und dem empathischen Selbstobjekt. (...) Isolierte Triebmanifestationen treten nur nach traumatischen und/oder langanhaltenden Mängeln in der Empathie von seiten der Selbstobjekt-Umgebung auf. (...) Um der Depression zu entgehen, wendet sich das Kind von dem unempathischen oder abwesenden Selbstobjekt ab und oralen, analen und phallischen Empfindungen zu, die es mit großer Intensität erlebt. Und diese Kindheitserfahrungen von Trieb-Überbesetzung werden zu Kristallisationspunkten für die Formen erwachsener Psychopathologie, die im wesentlichen Krankheiten des Selbst sind. (...) Die tiefste Schicht, die erreicht werden soll, ist nicht der Trieb, sondern die Bedrohung der Organisation des Selbst (...) die Erfahrung, daß die lebenserhaltende Matrix empathischen Widerhalls von Seiten des Selbstobjekts fehlt. (a.a.O., S. 112-113)

Am Ende dieser Diskussion kehrt Kohut zu deren Ausgangspunkt zurück: Wann kann ein Ende der analytischen Behandlung ins Auge gefaßt werden? Er weist nochmals darauf hin, daß die Beantwortung dieser Frage davon abhängt, welche Kriterien von Krankheit und Heilung der Analytiker ansetzt. Vom klassischen Standpunkt aus betrachtet, bestehen die zentralen therapeutischen Ziele darin, daß die Patienten am Ende einer Analyse mit Ursprung und Dynamik ihrer Störung besser vertraut sind und ihre sexuellen und aggressiven Triebimpulse zuverlässig unter Kontrolle haben. In der Selbstpsychologie ist das Ziel der Behandlung, defizitäre narzißtische Strukturen aufzufüllen sowie ein kohäsives, befriedigend und kreativ funktionierendes Selbst auszubilden. Nicht jede analytische Behandlung endet jedoch mit Erreichen dieses Zieles, wie wir bei Herrn M. gesehen haben. Besserung kann auch durch die Stärkung kompensatorischer Strukturen erreicht werden.

Der schuldige und der tragische Mensch

Es wird deutlich, daß die Selbstpsychologie und die klassische Sichtweise eines psychischen Apparates auf sehr unterschiedlichen anthropologischen Prämissen basieren. Kohut spricht hier vom *schuldigen* und vom *tragischen* Menschen. Der schuldige Mensch der klassischen analytischen Sichtweise lebt gemäß dem Lustprinzip. Er versucht, seine Triebwünsche zu befriedigen, ist jedoch aufgrund von äußerem Druck und inneren Konflikten dazu nicht in der Lage.

Der tragische Mensch der Selbstpsychologie hingegen lebt nicht gemäß dem Lustprinzip. Der tragische Mensch versucht, den angeborenen Mustern seines Kernselbst Ausdruck zu verleihen, um sein Leben auf kreative und erfüllende Art und Weise zu leben. Niederlagen überschatten hier für gewöhnlich die Erfolge - für Kohut Anlaß, von der Tragik nicht verwirklichter Potentiale zu sprechen.

Die Selbstpsychologie, so Kohut zusammenfassend, ermöglicht in der Psychoanalyse ein Verständnis des Selbst, das die klassische Sichtweise von psychischem Apparat, Trieb und Abwehr, sowie Konfliktpsychologie nicht zu vermitteln vermag. Eine Psychologie des Selbst beschreibt, wie sich aus den frühen und späteren Selbstobjekt-Erfahrungen ein kohäsives Selbst entwickelt, das in der gesunden

Verwirklichung eines angeborenen Kernselbst-Programms seinen Höhepunkt erreicht. Es handelt sich um eine Psychologie, in der die Kohäsion des Selbst, und nicht so sehr das Triebprimat, die vordringliche psychologische Fragestellung definiert.

Kapitel 8

Die Heilung des Selbst. Teil II

Klinische Überlegungen

Das bipolare Selbst

Das Selbst ist die zentrale Konfiguration in Kohuts Psychologie. Seine Hauptthese, derzufolge sich die primären Konfigurationen, die das Selbst bilden, den Beziehungen des Kindes mit seinen Selbstobjekten verdanken, leitet Kohut aus den Rekonstruktionen seiner Erwachsenenanalysen ab. Er gelangt so zu der Schlußfolgerung, daß die Entwicklung des kindlichen Kernselbst - von isolierten Fragmenten zu einem kohäsiven Ganzen - von der Responsivität der kindlichen Selbstobjekte auf dessen spezifische Entwicklungsbedürfnisse abhängt. In seinem Buch *Narzißmus. Eine Theorie der psychoanalytischen Behandlung narzißtischer Persönlichkeitsstörungen* (1973, engl. 1971) beschreibt er diese spezifischen Bedürfnisse sowie die zwei psychischen Konfigurationen, um die sie kreisen. Die eine, das Größenselbst, betrifft das frühe mütterliche und spiegelnde Selbstobjekt, dessen Reaktionen den kindlichen narzißtischen Exhibitionismus annehmen und bestätigen. Die andere, die idealisierte Elternimago, betrifft das Verschmelzen mit einem idealisierten Selbstobjekt, das dem Selbst des Kindes ein Gefühl der Vollkommenheit, Sicherheit und Ganzheit vermittelt. Beide sind Bestandteile einer übergeordneten Konfiguration, die Kohut das 'bipolare Selbst' nennt. In *Die Heilung des Selbst* (1979, engl. 1977) führt Kohut seine früheren Gedanken dazu weiter aus und unterzieht das Konzept des bipolaren Selbst einer umfassenden Diskussion.

Das bipolare Selbst enthält zwei Pole: An einem sieht Kohut die Ambitionen, am anderen die Ideale angesiedelt. Der gesunde expansive und exhibitionistische Narzißmus des Kindes stellt einen Pol dar. Verläuft die Entwicklung normal, wird aus diesem Narzißmus schließlich das, was wir als Ehrgeiz erleben. Das Verlangen, mit einem stabilisierenden, spannungsregulierenden und idealisierten Selbstobjekt zu verschmelzen, stellt den anderen Pol dar. Der idealisierende Narzißmus, der mit diesem Pol verknüpft ist, mündet schließlich in das Erleben von Idealen, die uns leiten, wiederum vorausgesetzt, die Entwicklung verläuft normal.

Das Gefühl von Kontinuität innerhalb des Selbst, das Gefühl, derselbe Mensch über die Zeit hinweg zu bleiben, ist sowohl von der Beschaffenheit dieser Pole, als auch von deren Beziehung zueinander abhängig. Kohut postuliert eine Spannung zwischen beiden Polen: das Gefühl, vom Ehrgeiz vorangetrieben und gleichzeitig von den Idealen geleitet zu werden. Er beschreibt diesen 'Spannungsbogen' wie folgt:

Ich habe versucht, diese Hypothese durch die Verwendung einer die Vorstellungskraft anregenden Terminologie auszudrücken. Ebenso wie es ein Spannungs*gefälle* zwischen zwei räumlich getrennten, verschieden geladenen (+/-) elektrischen Polen gibt, das zur Bildung eines elektrischen *Bogens* einlädt, von dem man sagen könnte, daß die Elektrizität darin von der höheren auf die niedrigere Ebene fließt, ist es auch beim Selbst. Der Ausdruck >>Spannungsgefälle<< bezieht sich also auf die Beziehung, in der die Bestandteile des Selbst zueinander stehen (...). Er weist hin auf das Bestehen einer handlungserzeugenden Verfassung, die >>zwischen<< den Strebungen des Menschen und seinen Idealen entsteht. Mit dem Begriff >>Spannungsbogen<< jedoch meine ich den dauernden Fluß tatsächlicher psychologischer Aktivität, der zwischen den beiden Polen des Selbst entsteht, d.h. die grundlegenden Ziele einer Person, zu denen ihre Strebungen sie >>treiben<< und ihre Ideale sie >>leiten<<. (Kohut 1979, S. 156-157, engl. 1977)

Kohut führt noch ein drittes Element des bipolaren Selbst in die Theorie ein: den Bereich der Fertigkeiten und Talente, der zwischen den beiden Polen existiert. In diesem Bereich können sich kompensatorische Mechanismen ausbilden, wie dies bei Herrn M. der Fall war (siehe Kapitel 7). Kohut erkennt an, daß die großen Ereignisse der Kindheit, wie Geburt oder Tod, Krankheiten, das Auseinanderbrechen von Familien, usw., eine wichtige Rolle in der Genese emotionaler Krankheit spielen. Er vertritt jedoch auch die Auffassung, daß die Persönlichkeit der Eltern, ob gesund oder krank, das psychische Klima beeinflußt und für die Entwicklung des Selbst (des Kindes, A.d.Ü.) verantwortlich ist.

Die zentrale Stellung der Triebe in der klassischen psychoanalytischen Theorie macht es erforderlich, daß Kohut sie in seinem Theorieentwurf berücksichtigt. In *Die Heilung des Selbst* bricht er mit der analytischen Tradition und erklärt die Triebe als Abbauprodukte eines fragmentierten Selbst, nicht im Sinne biologischer Gegebenheiten. Da diese Hypothese ganz entschieden von der klassischen Position abweicht, möchte ich Kohut hier im Original zitieren:

Es ist aufschlußreich, in diesem Zusammenhang die Desintegration der beiden grundlegenden psychologischen Faktoren zu untersuchen - gesunde Selbstbehauptung (...), gesunde Bewunderung für das idealisierte Selbstobjekt (...). Wenn kein spiegelndes Selbstobjekt auf die selbstbehauptende Präsenz des Kindes antwortet, so wird sein gesunder Exhibitionismus (...) aufgegeben, und isolierte, sexualisierte exhibitionistische Beschäftigungen mit einzelnen Größensymbolen (Urinstrom, Faeces, Phallus) treten an seine Stelle. Ähnlich ist es, wenn die Suche des Kindes nach dem idealisierten, allmächtigen Selbstobjekt, mit dessen Macht es verschmelzen möchte, fehlschlägt (...); auch dann hört die gesunde und glückliche, großäugige Bewunderung des Kindes auf, die umfassende psychologische Konfiguration bricht zusammen, und isolierte, sexualisierte, voyeuristische Beschäftigungen mit isolierten Symbolen der Macht des Erwachsenen (Penis, Brust) treten an ihre Stelle. (a.a.O., S. 150)

Was Traditionalisten als Manifestation von Triebregungen ansehen, versteht Kohut als Zusammenbruch oder Fraktionierung von Kernaspekten des Selbst. Wenn etwa auf die gesunde Selbstbehauptung des Kindes nicht angemessen reagiert wird, so mündet diese in Wut und Aggression. Wird das gesunde Bedürfnis, gesehen und bewundert zu werden, oder das idealisierte Selbstobjekt selbst zu bewundern, traumatisch frustriert, so entstehen daraus sexualisierter Exhibitionismus bzw. Voyeurismus. Diese Sexualisierungen graben sich in die Psyche des Kindes ein und werden als Perversionen ins Erwachsenenalter transportiert. Für Kohut sind Perversionen kein Ausdruck bestimmter Triebe, sondern Symptome eines fragmentierten, kranken und abgetöteten Kernselbst, das versucht, sich zu stimulieren.

Kohut ist der Auffassung, daß die Selbstobjekt-Übertragungserfahrungen, die im Rahmen einer Behandlung mobilisiert werden, keine Wiederholung kindlicher Beziehungen darstellen. Vielmehr handle es sich um neuartige Beziehungserfahrungen, in denen die verhinderten Entwicklungsbedürfnisse zum Ausdruck kommen, die durch die Behandlung wiederbelebt werden. Somit werde die Wiederherstellung eines in seiner Entwicklung gehemmten und geschwächten Selbst möglich. Kohut wiederholt hier eine These, die er bereits 25 Jahre zuvor (1951, S. 164-166) aufgestellt hatte: Alle Wiederholungen sind Übertragungen, aber nicht alle Übertragungen sind Wiederholungen.

Einteilung der Selbst-Pathologie

Die Postulierung des bipolaren Selbst als zentrale psychische Konfiguration ermöglicht es Kohut, die Psychopathologie auf der Grundlage von Störungen der Beschaffenheit des Selbst zu diskutieren und zu klassifizieren. Er teilt diese Störungen in *primäre* und *sekundäre Störungen des Selbst* ein. Sein vordringliches Interesse gilt den primären Störungen, da sie die Folge eines Stillstandes in der Selbst-Entwicklung sind, während die sekundären Störungen akute und chronische Reaktionen auf die Anforderungen des Lebens darstellen. Kohut unterscheidet fünf Kategorien primärer Störungen des Selbst:

(1) die *Psychosen* (ständige oder langandauernde Fragmentierung, Schwächung oder schwere Verzerrung des Selbst),

(2) die *Borderline-Zustände* (ständige oder langandauernde Fragmentierung, Schwächung oder schwere Verzerrung des Selbst, verdeckt durch mehr oder weniger wirksame Abwehrstrukturen) und

(3) die *schizoiden und paranoiden Persönlichkeiten*, zwei Abwehrorganisationen, die sich der Distanzierung bedienen, d.h. die einen verläßlichen emotionalen Abstand von anderen zu halten suchen. (a.a.O., S. 166)

Obgleich Menschen mit diesen Störungen durchaus von einer Beziehungen mit einem Therapeuten profitieren können, vermag der gestörte Bereich des Selbst keine stabile Übertragung herzustellen, die therapeutisch handhabbar wäre. Aus diesem Grund ist eine psychoanalytische Psychotherapie für diese Patienten nicht die angemessene Behandlungsform. Kohut beschreibt jedoch auch zwei narzißtische Störungsbilder, die stabile Übertragungen herstellen, die auch im Rahmen einer psychoanalytischen Psychotherapie durchgearbeitet werden können:

(4) die *narzißtischen Persönlichkeitsstörungen* (zeitweilige Fragmentierung, Schwächung oder schwere Verzerrung des Selbst, hauptsächlich manifestiert durch autoplastische Symptome (Ferenczi 1930) wie Überempfindlichkeit gegen Mißachtung, Hypochondrie oder Depression) und

(5) die *narzißtischen Verhaltensstörungen* (zeitweilige Fragmentierung, Schwächung oder schwere Verzerrung des Selbst, hauptsächlich manifestiert durch alloplastische Symptome (Ferenczi 1930) wie Perversion, Straffälligkeit oder Sucht). (a.a.O., S. 167)

Bei einigen narzißtischen Störungen sind die Aktivitäten, die das abgestorbene Selbst wieder zum Leben erwecken sollen, auf die Phantasie beschränkt. Kohut spricht hier von 'narzißtischen *Persönlichkeits*störungen'. In der zweiten Gruppe der Selbststörungen wird die Phantasietätigkeit in Form von Perversionen, Delinquenz oder Suchtkrankheiten inszeniert. Kohut nennt sie 'narzißtische *Verhaltens*störungen', um ihren aktiven Modus der Wiederherstellung von den lediglich in der Phantasie stattfindenden restitutiven Versuchen zu unterscheiden. Die in diesen beiden Störungsgruppen wirksamen genetischen Gesichtspunkte sind sich ähnlich, während sich die genetischen Aspekte unterscheiden. Wenn wenigstens ein Elternteil in der Lage ist, notwendige Selbstobjekt-Funktionen zu übernehmen, so entwikkelt sich einer der Pole kompensatorisch weiter und gleicht die Schwäche des anderen Pols aus. Dies versetzt Menschen, die an einer narzißtischen Persönlichkeitsstörung leiden, in die Lage, den Versuch einer (narzißtischen, A.d.Ü.) Wiederherstellung zu halten und deren Realisierung in der Phantasie zu ermöglichen. Im Falle narzißtischer Verhaltensstörungen war keines der frühen Selbstobjekte in der Lage, die Entwicklung eines der beiden Pole des Selbst zu fördern. Dies führte zu einer verminderten Fähigkeit, mit Affekten umzugehen, und mündete in ein unkontrolliertes Getriebensein, entweder um ein abgestorbenes Selbst wieder zum Leben zu erwecken, oder aber um ein agitiertes Selbst zu beruhigen. Für Kohut handelt es sich bei der narzißtischen Verhaltensstörung um die schwerere Form der Störung, da hier keiner der beiden Pole des bipolaren Selbst ausreichend genährt wurde.

Klinische Falldarstellung 1

Während Kohut das Selbst früher sehr eng, d.h. im Sinne eines Inhalts des psychischen Apparates auffaßte, definiert er es nun umfassend als ein zentrales, übergreifendes Konstrukt. Um die Nützlichkeit seines Konzeptes des bipolaren Selbst in klinischer Hinsicht aufzuzeigen, stellt er die Analyse des Herrn X. vor.

Herr X., dessen Analytikerin um Supervision bei Kohut nachsuchte, litt unter einem suchtartigen Drang zu masturbieren und einer damit zusammenhängenden homosexuellen Phantasie, für die er sich sehr schämte. Er hatte weder mit Männern noch mit Frauen sexuelle Erfahrung. Sein Leben bestand darin, sich viele Male am Tag selbst zu befriedigen und sich dabei den Pastor seiner Kirche vorzustellen. Zum Höhepunkt in dieser Phantasie kam es immer dann, wenn sein Penis den des Pastor streifte, während er die Heilige Kommunion empfing. Es kam zu keiner bewußten Fellatio in dieser Phantasie, in der sich ein Gefühl tiefer Einsamkeit zu manifestieren schien.

Was die Lebensgeschichte des Patienten angeht, so war Herr X. als Kind von seiner Mutter idealisiert worden, während sie gleichzeitig seinen Vater, ihren Ehemann, entwertete. Sie war eine religiöse Frau, die ihrem Sohn Geschichten aus der Bibel vorlas und die Vollkommenheit der Beziehung zwischen Jesus und seiner Mutter, Maria, hervorhob. Sie idealisierte Jesus' Verstand und pries seine Überlegenheit gegenüber älteren Männern. Ebenso idealisierte sie ihren eigenen Sohn, nährte seine Grandiosität jedoch nur so lange, als er emotional an sie gebunden blieb. Als er drohte, von ihr wegzuziehen, entzog sie ihm ihre Bewunderung.

Für Kohut drückte sich in Herrn X.s Phantasie dessen Sehnsucht nach einem starken Mann aus, der den nicht verfügbaren Vater ersetzen sollte, dessen Entwertung durch die Mutter jede potentielle Idealisierung unmöglich gemacht hatte. Die Phantasie war die sexualisierte Manifestation des Wunsches des Patienten, mit einem idealisierten, gottähnlichen Mann zu verschmelzen, dessen Macht auf ihn übergehen sollte. Die emotionale Abwesenheit des Vaters hatte die Entwicklung jenes Selbstpols gestört, an dem die Ideale und Ziele angesiedelt sind.

Kohut beschreibt die Persönlichkeitsanteile des Herrn X. sowie den Verlauf der analytischen Behandlung im Rahmen des Strukturmodells (siehe Abbildung 8.1). Er erkennt diese Inkonsistenz in seiner Theoriebildung an, verteidigt jedoch das Vermischen theoretischer Modelle mit der Überlegung, daß jede lohnende Theorieentwicklung immer vorläufig, provisorisch und spielerisch ist. Im Geiste spielerischer Kreativität, so Kohut, ist das Vermischen von Theorien erlaubt.

Der Behandlungsverlauf der Analyse des Herrn X. läßt sich in zwei Phasen unterteilen. In der ersten Phase ging es um die Bearbeitung der vertikalen Spaltung, die die Fassade von Überlegenheit und Isolation aufrechterhielt. In der zweiten Phase ging es um das eigentliche, depressive und entleerte Kernselbst, das sich jenseits der Verdrängungsschranke verbarg. Eine Psychologie, die die Konflikthaftigkeit inzestuöser Wünsche ins Zentrum rückt, verfehlt nach Auffassung Kohuts den Kern der Persönlichkeit eines Herrn X., während eine Psychologie, die das Selbst als zentrale psychische Konfiguration anerkennt, diesen Kern bearbeiten kann.

Bevor therapeutische Effekte der analytischen Arbeit sichtbar wurden, so Kohut in seiner Zusammenfassung der Analyse des Herrn X., suchte der Patient psychische Erleichterung mit Hilfe seiner erotisierten Inszenierungen. Die zentrale analytische Aufgabe bestand darin zu versuchen, jenen Pol des Selbst zu stärken, an dem Herrn X.s idealisierte Ziele angesiedelt waren. Dies befreite das Selbst von seiner suchtartigen Erotisierung, die ihm ja nur vorübergehende Linderung verschaffte, indem er für einen kurzen Moment ein Gefühl des Einsseins mit dem idealisierten Objekt herstellte.

Die vertikale Spaltung, in Abbildung 8.1 mit (1) bezeichnet, spielte in der Störung des Herrn X. eine zentrale Rolle. Sie schuf den verleugneten, abgespaltenen Bereich, (in der Graphik links), der Elemente unmodifizierter Grandiosität enthielt. Die Verleugnung war notwendig, da sie Herrn X. vor der Beschämung schützte, die mit diesen Gefühlen von Grandiosität verbunden war.

In der ersten Phase der Analyse des Herrn X. ging es um die Bearbeitung der verleugneten Grandiosität und ihrer Beziehung zum Bedürfnis der Mutter, mit ihrem großartigen und idealisierten Sohn zu verschmelzen. Herr X. erkannte, daß seine Arroganz und Überheblichkeit, d.h. so wie

Gesehen in klassischen dynamisch-strukturellen Begriffen in der ersten Analyse	Gesehen in Begriffen der Psychologie des Selbst im engeren Sinne		
Offene Grandiosität und Arroganz, zurückzuführen auf imaginären ödipalen Sieg (1) (1) (1)	Offene Grandiosität, "hochnäsige" (1) Isolation auf der Basis andauernder Verschmelzung mit der idealisierten Mutter. (1) Mutter bestätigt Überlegenheit des Patienten über den Vater, vorausgesetzt, daß der Patient ihr Anhängsel bleibt. (1)	Vertikale Spaltung	Depressives, leeres Selbst, Isolation, Mangel an Initiative, Masturbationsphantasien drücken Sehnsucht nach starkem Vater aus. (2) (2) (2)
Verdrängungsschranke			Verdrängungsschranke
Kastrationsangst und Depression aufgrund tatsächlicher ödipaler Niederlage			Unvollständig organisiertes Kernselbst strebt nach Konsolidierung via Idealisierung eines omnipotenten Selbstobjektes (Vater als lehrer und Führer)

Die auf der Basis der klassischen dynamisch-strukturellen Formulierungen geleistete Arbeit findet während der ganzen Analyse auf der durch (1) (1) (1) bezeichneten Ebene statt.

Die auf der Basis der Selbst-psychologischen Formulierungen geleistete analytische Arbeit wird in zwei Stadien durchgeführt. Das erste Stadium findet auf der mit (1) (1) (1) bezeichneten Linie statt. Das zweite Stadium findet auf der mit (2) (2) (2) bezeichneten Linie statt.

Abbildung 8.1: Kohuts Charakterisierung der Persönlichkeit des Herrn X. und die zwei Phasen seiner Analyse

er sich hauptsächlich erlebte, nicht seinem authentischen Selbst entsprangen. Vielmehr rührten sie aus einem Teil seiner selbst, der eine Verlängerung seiner Mutter war. Die analytische Arbeit in diesem Bereich trug dazu bei, die hochnäsige und isolierte Arroganz zu verringern, die das wahre Selbst des Patienten überdeckte.

Nach der Aufhebung der vertikalen Spaltung erreichte Herr X. die zweite Phase seiner Analyse. Allmählich wurde er sich des entleerten, zu kurz gekommenen und depressiven Selbst bewußt, das sich unter der horizontalen Spaltung verbarg. (Siehe (2) in Abbildung 8.1). Er erkannte, daß es dieses verborgene Selbst immer gegeben hatte und daß es sein wahres Selbst war. Die Verdrängungsschranke verbarg außerdem Fragmente eines Selbst, das auf der verhinderten Kindheitsbeziehung zu seinem idealisierten Vater gründete. Die gestörte Vaterbeziehung des Patienten hatte die Bildung eines festen Pols von Idealisierungen verhindert. Das Bedürfnis nach einem Pol mit männlichen Idealen wurde in der Analyse wiederbelebt und fand seinen Ausdruck über eine idealisierende Übertragung. Der Prozeß des Durcharbeitens konzentrierte sich auf diese Übertragung, was zu einer Stärkung des idealisierten Selbstpols führte.

Kohut wirft hier die irritierende Frage auf, ob man denn in einer bestimmten Analyse zu verschiedenen Ergebnissen kommen könne? Ist es denkbar, daß der Fokus eines Analytikers auf einen bestimmten Pol (und die Vernachlässigung eines anderen) auch ein unterschiedliches Therapieergebnis nach sich zieht? Mit Nachdruck weist Kohut in seiner Antwort darauf hin, daß jedes Selbst ganz spezifische Konfigurationen aufweist, die aus seinen einzigartigen Beziehungen mit den Selbstobjekten der Kindheit herrühren. Eine einfühlsam durchgeführte Analyse wird sich auf die jeweilige Beschaffenheit des Selbst einstimmen, so wie die Übertragungen, die auftauchen, für die jeweilige Selbststörung charakteristisch sein werden.

Klinische Falldarstellung 2

Anhand eines meiner Patienten möchte ich Kohuts Konzept des bipolaren Selbst aufzeigen. Die Psychotherapie dieses Patienten war insofern ungewöhnlich, als wir für eine, zwei oder manchmal auch drei Wochen zu mehreren Sitzungen pro Woche zusammenkamen, auf die dann Unterbrechungen von zwei bis sechs Wochen folgten. Um überhaupt einen therapeutischen Prozeß mit diesem Patienten in Gang zu setzen, war es notwendig, seinen unregelmäßigen Zeitplan zu akzeptieren, den ihm seine Geschäftsreisen vorschrieben. Obgleich die regelmäßigen Unterbrechungen der Stunden für den Patienten keinen sichtbaren Streß bedeuteten, verstanden wir schließlich die tieferliegende Bedeutung dieses Nomadendaseins.

Winston, ein großer und charmanter 41jähriger Engländer hatte ursprünglich nur einige wenige Therapiesitzungen geplant, um ein Verhaltensmuster, das ihn beunruhigte, aus der Welt zu schaffen. Die Bedeutung von Gefühlen tat er mit einer wegwerfenden Handbewegung ab, was ihm, der eigentlich einen liebenswerten und offenkundig sensiblen Eindruck machte, einen Anflug emotionaler Oberflächlichkeit verlieh. Doch trotz dieser Oberflächlichkeit ließ er sich schnell in einen aktiven therapeutischen Prozeß ein.

Was sein Problem anging, so hatte Winston beobachtet, daß, wann immer sich eine Beziehung zu einer Frau intensiviert hatte, er etwas Belangloses an ihr auszusetzen fand, das ihm den Grund lieferte, die Beziehung zu beenden. Dieses Muster hatte er vor Therapiebeginn innerhalb kurzer

Zeit mit drei verschiedenen Frauen wiederholt und es war ihm klar geworden, daß irgendetwas mit ihm nicht stimmte.

Trotz Winstons Beteuerung, daß seine Kindheit in England wunderbar gewesen sei, entdeckten wir recht bald, daß es eine Zeit versteckter Einsamkeit gewesen war. Seine ersten Kindheitsjahre verbrachte in der Obhut dreier Kindermädchen, die ihn nacheinander, von der Geburt bis zum dritten, vom dritten bis zum siebten, und vom siebten bis zum elften Lebensjahr betreuten. Keine dieser Frauen hatte Freude an der Gesellschaft von Winston oder seinen beiden Geschwistern. In Anwesenheit der Eltern waren sie freundlich mit den Kindern, jedoch kühl und distanziert, wenn allein mit ihnen. Sie legten sehr viel Wert auf Disziplin und schickten die Geschwister jeden Abend sehr früh zu Bett. Winston erinnerte sich an zahlreiche Nächte, in denen er sehnsuchtsvoll anderen Kindern draußen beim Spielen zusah, nachdem er schon früh hatte zu Bett gehen müssen. Da er ein gehorsamer Junge war, blieb er in seinem Zimmer und lernte es, sich mit sich selbst zu beschäftigen, indem er sich zum Beispiel mit selbst erfundenen Spielen die Zeit vertrieb.

Im Alter von acht Jahren kam Winston in ein Internat und verbrachte nur die Schulferien zu Hause. Er erinnerte sich an die quälende Einsamkeit, die ihn immer in der letzten Ferienwoche befiel, und an sein Heimweh während der ersten Tage nach Schulbeginn. Den Eltern war es allerdings gestattet, die Kinder für jeweils einen Tag alle vier Wochen nach Hause zu holen.

Das Leben zu Hause war sehr förmlich. Im Alter von drei bis sieben hatten die Kinder zu stehen, wenn ihr Vater - sie verbrachten jeden Tag von 17 Uhr bis 17 Uhr 30 mit den Eltern - den Raum betrat. Winston beschrieb seinen Vater, der kurz vor Beginn der Therapie gestorben war, als einen ganz besonderen Menschen, der von vielen sehr geliebt worden war. Er hatte die ungewöhnliche Fähigkeit besessen, mit Menschen aller sozialen Schichten in Beziehung zu treten. Winston hatte seinen Vater sehr geliebt und bezeichnete ihre Beziehung als sehr schön. Das Empfinden zwischen ihnen war tief, doch wurde dieser Innigkeit nie offen Ausdruck verliehen. Ein Klaps im Vorbeigehen war das Äußerste an körperlichem Kontakt. Es wurde ausschließlich über Geschäftliches oder Sport gesprochen, nie über sich selbst oder ihre Beziehung zueinander. Obwohl man in der Familie dazu neigte, Gefühle zu unterdrücken, fühlte sich Winston nicht daran gehindert, seinen Vater zu betrauern, und tatsächlich waren er und seine Schwester die einzigen Familienmitglieder, die während der Beisetzung weinten. Der Rest blieb stoisch.

Seine Mutter war eine distanzierte, intrusive und strenge Frau, die kein Verständnis für die Gefühle anderer Menschen aufbrachte. Sie tratschte entsetzlich und Äußerlichkeiten schien sie mehr Bedeutung beizumessen als den Menschen selbst. Wahrscheinlich habe er England verlassen, so Winston, um sich von ihr zu distanzieren. Obwohl Winston „nur für ein paar Sitzungen" kommen wollte - „um den Knoten in meinem Hirn zu lösen" - ließ er sich doch schnell auf den therapeutischen Prozeß ein. Er war voller Neugier, bereit, über sich selbst zu sprechen und freute sich auf jede Stunde. Meine anfänglichen Kommentare zielten auf die Klagen, die er vorbrachte. Mir fiel auf, daß, obgleich sich die Frauen in seinem Leben immer wieder änderten, er doch nie ohne die *Anwesenheit* einer Frau war. Es schien, als habe er die Aura einer Frau als ständige Begleiterin geschaffen, die, so meine Vermutung, eine zugrundeliegende Einsamkeit wettmachen sollte. Ein Gedanke, der Winston aufhorchen ließ und ihm neue aufregende Türen öffnete. Spontan begann er, seine Kindheit Revue passieren zu lassen, was ihn sofort mit seiner Einsamkeit in jenen Jahren konfrontierte.

Winstons Erleben, wenn sich eine Frau in ihn verliebte, war sehr aufschlußreich. Er sehnte sich nach der Liebe von Frauen und beschrieb seine bemerkenswerte Fähigkeit, sie zu umgarnen, wobei er jedes mal hoffte, nunmehr die perfekte Frau gefunden zu haben, nach der er sich so sehnte. Begierig suchte er nach der Bewunderung einer Frau, geriet jedoch in Panik, wenn er sie tatsächlich erlangte. An diesem Punkt, so fanden wir heraus, entdeckte er dann ihre Unzulänglichkeit und zog sich zurück. Er verließ sie jedoch erst, wenn er eine neue Beziehung zu einer anderen Frau eingegangen war. Seit seinem achtzehnten Lebensjahr lief dieses Muster identisch ab. Winston war seit seiner Spätadoleszenz nie allein gewesen.

Da es sich um einen zentralen Punkt zu handeln schien, betrachteten wir Winstons Erleben, von anderen bewundert zu werden, nunmehr etwas genauer. Obwohl die Bewunderung anderer Menschen etwas war, das er suchte und auf das er hinarbeitete, schein ihn das tatsächliche Erleben zu überwältigen. Es erregte ihn heftig und machte ihn zugleich äußerst verlegen. Die einzige Möglichkeit, sich wieder zu fangen, war, sich zu distanzieren. Dies rief ihm eine andere Situation ins Gedächtnis. Er war ein ausgezeichneter Athlet, konnte es jedoch nicht ertragen, für seine Leistungen gelobt zu werden. Mit gesenktem Kopf und peinlich berührt ging er dann vom Platz, nachdem er doch besonders gut gespielt hatte. Seine Erinnerung war, daß seine Eltern, aus Angst, er könne eingebildet werden, ihm nur selten Anerkennung für seine vielen Erfolge zollten.

Das emotionale Leben in der Familie war noch durch eine andere Form der Beschämung gekennzeichnet. Offen gezeigte Zuneigung gegenüber anderen - sei es ein Mädchen, eine Frau oder ein Familienmitglied - brachte ihm den Spott sowohl der Familie ein. Mit Sprüchen wie, „Ach, schau an, er ist verliebt! Na sowas...!“ machten sich Eltern und Geschwister gleichermaßen über ihn lustig. Winston erkannte nun, daß es es das Urteil seiner Familie war, das er fürchtete, wenn er über die ‘Unzulänglichkeit’ einer Frau nachdachte. Er brauchte die Zustimmung der Familie und fürchtete gleichzeitig ihre Kritik. Er fragte sich, warum er sich mit diesen Problemen herumschlug, während doch so viele andere, die ebenfalls von Kindermädchen großgezogen worden waren, anscheinend besser damit zurecht kamen. Auf der Suche nach einer Antwort betrachteten wir uns sein Leben mit den Kinderfrauen etwas genauer und stellten fest, daß die Mutter sie ausgesucht hatte. Sie waren eine Verlängerung ihrer Person. In ihrer uneinfühlsamen Art spiegelte sich die unempathische Vorstellung der Mutter wider, was Kindheit bedeutet. Vielleicht, so Winston, kamen andere besser damit zurecht, weil ihre Kindermädchen liebevolle Frauen gewesen waren. Einige verbrachten fünfzehn Jahre mit einer Familie, während Winston es bis zu seinem elften Lebensjahr mit drei lieblosen Kinderfrauen zu tun hatte.

Obgleich dieser Patient wegen eines bestimmten Problems in Therapie gekommen war, war mein Bemühen, ihn zu verstehen, von mehreren Fragen geleitet. Warum etwa war Lob, ebenso wie Bewunderung, eine unerträgliche Erfahrung für ihn? Worin bestand die Ähnlichkeit? Welche Bedeutung hatte sein Nomadendasein? Weshalb konnte er sich nicht auf eine einzige Person einlassen? Vermochte er Nähe und Intimität nicht auszuhalten? Um diese Fragen zu beantworten, möchte ich die genetischen Faktoren seiner Selbstentwicklung näher beleuchten und mit ihrer Hilfe die Dynamik von Winstons gegenwärtigem Leben erläutern. Drei Punkte scheinen mir in diesem Zusammenhang von Bedeutung.

Erstens, das von Winston vorgebrachte Symptom, sein ständiges Bedürfnis nach Bewunderung und sein Rückzug, sobald sie ihm jemand entgegenbrachte. Obgleich er keine überdauernde Beziehung zu einer einzigen Frau hatte, schien es mir doch, daß er eine überdauernde Beziehung zu einem Phantasiegeschöpf unterhielt, das sich aus den vielen Frauen, die er kennengelernt hatte, zusammensetzte. Im Laufe der Jahre verschmolzen alle diese Frauen zu einer beständigen, wenn auch gesichtslosen fraulichen Präsenz. Ich denke, daß eine Antwort auf die Frage, warum Winston unfähig war, sich auf eine dauerhafte Beziehung einzulassen, in den vielen Verlusten begründet liegt, die er als Kind erfahren mußte. Die distanzierte Persönlichkeit seiner Mutter, das Abgeben der Pflege an wechselnde Kinderfrauen und sein Leben im Internat in einem frühen Alter - all dies waren traumatische Erfahrungen. Winston schützte sich vor weiteren Verletzungen, indem er diesen verwundbaren Zustand mied, den eine feste Beziehung schaffen würde. Seine Bindung an eine ätherische frauliche Präsenz erfüllte sein einsames Bedürfnis nach Gesellschaft, was ihn gleichzeitig vor einem drohenden Verlust schützte.

Das zweite auffällige Merkmal in Winstons Leben betraf seine Arbeit. Angesichts nur flüchtiger Bindungen und eines oberflächlichen emotionalen Lebens bewältigte er seine Versetzungen ins Ausland schnell und mühelos. Schon als Kind hatte er gelernt, sein Gefühlsleben zu verleugnen. Was das gleichmütige Umfeld seiner Kindheit als Charakterstärke pries, wurde so zu einem hochgeschätzten Persönlichkeitszug. Diese Verleugnung ermöglichte ihm als Erwachsener sein ständiges Unterwegssein. Die Fähigkeit, Unterbrechungen und Isolation klaglos zu ertragen, wurde nun in seiner Firma wertgeschätzt und großzügig entlohnt.

Winstons Berufswahl barg mehrere Elemente. Sein Nomadendasein im Griff zu haben, bedeutete zwar eine Wiederholung des Kindheitstraumas, beließ ihm jedoch gleichzeitig die Illusion von Kontrolle. Diese Art zu leben schützte ihn auch davor, daß eine bestimmte Person oder ein bestimmter Ort zu viel Bedeutung für ihn erlangen könnte. In dieser Hinsicht war Winston jenen Menschen ähnlich, die in ihrer Kindheit einen Elternteil verlieren. Sie schützen sich vor Bindungen, die sie einem weiteren Verlust aussetzen könnten. Winstons anfängliches Interesse an nur wenigen Sitzungen anstelle einer länger andauernden Behandlung spiegelt diese Schutzmaßnahme wider.

Schließlich erstaunte der Kontrast zwischen seiner Empfindsamkeit und der Leichtigkeit, mit der er Beziehungen einging, sowie seiner Fähigkeit zur Introspektion einerseits, und seiner offensichtlichen emotionalen Oberflächlichkeit andererseits. Mit dieser Oberflächlichkeit, so meine ich, schützte sich Winston vor weiteren Verletzungen. In einer uneinfühlsamen Umgebung großgeworden, in der Gefühle unterdrückt wurden, erwartete er nichts anderes, als er älter wurde. Er hatte gelernt, Gefühle mit 'steifer Oberlippe' zu begegnen, ganz so, als käme ihnen keinerlei Bedeutung zu. In der Behandlung schmolz diese Fassade schnell dahin, woraus sich schließen läßt, daß die Hoffnung, auf eine einfühlsamere Umwelt zu treffen, nie erloschen war. Sie hatte im Verborgenen weitergelebt.

Die emotionale Oberflächlichkeit dieses Patienten diente noch einem anderen Zweck. Sie schützte ihn auch vor Affekten, die er nicht gelernt hatte, in Ruhe und Sicherheit zu erleben. Der Ursprung dieses Problems waren die Selbstobjekte in Winstons Kindheit, die ihr eigenes affektives Erleben fürchteten. Liebe, Wärme, Stolz, Wut - die ganze Bandbreite menschlichen Erlebens war eine Bedrohung für sie. In dieser Umgebung begegnete man Affekten mit Vermeidung und Unterdrückung, Verleugnung und Abwertung. Es fehlte die Spiegelfunktion eines eingestimmten Selbstobjekts, das, ohne Angst vor den eigenen Affekten, das Erleben des Kindes zu bestätigen vermochte. Während die Validierung von Affekten die Fähigkeit fördert, mit eben diesen Affekten fertig zu werden, so zwingt die beschämende Reaktion auf Gefühle wie Liebe, Wärme, Einsamkeit und Stolz diese Empfindungen unter den Abwehrmantel von Verleugnung. Die Folge ist emotionale Flachheit.

Mit diesem Verständnis können wir uns nun dem Problem zuwenden, das es für Winston bedeutet, bewundert oder gelobt zu werden. Sein Wunsch nach Bewunderung ist Ausdruck für die nie endende Suche nach dem fehlenden Glanz im Auge der Mutter. Das unmodifizierte Bedürfnis des Größenselbst nach Bestätigung seiner Größe entsprang den Selbstobjekten, die nicht in der Lage waren, angemessen am exhibitionistischen Narzißmus des Kindes teilzuhaben, ihn zu spiegeln und somit zu modifizieren. Winstons Wunsch nach Lob entsprang derselben Quelle wie sein Wunsch nach Bewunderung: Bestätigung der unmodifizierten kindlichen Grandiosität. Die Schwierigkeit, die er mit diesem Bestätigtwerden hat, hat zwei Ursachen. Zum einen die heftige Erregung, die ihn überkommt, wenn die erwünschte Bestätigung tatsächlich eintrifft. Diese Bestätigung, sei es in Form von Lob oder Bewunderung, geht mit einem bedrohlichen Grad an Erregung einher, mit der Winston nur mit Hilfe von Rückzug fertig werden konnte. Um dieser Stimulierung zu entgehen, verließ er die Frauen, wenn sie ihn bewunderten, und vermied Lob, wann immer er damit konfrontiert wurde. Der zweite Ursprung betrifft die Scham, die mit der gewünschten Bestätigung verbunden ist. Das exhibitionistische Größenselbst ist besoders anfällig für Beschämung. Es muß wohlwollend von den Selbstobjekten der Kindheit angenommen werden, um in die Persönlichkeit integriert werden zu können.

Wie ich in Kapitel 13 diskutieren werde, birgt das Konzept eines bipolaren Selbst die Gefahr einer Vergegenständlichung. Wenn wir uns ihm jedoch mit der spielerischen Haltung eines Wissenschaftlers nähern und dabei mit verschiedenen Überlegungen experimentieren, kann es ein durchaus nützliches konzeptuelles Werkzeug sein. Ich betrachte das bipolare Selbst nicht als konkretes Modell. Ich bediene mich seiner leidglich als Orientierungshilfe, um besser zu verstehen, und ich bin bereit, Änderungen vorzunehmen, sollten es die klinischen Daten erforderlich machen. Im Falle von Winston, so meine These, war der Pol der Ambitionen (der der allmählichen Reifung und Modulierung des Größenselbst entspringt) geschwächt, wie seine endlose Suche nach Bewunderung belegt. Er hatte gelernt sich zurückzuziehen, um sich vor Überstimulierung zu schützen, die immer dann drohte, wenn der verleugnete Wunsch nach Bestätigung tatsächlich eintraf. Dies trug zu seiner Unfähigkeit als Erwachsener bei, eine länger andauerende Beziehung zu halten. Um sich zu stabilisieren und die Folgen seines ungespiegelten und unmodifizierten Größenselbst auszugleichen, hatte sich Winston als Junge an seinen Vater gewandt. Dieser war verfügbar und konnte es seinem Sohn gestatten, ihn vorsichtig zu idealisieren, was die srukturelle Entwicklung um den Pol der Ideale ermöglichte. Auch ohne seinen Vater behielten Winstons Ideale eine hohe Position innerhalb seiner Persönlichkeit bei und leiteten ihn in seinem Verhalten. Gelang es ihm, ihnen gerecht zu werden, so waren sie eine Quelle narzißtischer Erhöhung. Wir erinnern uns, daß Winstons Motivation, um therapeutische Hilfe nachzusuchen, seinen Idealen entsprang. Er hatte erkannt, daß er andere verletzt hatte. Anstand war sehr wichtig für ihn, mutig gestand er sich seine verletztende Haltung gegenüber anderen Menschen ein und wollte sein Verhalten ändern. Zu jenem Zeitpunkt rechnete er nicht damit, daß auch ihm einfühlsam begegnet werden könne und er Hilfe für sich selbst finden könne.

Ich möchte nun einen kurzen Abriß der Behandlung geben, in der es hauptsächlich um die Wiederherstellung des defizitären Pols, d.h. des ungespiegelten Bereichs seines Selbst, ging. Der Unsicherheit gegenüber seinen Affekten begegnete Winston mit Rückzug und Verleugnung. In unserer Arbeit ermutigte ich ihn, seine Affekte zu erleben, und benannte sie, wenn sie aufkamen. Seine Fassade emotionaler Flachheit bröckelte daraufhin recht schnell und machte seiner verborgenen Fähigkeit zur Introspektion Platz; er wurde neugierig auf sich selbst. Als er spontan seine Kindheit revue passieren ließ, kam als erster Affekt die Einsamkeit. Er hatte nie gemerkt, daß er ein einsames Kind gewesen war, sondern hatte den Mythos einer glücklichen Kindheit akzeptiert. Bald sprach er auch aus, was er lange vermutet hatte: Kinder waren für die Lebensführung seiner Eltern soziale Legitimation, weniger eine Freude und um ihrer selbst willen erwünscht. Winston weinte ungehemmt um den einsamen Jungen, der er gewesen war, und zu seiner eigenen Überraschung wollte er seine Tränen nicht zurückhalten. Unter Tränen erinnerte er sich, wie ihn seine Eltern auf einen Campingplatz auf dem Land brachten, wo er, in Gesellschaft eines Kindermädchens, Ferien machen sollte - eine Deckerinnerung, die sich durch die gesamte Behandlung zieht. Er erinnerte sich an sein Flehen, die Eltern sollten doch bleiben, an ihr Auto, wie es die Straße entlang fährt und aus seinem Blickfeld verschwindet.

Winstons Fähigkeit der Selbstbeobachtung entwickelte sich schnell. Es war, als hätte er, von ihm unbemerkt, nur auf diese Erfahrung gewartet. Als er die stoische Einsamkeit seiner Kindheit begriff, konnte er Mitgefühl für sich selbst entwickeln, das sich bald auf andere Menschen ausdehnte, als er mit Schrecken seine Unfähigkeit erkannte, die Gefühle der Frauen, die er verlassen hatte, wertzuschätzen. Er dachte darüber nach, wie er gelernt hatte, sein Leben allein zu leben. 'Niemand würde bei mir je auf diesen Gedanken kommen, da ich so freundlich und nach außen gewandt bin, aber es stimmt. Innerlich bin ich immer allein.' Er freute sich, daß dieser verborgene Teil seiner selbst nunmehr zum Vorschein kam.

Ich machte Winston mit den vielen Gefühlen bekannt, die er als Junge nicht kennenlernen durfte. Es bot sich Gelegenheit, seinen verleugneten Exhibitionismus näher zu betrachten, als er auf das Gefühl der Verlegenheit angesichts guter sportlicher Leistungen zu sprechen kam. Auf sich selbst stolz sein zu können, ohne sich dabei schlecht zu fühlen, ist das Ergebnis eines gesunden Umfeldes während der Kindheit; für Winston hingegen war es ein Problem, stolz zu sein. Wir untersuchten daraufhin, wie er diesen Exhibitionismus als Kind und als Erwachsener erlebte.

Auch das Erleben von Wut auf andere Menschen wurde Thema. Er stritt nie, so Winston, und er wunderte sich, wenn andere von Ärger in Beziehungen sprachen. Ebensowenig war er sicher, ob er jemals Liebe empfunden habe. Jedenfalls war in seinen Beziehungen davon nie die Rede. Winston kannte sich als freundlichen und großzügigen Menschen, und es machte ihn traurig zu sehen, wie 'arm' er eigentlich gewesen war. Er entwickelte allmählich ein Gefühl dafür, daß ihm etwas Wichtiges im Leben fehlen könnte, würden seine Beziehungen nicht an mehr Tiefe gewinnen.

Kaleidoskopartig brachte Winston die vielen verschiedenen Affekte zur Sprache, jenes Repertoire an Gefühlen, das ihm aus seiner Kindheit fehlte. Ich versuchte, mein Verständnis seines gegenwärtigen Erlebens mit meinem Verständnis seiner Kindheit zu verbinden und zu integrieren. In einer dynamisch-genetischen Deutung versuchte ich ihm zu verstehen zu geben, daß er von Liebe, Stolz, Ärger, Einsamkeit gesprochen hatte - allesamt zutiefst menschlichen Empfindungen, die schwierig für ihn und in Beziehung mit anderen zu erleben waren. All das, was er in der Behandlung mit mir gefühlt hatte, waren Empfindungen, die Kinder allmählich, mit immer weniger Angst, erleben lernen, wenn die jeweiligen Bezugspersonen dazu in der Lage sind. Diese Bezugspersonen fehlten in Winstons Kindheit, sowohl zu Hause als auch im Internat. Im Gegenteil, es wurde ihm beigebracht, Gefühle gerade nicht zu zeigen. Sie wurden somit als etwas Unangenehmes unterdrückt. Winstons schuf sich eine Lebensführung, bei der er innerlich allein war und auch als Erwachsener, der die ganze Welt bereiste, für sich blieb, obgleich er Hunderte von Leuten kannte. Er erkannte nun, wie einsam er gewesen war und wie er ein schönes Leben verschwendet hatte bzw. hätte, hätte er nicht um therapeutische Hilfe nachgesucht.

Er wurde neugierig, wie es wohl wäre, sich fest an eine Person zu binden, und zog zum ersten mal in seinem Leben in Erwägung, seinen rastlosen Lebensstil zu ändern, um einer Beziehung eine Chance zu geben. Obwohl noch viel therapeutische Arbeit zu leisten war, zeichnete sich doch eine Wiederherstellung des ungespiegelten affektiven Lebens dieses Patienten ab, der nunmehr damit begonnen hatte, sich auf Affekte einzulassen, die aufgrund fehlender Spiegelung in der Kindheit abgespalten worden waren.

Der Ödipuskomplex und die Psychologie des Selbst

Die neue Sichtweise, die Kohut mit seiner Selbstpsychologie anbietet, ist umfassend und setzt die Trieb-Abwehr-Psychologie in einen neuen Kontext. Sie erinnert mich an den Unterschied, ein Tal von seiner Talsohle oder aber von den Gipfeln der umgebenden Bergkette aus zu erforschen. Aufgrund der umstehenden Berge ist die Sicht von unten begrenzt. Der Blick von oben wiederum stellt das Tal in den Kontext seiner definierenden Umgebung. Im Weitwinkel betrachtet, verkleinert sich die Zentralität des Tals und die umgebenden Berge gewinnen an neuer Bedeutung. Mit Kohuts Selbstpsychologie verhält es sich ebenso. Sie ergänzt die begrenzte Auffassung von den Trieben als der primären motivationalen Kraft der menschlichen Psyche um die umfassendere Perspektive des Selbst als elementarem Bestandteil unseres psychischen Lebens. Da es sich um neue, sich entwickelnde und kontroverse Thesen handelte, sah sich Kohut ständig den Einwänden seiner Kollegen ausgesetzt, deren Blick von einer rigiden Theorie eingeengt war. In *Die Heilung des Selbst* spricht Kohut diese Kontroverse direkt an:

> Die klassische Theorie von den Trieben und Objekten erklärt vieles im Bereich der ödipalen Erfahrungen des Kindes; sie erklärt *par excellence* die Konflikte des Kindes und insbesondere seine Schuldgefühle. Doch sie liefert keinen adäquaten Rahmen für einige der wichtigsten Erfahrungen des Menschen, nämlich die, die mit der Entwicklung und den Wechselfällen seines Selbst zu tun haben. Um es explizit zu sagen (...) werden diese Theorien den Erfahrungen nicht gerecht, die mit der entscheidend wichtigen Aufgabe verbunden sind, ein kohärentes Kern-Selbst zu errichten und aufrechtzuerhalten. (a.a.O., S. 232)

Unterstützung für seine neuen Thesen fand Kohut im ödipalen Material, das am Ende von Analysen mit einigen seiner Patienten auftauchte, die an einer narzißtischen

Persönlichkeitsstörung litten. Anfangs hielt er die sich abzeichnenden ödipalen Konfigurationen für Wiederholungen ungelöster ödipaler Kindheitskonflikte, die das nunmehr erstarkte Selbst wiederbeleben und lösen konnte. Überraschenderweise fehlten jedoch die mit so heftigen Gefühlen befrachteten Erinnerungen an Eltern und Geschwister, die Kohut im Zusammenhang mit der Wiederbelebung alter ödipaler Konfigurationen erwartet hatte. Stattdessen betrafen die Assoziationen und ödipalen Phantasien Kohut selbst und Mitglieder seiner Familie. Dies verstand er als neue ödipale Erfahrungen, und nicht als Wiederbelebung alter Konfigurationen. Das geschwächte Selbst des ödipalen Kindes, so seine These, vermochte sich nicht auf die ödipale Auseinandersetzung einzulassen, wohingegen das nunmehr kräftigere Selbst seiner erwachsenen Analysanden in der Lage war, die ödipale Phase zum ersten Mal zu erleben.

Für Kohut bot das Auftauchen dieses neuen ödipalen Materials die Möglichkeit, das Wesen der ödipalen Phase in einem Rahmen zu untersuchen, der nicht von unangemessen reagierenden Selbstobjekten belastet war. Er machte die Beobachtung, daß das Erleben der ödipalen Phase, das in der Analyse zum ersten Mal stattfand, von einem Gefühl der Freude begleitet war. Die Angst, die herkömmlicherweise mit dem Ödipuskomplex assoziiert wird, schien zu fehlen. Kohut erklärte diese unerwartete Entdeckung damit, daß sich aus dem vormals fragmentierungsgefährdeten Selbst ein kräftiges und kohäsives Selbst entwickelt hatte, das die mit der ödipalen Phase einhergehenden Affekte nunmehr gefahrlos erfahren konnte.

Kohut unterscheidet sich hier von Freud, der annimmt, daß die inzestuösen Wünsche des ödipalen Kindes für die Affekte in der ödipalen Phase verantwortlich sind, während er dem äußeren Umfeld nur wenig Bedeutung beimißt. Kohut hingegen vertritt die Auffassung, daß die ödipale Phase *nur* im Kontext der kindlichen Selbstobjekterfahrungen verstanden werden kann. Wenn man das Umfeld des Kindes betrachtet, so reagieren empathische Eltern auf die Sexualität und das Rivalitätsbestreben ihres ödipalen Kindes auf zwei Ebenen. Auf der einen Ebene bieten sie eine Gegenreaktion zur kindlichen Sexualität und seinen Rivalisierungswünschen. Sie versuchen, seine Triebwünsche zu modulieren und das Kind gewissermaßen zu zivilisieren. Auf einer anderen Ebene sind sie jedoch auch stolz auf diese Entwicklungsleistung ihres Kindes. Mit ihrem Stolz unterstützen sie die kindliche Selbst-Entwicklung und tragen zu der Freude bei, die es angesichts seiner eigenen Kraft, Selbstbehauptung und angemessenen Sexualität empfindet.

Auf der Ebene der Gegenreaktion werden Eltern durch die kindliche Sexualität selbst sexuell stimuliert, während Rivalisierungswünsche Gegenaggression auslösen. Empathische Eltern reagieren weder in traumatisierender Weise überstimulierend noch ungeschickt auf die sexuellen respektive aggressiven Äußerungen ihres Kindes. Empathische Eltern fördern die Entwicklung psychischer Strukturen, die die kindlichen Triebimpulse modulieren. Fehlen diese Strukturen, so ist eine Schwächung des psychischen Apparates die Folge, der Betreffende ist „von seinen Trieben angespornt und von Kastrationsangst und Schuld gehemmt“ (a.a.O., S. 240).

Eltern, die nicht in der Lage sind, einfühlsam auf ihr ödipales Kind einzugehen, vermögen die kindliche Sexualität und Selbstbehauptung nicht im Sinne des gesamten Entwicklungskontextes zu sehen. Die mit Sexualität und Selbstbehauptung verbundene Kraft und Vitalität, die nun aufkeimt, werden nicht richtig verstanden. Es kommt zu einer Verzerrung in der Entwicklung ödipaler Merkmale, wenn das elterliche Echo auf die libidinösen und aggressiven Triebäußerungen während der ödipalen Phase fehlt. Die Folge ist ein nicht bestätigtes, unsicheres und von Fragmentierung bedrohtes Selbst.

Gesunde Eltern genießen die Kraft und Selbstbehauptung ihres Kindes, die sie als Entwicklungsleistung anerkennen. Ein narzißtisch ausgeglichener Vater fühlt sich von den Selbstbehauptungswünschen seines Sohnes nicht bedroht. Er freut sich daran und sieht seinen Sohn als 'Ast eines alten Stammes' und gestattet es ihm, mit ihm und seiner Stärke zu verschmelzen. Das Selbst des Jungen und sein Gefühl von Männlichkeit werden so gestärkt. Kohut beschreibt das ödipale Erleben eines Kindes mit narzißtisch ausgeglichenen Eltern folgendermaßen:

Mit anderen Worten, was ist der Ödipuskomplex des Kindes, das mit einem fest kohärenten Selbst in die ödipale Phase eingetreten ist und das von Eltern umgeben ist, die selbst über ein gesund kohärentes und fortdauerndes Selbst verfügen? Mein Eindruck, auf der Basis von Folgerungen, die, wie ich glaube, aus Beobachtungen der quasi-ödipalen Phase am Ende einiger erfolgreicher Analysen narzißtischer Persönlichkeitsstörungen gezogen werden können, ist, daß die ödipalen Erfahrungen des normalen Kindes - wie intensiv auch das Begehren nach dem gegengeschlechtlichen Elternteil sein mag und wie schwer die narzißtischen Kränkungen bei der Erkenntnis, daß es nicht erfüllt werden kann; wie intensiv der Wettbewerb mit dem gleichgeschlechtlichen Elternteil sein mag und lähmend die damit verbundene Kastrationsangst - von Anfang an und die ganze Zeit über eine Beimischung von Freude enthalten, die mit dem Inhalt des Ödipuskomplexes im traditionellen Sinne zwar nicht verbunden, im Rahmen der Psychologie des Selbst aber von größter entwicklungsmäßiger Bedeutung ist. Ich glaube (...) daß diese Freude aus zwei Quellen gespeist wird. (...). (1) des Kindes inneres Bewußtsein einer bedeutenden Vorwärtsbewegung in ein psychologisches Reich neuer und aufregender Erfahrungen und - was noch wichtiger ist - (2) seine Teilnahme an dem Glanz von Stolz und Freude, der von den elterlichen Selbstobjekten ausgeht, obwohl - und tatsächlich auch weil - sie den Inhalt der ödipalen Wünsche ihres Kindes erkennen. (a.a.O., S. 242)

Kohuts neues Verständnis der ödipalen Phase basiert auf seiner Beobachtung des ödipalen Erlebens seiner Analysanden. Er versteht diesen Abschnitt als Zeit potentieller Stärkung, nicht der Verwundbarkeit und Schwäche. Wenn sie mit einem angemessen reagierenden Selbstobjekt erlebt werden kann, ist die ödipale Phase eine Zeit der Freude, weniger der Angst. Kohut stellt die Ubiquität des ödipalen Konflikts im menschlichen Erleben infrage und überlegt, ob es sich bei der ödipalen Konfiguration der klassischen Analyse tatsächlich um den Ausdruck einer pathologischen Entwicklung handelt:

Könnte es nicht sein, (...), daß der normale Ödipuskomplex weniger heftig, weniger angsterfüllt, weniger tief narzißtisch verwundend ist, als wir angenommen haben - daß er insgesamt heiterer und, um in der Sprache des Schuldigen Menschen und seines psychischen Apparates zu reden, auch lustvoller ist? Könnte es nicht sein, daß wir die dramatischen Wünsche und Ängste des ödipalen Kindes als normale Vorkommnisse angesehen haben, während sie in Wirklichkeit Reaktionen des Kindes auf mangelnde Empathie von Seiten der Selbstobjekt-Umgebung der ödipalen Phase waren? (a.a.O., S. 250)

Das klassische Konzept der ödipalen Phase als eine Zeit feindseliger Aggressivität und verstärkter Sexualität verwechselt sekundäre mit primären Phänomenen. Nach Auffassung von Kohut läßt sich der ödipale Entwicklungsabschnitt nur dann vollständig begreifen, wenn auch die Beziehungen des ödipalen Kindes mit seiner Selbstobjekt-Umgebung berücksichtigt werden. Narzißtisch gesunde Eltern bestätigen und stärken das Selbst ihres Kindes. Sie erleben seine Zuneigung und Rivalität nicht als isoliert, gefährlich und bedrohlich, und lassen sich von der ödipalen Lebendigkeit nicht einschüchtern oder aus dem Gleichgewicht bringen. Sie sind in der Lage, auf ihr ödipales Kind als ganzes zu reagieren. Die Fragmentierung des kindlichen Selbst droht hingegen dann, wenn seine Selbstobjekte kein Gefühl für seine Weiterentwicklung haben. In einer solchen Situation wird die gesunde ödipale Selbstbehauptung zur aggressiven Feindseligkeit und die gesunde Zuneigung zerfällt in verzweifelte, sexualisierte Versuche der Stimulierung. Das Selbst dieses Kindes ist geschwächt, ebenso wie die Pole der Ambitionen und Ideale. Im Erwachsenenalter wird das geschwächte Selbst als schuldlose Depression des Tragischen Menschen erlebt. Obgleich die Psychologie des psychischen Apparates den Mechanismus einer von Schuld gekennzeichneten Depression sehr gut zu beschreiben vermag, mangelt es ihr an einer adäquaten Erklärung der leeren Depression eines geschwächten Selbst.

Die analytische Situation

Unabhängig von ihrer theoretischen Ausrichtung, stimmten Psychoanalytiker darin überein, daß sich die einzigartige Persönlichkeitsstruktur eines Analysanden spontan im Klima analytischer Neutralität manifestiert. Was macht analytische Neutralität aus? Kohut hatte recht dezidierte Ansichten zum Thema Neutralität und dem, was er als das 'durchschnittlich zu erwartende analytische Milieu' bezeichnete. Er wehrt sich gegen jenen analytischen Standpunkt, der Neutralität mit fehlender Responsivität gleichsetzt, und versucht, das Phänomen analytischer Steifheit zu erklären. Seiner Meinung nach verzerre die rein medizinisch ausgerichtete Ausbildung ärztlicher Psychoanalytiker deren analytisches Vorgehen. Ärztlich ausgebildete Psychoanalytiker, so Kohut, neigten dazu, Neutralität als das Herstellen einer 'klinisch reinen' Atmosphäre aufzufassen, in der es keinerlei Beeinflussung seitens des Analytikers gebe. Analytische Steifheit und Non-Responsivität würden als analytische Neutralität mißverstanden:

Wie ich zuvor schon sagte, kann der Mensch in einem psychologischen Milieu, das nicht empathisch auf ihn reagiert, ebenso wenig psychologisch überleben wie physisch in einer Atmosphäre, die keinen Sauerstoff enthält. Mangel an emotionalem Widerhall, Schweigen und ein Verhalten, als sei der Analytiker eine computerähnliche, nicht-menschliche Maschine, die Daten sammelt und Deutungen auswirft, liefern ebensowenig das psychologische Milieu zur möglichst verzerrungsfreien Abzeichnung der normalen und abnormalen Züge der psychologischen Ausstattung eines

Analysanden, wie eine Atmosphäre ohne Sauerstoff und eine Temperatur nahe dem Nullpunkt das physikalische Milieu liefern, in dem man die physiologischen Reaktionen eines Menschen am genauesten messen kann. (a.a.O., S. 255)

Kohut ist der Auffassung, daß Psychoanalytiker über außergewöhnliche empathische Fähigkeiten verfügen, da es ihrer natürlichen Neigung entspreche, mit menschlicher Wärme auf ihre Analysanden zu reagieren. Theoretische Verzerrungen machen es vielen Therapeuten jedoch schwer, sich entspannt und natürlich zu verhalten, und nicht wenige bekommen gar Schuldgefühle, wenn sie im Umgang mit ihren Patienten sie selbst sind. Ihre natürliche Neigung gerät in Konflikt mit den Vorschriften ihrer Theorie. „Infolgedessen sind eine gewisse Steifheit, Künstlichkeit und zugeknöpfte Reserve nicht selten Bestandteile jener Haltung erwartungsvoller >>Neutralität<<, die Analytiker in die analytische Situation mitbringen“ (a.a.O., S. 256). Die Gründe für non-responsives Verhalten seitens des Analytikers liegen in der klassischen Vorstellung, daß die Frustration unbewußter Wünsche dessen Triebkomponenten ins Bewußtsein dränge, wo sie unter die Kontrolle des Ichs gebracht werden können. In dieser Theorie werden Responsivität und Wärme des Analytikers als Gratifikation der Triebwünsche des Patienten verstanden, die es zu vermeiden gilt.

Trotz ihres Anspruchs auf Neutralität ist die analytische Non-Responsivität nicht neutral. Ein Analyitker, der auf eine Frage seines Patienten mit Schweigen antwortet und dafür auch keine Erklärung abgibt, reagiert grob und verletzend. Dies ist nicht mehr die durchschnittlich zu erwartende Atmosphäre. Vielmehr handelt es sich um eine harsche Zurückweisung, die zuweilen die traumatischen Selbstobjekt-Erfahrungen der Kindheit wiederholt. Analysanden reagieren auf diese Verletzung oft mit Wut und Rückzug. Analytiker, die mit dem Trieb-Abwehr-Modell arbeiten, mißverstehen diese Wut nicht selten als Bestätigung einer korrekten Deutung. Die reaktive Wut des Patienten verifiziert fälschlicherweise die Theorie. Oft ist die analytische Haltung stiller Responsivität und Zurückhaltung angemessen, vor allem dann, wenn die Patienten in ihrer Kindheit der Überstimulierung seitens Erwachsener ausgesetzt waren. Allzu häufig wird diese Haltung jedoch aus Gehorsam gegenüber dem theoretischen Grundsatz der ‘Reinhaltung’ der Übertragung eingenommen, und nicht, weil es dem psychischen Kern des Patienten entspräche. Kohut vermutet, daß Patienten diese Haltung in den meisten Fällen als uneinfühlsam erleben würden, würde nicht der Tonfall des Analytikers, trotz bewußter Überzeugungen, unbewußt mildernd wirken.

Obwohl er die Bedeutung einer warmen und responsiven Atmosphäre unterstreicht, besteht Kohut darauf - aus Furcht, er könne mißverstanden werden -, daß das Kernstück analytischen Vorgehens Rekonstruktion und Deutung sind:

Doch selbst das höchst feinfühlig reagierende Verhalten des Analytikers (...) kann den rekonstruierend-deutenden Ansatz nicht ersetzen, der auf dem bewußten Begreifen der strukturellen Defekte im Selbst des Patienten und der Selbstobjekt-Übertragungen basiert, die sich auf der Grundlage dieser Defekte einstellen. (a.a.O., S. 259)

Das analytische Setting in der Selbstpsychologie setzt angemessene Responsivität, Verständnis und Akzeptanz des sich manifestierenden Exhibitionismus sowie der aufkommenden Idealisierungen voraus. Im Verlauf klassisch durchgeführter Analysen erfahren Patienten mit narzißtischen Störungen nicht selten eine Wiederbelebung ihrer gehemmten narzißtischen Bedürfnisse, die jedoch häufig mißverstanden werden. Allein vom Trieb-Abwehr-Modell ausgehend, mißversteht der Analytiker die Mobilisierung einer Idealisierung als Abwehrmanöver. Ähnlich ergeht es dem wiederbelebten Exhibitionismus, der ebenfalls nicht im Kontext seiner Entwicklungsgeschichte akzeptiert wird. Das Zurückweisen dieser narzißtischen Konfigurationen wiederholt die unzureichende Reaktion seitens der Selbstobjekte der Kindheit, was eine drohende Fragmentierung zur Folge hat. Der Analysand reagiert mit Lethargie und Wut. Die Wut wird als Reaktivierung infantiler Aggression mißverstanden, die Lethargie als Schuld gegenüber destruktiven Wünschen gedeutet.

Aus Kohuts Perspektive besteht das Ziel einer Behandlung - das ihrerseits das analytische Klima beeinflußt - im Verstehen und Durcharbeiten traumatischer Selbstobjekt-Erfahrungen in der Übertragung. Das Ziel besteht nicht in der Konfrontation des Patienten mit seiner oder ihrer 'zu Fels gewordenen Feindseligkeit', um unbewußte aggressive Impulse zu zähmen und zu kontrollieren. Auf den Vorwurf, er postuliere eine Heilung durch Liebe oder 'Nett-Sein', antwortet er:

> Um meine Ansichten bezüglich der Haltung des Analytikers in der analytischen Situation zusammenzufassen, möchte ich zunächst sagen, daß es nie das Ziel des Analytikers werden soll, seinen Patienten ein *zusätzliches* Maß an Liebe und Freundlichkeit zu geben - er wird seinen Patienten nur durch die Anwendung seines spezialisierten Wissens wirkliche Hilfe leisten. Die Natur seines spezialisierten Wissens jedoch - sein spezifischer theoretischer Standpunkt - ist ein wichtiger Faktor zur Bestimmung der Art und Weise, wie er sich seinen Patienten gegenüber verhält. (a.a.O., S. 261)

Epilog

In seinem Abschlußkommentar kehrt Kohut zur zentralen Frage seines Aufsatzes aus dem Jahre 1959 zurück. Was ist das Wesen der Psychoanalyse? Durch welche Kriterien definiert sie sich? Seine Antwort liegt nicht in einer bestimmten Theorie oder Behandlungstechnik, sondern im Vorgehen, das den Psychoanalytiker in die Lage versetzt, seine Patienten zu verstehen: durch das empathische Eintauchen in das Innenleben des Analysanden, das, so Kohut, Verzerrungen der Theorie vermeide und neue Verständnismöglichkeiten eröffne.

Kohut beendet seine Diskussion in *Die Heilung des Selbst* mit einer Demonstration dessen, was er als eine angemessene wissenschaftliche Haltung betrachtet. In all seinen Schriften über die Selbstpsychologie habe er absichtlich keine Definition des Selbst gegeben. Diese Auslassung erklärt er folgendermaßen:

> Meine Untersuchung umfaßt Hunderte von Seiten, die sich mit der Psychologie des Selbst beschäftigen - doch sie schreibt dem Begriff Selbst nie eine starre Bedeutung zu. (...) Doch ich gestehe diese Tatsache ohne Scham und Reue ein. Das Selbst ist, (...) wie alle Realität (...) in seiner Es-

senz nicht erkennbar. (...) Wir können die verschiedenen kohärenten Formen beschreiben, in denen das Selbst erscheint, wir können die verschiedenen Bestandteile aufzeigen, die das Selbst ausmachen (...) und ihre Genese und Funktionen erklären. (...) All dies können wir tun, aber dennoch kennen wir die Essenz des Selbst, wie sie sich von seinen Manifestationen unterscheidet, nicht.
Diese Feststellungen erscheinen mir als passender Schluß, (...) weil sie meine Überzeugung zum Ausdruck bringen, daß der wahre Wissenschaftler - der spielerische Wissenschaftler, wie ich zuvor sagte - fähig ist, die Unzulänglichkeiten seiner Leistung zu ertragen - die Vorläufigkeit seiner Formulierungen, die Unvollständigkeit seiner Konzepte. Er schätzt sie sogar als Ansporn zu weiteren freudigen Anstrengungen. (...) Eine von Ehrfurcht bestimmte Haltung gegenüber etablierten erklärenden Systemen (...) führt zu Beschränkungen in der Geschichte der Wissenschaft - wie alle derartigen Verpflichtungen des Menschen in der Geschichte der Menschheit. Ideale sind Wegweiser, nicht Götter. Wenn sie zu Göttern werden, lassen sie die spielerische Kreativitäte des Menschen erstarren; sie verhindern die Aktivitäten in jenem Sektor des menschlichen Geistes, der am bedeutungsvollsten in die Zukunft weist. (a.a.O., S. 298-300)

Kapitel 9

Die zwei Analysen von Herrn Z.

Im Jahr 1979 veröffentlicht Kohut einen Aufsatz, in dem er zwei Analysen beschreibt, die er mit ein und demselben Patienten, jedoch von zwei unterschiedlichen theoretischen Positionen aus durchgeführt hatte.[3] Die erste Analyse erfolgte entsprechend dem Trieb-Abwehr-Modell, noch bevor Kohut seine Thesen zum Selbst entwickelt hatte. Fünf Jahre später ersuchte der Patient, Herr Z., um eine neuerliche Behandlung, in der sich Kohut nunmehr an seinen neuen Theorien orientierte. Die beiden Analysen, die jeweils 4 ½ Jahre dauerten und mit einer Frequenz von fünf Sitzungen pro Woche durchgeführt wurden, gaben Kohut die Möglichkeit, die theoretischen Positionen im klinischen Setting zu vergleichen.

Kohut beschreibt Herrn Z. als gutaussehenden Mann Mitte 20, als dieser aufgrund vager Beschwerden, wie etwa dem Gefühl sozialer Isolierung und der Schwierigkeit, Beziehungen zu Frauen aufzubauen, das erste Mal um therapeutische Hilfe nachsucht. Seine akademischen Leistungen, gemessen an den Noten, waren gut, doch hatte er das Gefühl, er schöpfe seine Fähigkeiten nicht voll aus. Er klagte über leichte somatische Beschwerden: Feuchte Hände, Extrasystolen und Perioden von entweder Verstopfung oder Diarrhöe.

Herr Z. war Einzelkind und lebte nach dem Tod seines Vaters, der ein erfolgreicher Geschäftsmann gewesen war, allein mit seiner Mutter. Eine enge Beziehung verband ihn mit einem wichtigen männlichen Freund. Zusammen gingen sie oft ins Kino oder in Konzerte, wohin sie nicht selten die Mutter des Patienten begleitete. Herr Z. kam in Therapie, nachdem sein Freund wegen der Beziehung zu einer Frau den Kontakt zu ihm abgebrochen hatte.

Die ersten 18 Monate im Leben des Patienten schienen glücklich gewesen zu sein, und aus der frühen Beziehung zu beiden Elternteilen scheint sich ein Kern an Vitalität entwickelt zu haben. Als Herr Z. jedoch 3 ½ Jahre alt war, erkrankte der Vater schwer und kam ins Krankenhaus. Dort verliebte er sich in eine Krankenschwester, wegen der er schließlich die Familie verließ, um mit ihr zusammenzuleben. Während der Abwesenheit des Vaters schlief Herr Z. in dessen Bett. Als dieser

[3] A.d.Ü.: In der deutschen Übersetzung sind die Aufzeichnungen der *Zwei Analysen von Herrn Z.* in das vierte Kapitel von *Die Heilung des Selbst* (dt. 1979) aufgenommen.

nach eineinhalb Jahren wieder zur Familie zurückkehrte, schlief er Herr Z. auf einer Couch am Fußende des Ehebetts der Eltern, wo er wiederholte Male Zeuge der Urszene wurde.

Herr Z. begann zu masturbieren, als der Vater nach Hause zurückkehrte. Der Inhalt seiner Masturbationsphantasien entsprang Themen aus *Onkel Toms Hütte*, ein Buch, das ihm seine Mutter während der Abwesenheit des Vaters vorgelesen hatte. Die Phantasien drehten sich darum, als Sklave an Frauen verkauft zu werden, die ihn hielten wie Vieh, ihm keinerlei Eigeninitiative überließen, ihn herumkommandierten und schlecht behandelten. Im Alter von elf Jahren ging Herr Z. eine homosexuelle Beziehung zu einem von ihm idealisierten 30jährigen Jugendbetreuer ein, in der es auch zu einem minimalen Austausch genitaler Berührungen kam. Als Erwachsener hatte er masochistische Masturbationsphantasien, in denen er unterwürfig das tat, was dominierende Frauen von ihm verlangten. Er setzte diese Phantasien jedoch nie in die Tat um.

Die erste Analyse begann mit Herrn Z.s Anspruch, Kohut möge ihm seine gesamte Aufmerksamkeit zukommen lassen. Kohut verstand und deutete diese Forderung als Herrn Z.s Wunsch, in der Analyse die Erfahrung seiner ihn abgöttisch liebenden Mutter zu wiederholen, die ihm, in Abwesenheit eines Vater-Rivalen oder rivalisierender Geschwister, ihre gesamte Aufmerksamkeit schenkte. Herr Z. setzte sich heftig gegen diese Deutungen zu Wehr, die er Kohut sehr übel nahm. Tatsächlich waren die ersten eineinhalb Jahre der Analyse von Herrn Z.s Wut darüber bestimmt, daß sein Anspruch und sein Wunsch nach Bewunderung frustriert wurden. Als die Wut und das Insistieren auf die Berechtigung seiner Forderungen plötzlich erloschen, führte Kohut diese Veränderung auf Herrn Z.s Durcharbeiten seiner narzißtischen Enttäuschungen zurück. Herr Z. wies diese Erklärung zurück, tat dies jedoch ruhig, und schrieb seinen verebbten Ärger einer tröstenden Bemerkung zu, die Kohut kurz zuvor gemacht hatte. Laut Herrn Z. hatte er eine seiner Deutung mit den Worten eingeleitet: „Natürlich tut es weh, wenn man etwas nicht bekommt, von dem man annimmt, das es einem zusteht“ (a.a.O., S. 176). Kohut verstand nicht, welche Bedeutung dieser Kommentar für Herrn Z. hatte, und blieb bei seiner Annahme, daß der erloschene Ärger das Ergebnis des Durcharbeitens seiner narzißtischen Ansprüche sei.

In der ersten Analyse war Kohut der Ansicht, daß die Ursachen der Beschwerden dieses Patienten in jenen Konflikten begründet lagen, die mit der unbewußten kindlichen Sexualität und Aggression in Zusammenhang standen. Herrn Z.s Insistieren, er sei etwas Besonderes und habe keinen Rivalen, erklärte sich für Kohut aus der Kindheitserfahrung der langen Abwesenheit des Vaters, der ihn mit der Mutter alleine ließ. Herrn Z.s persistierender Narzißmus, der in seinem Gefühl, etwas Besonderes zu sein, seinen Ausdruck fand, wurde als Verleugnung der schmerzlichen Gewißheit gedeutet, daß sein Vater tatsächlich zurückgekehrt war, um die Mutter sexuell zu besitzen. Seine ‘Besonderheit’ schützte Herrn Z. vor dem Bewußtsein der Rivalität mit dem Vater sowie der damit einhergehenden Kastrationsangst. Herrn

Z.s Narzißmus und seine Verleugnung wurden als Abwehrmanöver aufgefaßt, die er in der Übertragung in Szene setzte.

Kohut deutete Herrn Z.s innige Beziehung zur Mutter als Rückzug auf eine präödipale Position. Dieser Rückzug bewahrte ihn vor der Kastrationsangst, die er erlebt hätte, wenn er eine nicht-regressive, feindselig-rivalisierende Position seinem Vater gegenüber eingenommen hätte. Die homosexuelle Beziehung zum älteren Jugendleiter des Sommerlagers verstand Kohut als abwehrbedingte Inszenierung der präödipalen Beziehung zur Mutter. In Herrn Z.s erster Analyse wies Kohut dessen aufkommende narzißtische Bedürfnisse regelmäßig zurück. Er verstand und deutete sie als Widerstand gegenüber tieferliegenden Ängsten, die Herrn Z.s Selbstbehauptung als Mann und seine Rivalität mit anderen Männern betrafen. Er verstand den Narzißmus seines Patienten nicht als Mobilisierung bestimmter Konfigurationen, die in ihrer Entwicklung gehemmt worden waren.

Die narzißtischen Merkmale gingen schließlich zurück, Herrn Z.s Übertragungsforderungen wurden realistischer und sein Selbstbewußtsein in seiner Arbeit wuchs. Auf Kohut gerichtete aggressive Gedanken kamen zum Vorschein und Herr Z. entwickelte ein Interesse am Privat- und Sexualleben seines Therapeuten. Gegen Ende der Analyse berichtet Herr Z. von einem Traum, an den er sich Jahre später, während der Endphase seiner zweiten Analyse erinnern würde. Im Traum „war er in einem Haus, und zwar innen vor einer Tür, die einen Spalt offenstand. Draußen war der Vater, beladen mit in Geschenkpapier gewickelten Päckchen, und wollte herein. Der Patient hatte große Angst und versuchte, die Tür zu schließen, damit der Vater nicht hereinkommen konnte." (a.a.O., s. 182)

In der Bearbeitung dieses Traums kamen Kohut und Herr Z. zu dem Schluß, daß er Herrn Z.s ambivalente Haltung seinem Vater gegenüber zum Ausdruck brachte, und Herr Z. die Kastration als Vergeltung seitens seines geliebten Vaters fürchtete. Darauf reagiere Herr Z. mit einem abwehrbedingten Rückzug hin zur präödipalen Bindung an die Mutter sowie mit einer unterwürfigen homosexuellen Haltung. Kohut beschreibt sein Denken am Ende der ersten Analyse folgendermaßen:

> (ich zweifelte) nicht daran, daß die umfassende Besserung bei Herrn Z. tatsächlich auf der Art von struktureller Veränderung beruhte, die als Ergebnis der Bewußtmachung vorher unbewußter Konflikte eintritt. In meiner analytischen Sicht, die geschult war, die von Freud beschriebenen Konfigurationen wahrzunehmen, schien alles an den richtigen Stellen zusammenzupassen. Wir hatten den ödipalen Konflikt erreicht, die früher unbewußte Ambivalenz gegenüber dem ödipalen Vater war offenbar geworden, es gab die erwarteten Versuche regressiven Ausweichens mit zeitweiliger Verschärfung präödipaler Konflikte, und schließlich folgte eine Periode vorweggenommener Trauer um den Analytiker und die Beziehung zu ihm, die ganz am Ende, als die Auflösung des Bandes von Vertrauen und Zusammenarbeit unmittelbar bevorstand, nachließ. Alles schien richtig, vor allem im Hinblick darauf, daß es begleitet war von scheinbar zweifelsfreien Beweisen für eine Besserung in allen wesentlichen Bereichen der Störung des Patienten. (a.a.O., S. 183)

Zurückblickend erinnert sich Kohut an ein Merkmal, das ihn befremdete. Die Beendigung der Analyse erschien leblos, trotz der Tatsache, daß Herr Z. ein Mann war, der Zugang zu seinen Gefühlen hatte und diese intensiv erlebte. Abgesehen von seiner Traurigkeit, daß die Analyse endete und er Kohut verlassen würde, zeichnete sich das Material der Endphase durch nur wenig Vitalität aus.

Ungefähr fünf Jahre später nahm Herr Z. neuerlich Kontakt zu Kohut auf, mit der Klage, es habe sich nur wenig in seinem Leben verändert. Er lebte allein, in seiner eigenen Wohnung, und, obgleich er einige Beziehungen zu Frauen eingegangen war, hatte er sich nie an eine Frau besonders gebunden. Die Beziehungen war oberflächlich und unbefriedigend gewesen. In seiner Arbeit ging es ihm gut, obwohl sie ihm keinen Spaß machte und er sie nur als notwendige Bürde empfand. Seine masochistischen Phantasien waren nie vollständig verschwunden und Herr Z. griff auf sie zurück, um sein sexuelles Erleben zu stimulieren. Darüber hinaus hatte Herrn Z.s Mutter eine psychotische Persönlichkeitsveränderung durchgemacht und war nun offenkundig paranoid. Kohut dachte zunächst, daß dies der Grund für den neuerlichen Therapiewunsch seines Patienten war, erkannte jedoch später, daß die Krankheit seiner Mutter tatsächlich eine heilende Wirkung auf Herrn Z. hatte.

Obwohl mit der Behandlung nicht sofort begonnen werden konnte, ging es Herrn Z. nach den ersten Vorgesprächen besser. Sensibilisiert für die Präsenz narzißtischer Bedürfnisse, nahm Kohut an, daß diese unmittelbare Besserung aus einer Übertragung herrührte, die er in der ersten Analyse nicht berücksichtigt hatte. Seiner Auffassung nach hatte Herr Z. eine idealisierende Übertragung hergestellt, ähnlich zu jener Erfahrung, als er sich von der Mutter ab- und dem idealisierten Jugendleiter im Sommerlager zugewandt hatte. Am Anfang der zweiten Analyse berichtet Herr Z. von einem Traum, der Kohuts These einer idealisierenden Übertragung bestätigt. Er träumte von einem dunkelhaarigen Mann, und seine Assoziationen waren ein idealisierendes Amalgam, das sich aus der Gestalt seines Vaters, des Jugendleiters, und Kohut zusammensetzte. Im Gegensatz zur ersten Behandlung, ließ Kohut diesmal den Patienten in seiner Idealisierung gewähren. Die idealisierende Übertragung wurde auch bald spontan durch eine Spiegelübertragung vom Verschmelzungs-Typ ersetzt. Herr Z. wurde fordernd und bestand, wie in der ersten Analyse, auf perfekter Einfühlung. Beim nur geringsten Anzeichen, daß seine Gefühlszustände mißverstanden wurden, reagierte er mit Wut. Dieses mal hatte sich jedoch Kohuts Perspektive geändert. Er betrachtete den Narzißmus nicht mehr als Abwehrmanöver, sondern als wertvolle Reproduktion eines Kindheitszustandes, der nunmehr in der Analyse wiederbelebt wurde. Daß die Wutanfälle der ersten Analyse - ausgelöst durch sein Insistieren darauf, daß die narzißtischen Bedürfnissen des Patienten abwehrbedingt waren - nun ausblieben, sieht Kohut in seiner veränderten Haltung begründet. In der zweiten Analyse versteht Kohut das fordernde Verhalten seines Patienten als Wiederholung der Beziehung zu einer Mutter, die ihren Sohn sehr stark an sich band und die ihm alle Wünsche erfüllte, solange er ihr nur die Treue hielt. Kohut beschreibt die Veränderung seiner analytischen Haltung wie folgt:

> In der ersten Analyse hatte ich (...) den Patienten im wesentlichen als Mittelpunkt unabhängiger Antriebe angesehen und daher erwartet, er werde mit Hilfe analytischer Einsichten, die ihn befähigen würden, seinen Weg deutlich zu sehen, seine narzißtischen Forderungen aufgeben und erwachsen werden. In der zweiten Analyse aber hatte sich der Schwerpunkt meiner Arbeit verschoben. Ich

hatte dem Ziel der Reifung gegenüber eine losgelöstere Haltung erworben und war nun, da ich annahm, das Wachstum würde für sich selbst sorgen, echter als zuvor in der Lage, alle zielgerichteten therapeutischen Ambitionen beiseite zu lassen. Anders ausgedrückt, ich gab die Gesundheits- und Reifemoralität auf, die mich früher motiviert hatte, und beschränkte mich auf die Aufgabe, die frühen Stadien seiner Erfahrungen zu rekonstruieren, besonders was seine Verstrickung mit der pathologischen Persönlichkeit der Mutter betraf. Und wenn wir jetzt das Selbst des Patienten in dem rudimentären Stadium betrachten, in dem es in der Analyse sichtbar wurde, nahmen wir nicht länger an, es wehre Veränderung ab oder widersetze sich der Reifung, da es seine kindlichen Befriedigungen nicht aufgeben wollte, sondern sahen es im Gegenteil verzweifelt - und oft hoffnungslos - kämpfen, um sich aus der Verstrickung mit dem schädlichen Selbstobjekt zu lösen, sich abzugrenzen, zu wachsen, unabhängig zu werden. (a.a.O., S. 189-190)

In der zweiten Analyse konzentrierte sich die Arbeit zunächst auf die Beziehungserfahrung des Patienten mit seiner Mutter. In der ersten Analyse hatte Kohut Herrn Z.s Idealisierung der Mutter als Ausdruck inzestuöser Liebe gedeutet. In der zweiten Analyse erkannte Kohut, daß es sich bei dem schönen Bild, das Herr Z. von seiner Mutter hatte, doch tatsächlich um das Bild handelte, das sie selbst der Welt von sich vermittelte. Jene, die ihr nah waren, erkannten jedoch, daß sie sie versklavte und ihr Streben nach Unabhängigkeit erstickte. Die Berichte des Patienten über die nie versiegende Liebe seiner Mutter nahmen während der zweiten Analyse zu. Patient und Therapeut erkannten, daß sie zwar endlose Liebe zuteil werden ließ, jedoch nur unter der Bedingung, daß sich Herr Z. der mütterlichen Herrschaft völlig unterwarf und keine bedeutsamen Beziehungen zu anderen einging. Die Beziehung des Vaters zu seiner Krankenschwester sowie sein Auszug von zu Hause erschienen so in einem neuen Licht. Die Affäre des Vaters war die Flucht vor einer Ehefrau, die ihn zu ersticken drohte, jedoch auf Kosten seines Sohnes.

Die wachsende Erkenntnis der psychotischen Persönlichkeitsstruktur seiner Mutter war für Herrn Z. von intensiver Angst und starkem Widerstand begleitet. Er konnte sie nun nicht länger idealisieren, und ihr Verlust als archaisches Selbstobjekt verursachte intensive Angst. Massive Verleugnung während der Kindheit hatte der Erkenntnis entgegengewirkt, daß seine Mutter seltsam war, und Herrn Z. in die Lage versetzt, sie als idealisiertes Selbstobjekt aufrechtzuerhalten, ein Band, das ihn vor Vernichtungsangst schützte.

Die Persönlichkeit der Mutter sowie die Auswirkungen ihres bizarren Verhaltens gegenüber ihrem Sohn, waren Thema der zweiten Analyse. Die Mutter erlebte Herrn Z. als Verlängerung ihrer selbst, nicht als Person mit einem eigenen Willen. Sie nahm an, seine enge Bindung an sie werde sich nie ändern. Als sich Herr Z. den befremdlichen Persönlichkeitszügen seiner Mutter stellte, verschwand die idealisierte Aura ihrer Beziehung, die von der Mutter gefördert wurde, ganz allmählich. So erinnert sich Herr Z., wie seine Mutter minuziös seine Fäces untersuchte, bis er sechs Jahre alt war, und wie dieses Verhaltensmuster in eine ebenso intensive Sorge um seine Haut mündete, bis er das Jugendalter erreicht hatte. Auf der Suche nach Hautunreinheiten drückte sie jeden Mitesser aus, den sie fand. Dabei rühmte sie sich ihrer außergewöhnlichen Geschicklichkeit und ihrer starken Fingernägel.

Während der ersten Analyse kamen diese bizarren Verhaltensmuster kaum zur Sprache. Und wenn doch, so hatte Kohut Herrn Z.s Erzählungen als abwehrbedingten Narzißmus verstanden und die übermäßige Bedeutung, die dieser seinen eigenen Produktionen beimaß, hervorgehoben. Die Erinnerung an das intensive Interesse der Mutter wurde als Ausdruck kindlicher Grandiosität gewertet. Im Gegensatz dazu konzentrierte sich die zweite Analyse auf die Depression und Hoffnungslosigkeit, die das erstickende Verhalten der Mutter bei Herrn Z. auslöste. Herr Z. erkannte, daß das Interesse seiner Mutter nicht ihm, sondern ihrer Kontrolle über ihn, sowie seiner Bindung an sie im Sinne einer narzißtisch aufwertenden Verlängerung ihrer selbst galt. Er erinnert sich, daß sie ihm als Junge keine Privatsphäre gestattete und vor dem Betreten seines Zimmers nie anklopfte. Sein Bereich war ihr Bereich und ihre Wut über seine Versuche, sich zu lösen, ließen ihm keinen Raum zu protestieren. Ihre Herrschaft schuf ein Gefühl völliger Unterwerfung auf seiner Seite. Obgleich seine Mutter nach außen hin normal wirkte, wußten jene, die ihr nahestanden, um ihren leeren Kern und die rigide Herrschaft, die sie ausübte.

Kohut wundert sich, daß dieses Material während der ersten Analyse nicht zur Sprache gekommen war. Es war zwar da, konnte jedoch nicht die Aufmerksamkeit auf sich lenken. Warum dies so war, beantwortet er so:

> Ich glaube, daß wir der Lösung dieses Rätsels am nächsten kommen, wenn wir sagen, daß ein entscheidender Aspekt der Übertragung in der ersten Analyse unerkannt geblieben war. Um es ganz knapp auszudrücken: Meine theoretischen Überzeugungen, die Überzeugungen eines klassischen Analytikers, der das vom Patienten angebotene Material in den Begriffen infantiler Triebe und darauf bezogener Konflikte und von Tätigkeiten eines psychischen Apparates sieht, die entweder miteinander streiten oder zusammenwirken, waren für den Patienten zu einem Abbild der verborgenen Psychose der Mutter geworden, der verzerrten Sicht auf die Welt, der er sich in seiner Kindheit angepaßt hatte, die er als Realität akzeptiert hatte - eine Haltung von Willfährigkeit und Billigung, die er nun in bezug auf mich und meine scheinbar unerschütterlichen Überzeugungen wieder angenommen hatte. (a.a.O., s. 196)

Die Besserung seines Befindens während der ersten Analyse verdankte Herr Z. seiner Compliance in der Übertragung mit Kohuts Überzeugungen bezüglich des Ödipuskomplexes. Das Gleiche könnte natürlich auch für die zweite Analyse gesagt werden, doch Kohut hält fest, daß Herrn Z.s Willfährigkeit nunmehr eingehend betrachtet und durchgearbeitet wurde, was ihre Inszenierung weniger wahrscheinlich machte.

Die Bewußtmachung, daß seine Mutter psychisch krank war, nahm mehrere Jahre in Anspruch. Herr Z. reagierte auf diese Erkenntnis zunächst mit großer Freude und Erleichterung. Er war froh, einen Zeugen dafür zu haben, was er im Grunde immer schon gewußt hatte. Schließlich jedoch folgten auf diese Erkenntnis depressive Zustände und schwere Fragmentierungsängste. In der zweiten Analyse wandten sich Therapeut und Analysand der zugrundeliegenden Depression zu, nicht so sehr seinem Wunsch, über die Befriedigung seiner infantilen Triebwünsche Lustgewinn zu erlangen. Kohut beschreibt seine theoretische Orientierung während der zweiten Analyse:

Wo wir zuvor Lustgewinn gesehen hatten, die Abfolge von Triebforderung und Triebbefriedigung, erkannten wir nun die Depression eines Selbst, das den Wunsch hatte, sich selbst abzugrenzen und zu behaupten, sich aber hoffnungslos in psychischen Organisation des Selbstobjekts gefangen fand. Wir stellten nicht nur fest, daß weder seine Masturbation noch seine Beschäftigung mit der Urszene je freudig gewesen war, sondern daß eine depressive, düstere Stimmung den größten Teil seiner Kindheit durchdrungen hatte. Da er nicht einmal in der Phantasie das Gefühl wachsender Selbst-Abgrenzung und Unabhängigkeit freudig genießen konnte, versuchte er, ein Minimum an Lust - die freudlose Lust eines resignierten Selbst - durch Selbst-Stimulierung zu gewinnen. Anders ausgedrückt, die Masturbation war nicht triebmotiviert, war nicht kraftvolle Aktion des lustsuchenden, stabilen Selbst eines gesunden Kindes. Sie war sein Versuch, durch Stimulierung der empfindsamsten Zonen seines Körpers zeitweilig die Bestätigung zu erlangen, daß er lebendig war, daß er existierte. (a.a.O., S. 198)

Voller Beschämung erinnert sich Herr Z. an seine einsame Kindheit, sowie an die Zeiten, als er sich durch den Tag schleppte, in Vorfreude auf die Nacht, wenn er allein im Bett liegen und sich selbst befriedigen würde. Auch einer Zeit analer Stimulierung entsinnt er sich, während der er an seiner Fäches roch und sie betastete. Die Aufdeckung dieser beschämenden Erinnerungen war, so Kohut, für Herrn Z. deshalb erträglich, weil sie im Rahmen einfühlsamer Resonanz eines anderen Menschen stattfand, der ihm dabei half, ihre Funktion zu verstehen, nämlich als schwache Versuche, sich lebendig zu fühlen. Mit Kohuts Hilfe verstand Herr Z., daß sein Verhalten weder unanständig noch böse war. Auch die Erfahrung, Zeuge des Geschlechtsverkehrs der Eltern gewesen zu sein, erschien in einem neuen Licht: Es handelte sich nicht um den Ausdruck gesunder Neugier, die aufgrund inzestuöser Wünsche scheiterte, sondern um eine massive Überstimulierung seitens der Mutter, die Herrn Z. in ihr eigenes Erleben verstricken wollte.

Die zweite Analyse trat in eine zweite Phase ein, als sich Herr Z. nach einer fast ausschließlichen Beschäftigung mit seiner Mutter nun seinem Vater zuwandte: seine Unterordnung unter die dominierende Ehefrau, sowie seine Schwäche, die besonders offensichtlich wurde, als er die Familie verließ und seinen Sohn allein bei der Mutter zurückließ. Obwohl nach wie vor ein Gefühl der Hoffnungslosigkeit vorhanden war, hatte es doch nicht jene Intensität und Überwertigkeit wie zuvor. Die depressiven Elemente gingen zurück, um dem Ausdruck von mehr Vitalität Platz zu machen.

An dieser Stelle entwickelte Herr Z. eine starke Neugier, die Kohuts Leben betraf. Kohut deutete dies als Wiederbelebung seines kindlichen Wissensdranges, den er in Zusammenhang mit Herrn Z.s Neugier setzte, mehr über das sexuelle Leben seiner Eltern in Erfahrung zu bringen. Auf diese Interpretation hin wurde Herr Z. depressiv und bestand darauf, daß Kohut ihn mißverstehe. Trotz der drängenden Bitten des Patienten, gab er keine Informationen aus seinem Leben preis. Sein Verständnis der Neugier des Patienten unterzog er jedoch einer Neubewertung: Er sah sie nicht als Ausdruck sexuellen Voyeurismus, sondern an das Bedürfnis des Patienten nach einem starken Vater geknüpft. Im Kern ging es in Herrn Z.s Frage nicht um Sexualität, sondern darum, ob Kohut ein starker und aktiver Mann war, der sich weder sexuell noch in irgendeiner anderen Hinsicht einer dominierenden Frau unterwarf. Kohut erkannte auch, daß Herrn Z.s homosexuelle Beziehung zum Jugendleiter nicht wirklich sexueller Natur war, sondern seine Sehnsucht nach einer Beziehung zu einem starken Mann zum Ausdruck brachte.

Kohuts Mut und Stärke, den drängenden Forderungen seines Patienten nicht nachgegeben zu haben, wirkte beruhigend auf Herrn Z.. Seine Depressionen gingen zurück und er begann, der Persönlichkeit seines Vaters, die zuvor nur umrißhaft zu erkennen war, deutliche Konturen zu verleihen. Er gab die archaische Selbstobjektbindung an seine Mutter auf und wandte sich einem starken Vater zu. Dieser Schritt war von heftiger Angst begleitet, da ein wesentlicher Bereich von Herrn Z.s Persönlichkeit auf der Illusion mütterlicher Stärke basierte. Die Erkenntnis, daß seine Mutter schwer psychisch krank war, löste bei Herrn Z. ein schlimmes Gefühl von Isolierung und Vernichtung aus, und er wünschte, vor dem, was offensichtlich geworden war, die Augen verschließen zu können.

Der Idealisierung Kohuts, die nun einsetzt, folgen positiv getönte Erinnerungen an den Vater. So erinnert sich Herr Z. an einen gemeinsamen Skiurlaub, als er neun Jahre alt war, in dem er den Vater nicht nur als guten Skiläufer, sondern auch sonst lebenstüchtigen Mann erlebte. In diesem Zusammenhang fällt dem Patienten auch ein, daß in diesem Urlaub eine Frau auftauchte, die eine besondere Beziehung zum Vater zu haben schien. Er hatte den Verdacht, daß sein Vater eine Beziehung zu dieser Frau unterhielt und sie jene Krankenschwester gewesen sein könnte, mit der er eine Affäre hatte. Seine Vermutungen ließen sich nicht nachprüfen, doch zu Hause angekommen, erzählte er der Mutter nichts von dieser Begebenheit, als sie sich nach den Ferien erkundigt. Es war, als habe eine unausgesprochene Abmachung zwischen ihm und dem Vater bestanden. Herrn Z.s Kindheitsbedürfnis nach einem Mann, den er idealisieren und auf den er stolz sein konnte, waren, so Kohut, in der Analyse wiederbelebt worden. Daß dieses Material als letztes in der Behandlung auftauchte, führt Kohut darauf zurück, daß es sich dabei um die tiefsten Schichten verdrängter Inhalte handelte.

Als Teil seiner Argumentationsführung wirft Kohut die Frage auf, ob Herrn Z.s Erinnerungen an den Vater und dessen Interesse an einer anderen Frau nicht eine Deckabwehr ödipaler Konflikte darstellten. Wäre dies tatsächlich der Fall gewesen, so hätte man bei Herrn Z. eher eine Stimmung von Depression und Hoffnungslosigkeit angesichts eines übermächtigen Vaterrivalen erwartet. Kohut zieht daraus die Schlußfolgerung, daß es sich bei diesen Erinnerungen nicht um eine Deckabwehr handelte, da sie keine Assoziationen hoffnungslosen Rivalisierens, entweder mit dem Vater oder dem Analytiker, enthielten. Ganz im Gegenteil, seine Verbindung mit dem Analytiker-Vater, den er nun als starke männliche Figur erlebt, hält seinen Optimismus und seine Vitalität aufrecht. Herr Z. ist sowohl stolz auf seinen Vater und dessen Männlichkeit, als auch froh über dessen Fähigkeit, sich von einer versklavenden Mutter zu befreien.

Auf diese Ereignisse folgt bald die Endphase der Analyse. Herr Z. erinnert sich an den Traum in der ersten Analyse, in dem sein Vater, mit Geschenken beladen, versucht, durch eine halb offene Tür einzutreten, während er, Herr Z., ihn draußen halten will. In der ersten Analyse hatte Kohut diesen Traum als Manifestation von Ambivalenz angesichts des kastrierenden Vaters gedeutet. Zusätzliche Assoziationen der zweiten Analyse sowie seine neue theoretische Sichtweise veranlaßten Kohut nun, den Traum als Ausdruck von Herrn Z.s Schwierigkeiten zu verstehen, mit der überwältigenden Erregung fertig zu werden, die die psychische Rückkehr des Vaters für ihn bedeutete. Die Päckchen, die der Vater bei sich trug, waren die Geschenke von Männlichkeit und psychischer Kraft. Die halb geöffnete Tür zu schließen, stellte Herrn Z.s Bemühen dar, die Erregung zu regulieren, die ihn angesichts der Rückkehr des verloren geglaubten Vaters, der diese Geschenke bei sich trug, überkam. Der Traum brachte das psychoökonomische Ungleichgewicht zum Ausdruck, das die psychische Rückkehr der ersehnten väterlichen Präsenz noch verstärkte.

Kohut vertritt die Auffassung, daß die abgewehrten Erinnerungen an die Stärke des Vaters erst dann aufgedeckt werden durften, als die analytische Arbeit, die die Mutter betraf, abgeschlossen war. Die gesunde Bindung an den Vater bedrohte die schwierige, aber offensichtlich lebenserhaltende Illusion mütterlicher Stärke. Herrn Z.s prekäre psychische Vitalität hing ab von seiner Bindung an die bewundernde, aber einengende Mutter, die einen hohen Preis für ihre Bewunderung verlangte. Hätte Herr Z. als Junge Interesse an seinem Vater bekundet, so hätte die Mutter wiederum ihr anhaltendes Interesse an ihm zurückgezogen.

Als das Ende der Analyse näherrückte, kam bei Herrn Z. Traurigkeit über den Verlust von Kohut auf. Ebenso bedauerte er die verlorene Gelegenheit, ein freundschaftliches Verhältnis zu seinem Vater aufzubauen, der nun tot war. Herr Z. wurde wütend auf Kohut, dem er das Scheitern der ersten Analyse vorwarf. Trotzdem war er voller Hoffnung und dachte an Heirat und Kinder, insbesondere an einen Sohn. Er konnte sich besser in seine Eltern einfühlen und zeigte sich ihnen gegenüber toleranter. Es gelang ihm, die Mutter aus einer innerlich getrennten Position heraus wahrzunehmen, ohne seine Männlichkeit zu riskieren. Er erkannte ihre wahren Vorzüge, ohne seine Wahrnehmung durch die frühere Idealisierung zu verzerren, und schätzte den stabilen Persönlichkeitskern, den er ihrer Bemutterung in der frühesten Kindheit verdankte. Kohut faßt die zweite Analyse mit folgenden Worten zusammen:

> Insgesamt glaube ich, daß es mir damals verständlich wurde, wie die Struktur von Herrn Z.s Selbst, die sich während der letzten Wochen der Analyse deutlich abzeichnete, genetisch mit den Persönlichkeiten seiner Eltern verbunden war. Seine bedeutsamste psychologische Leistung in der Analyse war das Durchbrechen der tiefen Verschmelzungsverstrickung mit seiner Mutter. (...) Das Durcharbeiten seiner Übertragungsbeziehung zu mir versetzte ihn in die Lage, wieder eine Verbindung zur Männlichkeit und Unabhängigkeit seines Vaters herzustellen, und daher wurde der emotionale Kern seiner Strebungen, Ideale und grundlegenden Fertigkeiten und Begabungen entscheidend verändert, wenn auch ihr Inhalt unverändert blieb. Jetzt jedoch erlebte er diese Vorzüge seiner Persönlichkeit als seine eigenen, und er verfolgte seine Lebensziele nicht mit masochistischer Unterwürfigkeit - wie es nach seiner ersten Analyse der Fall gewesen war -, sondern freudig, da sie jetzt mit Hilfe der Aktivitäten eines unabhängigen Selbst zur Verwirklichung gelangen sollten. (a.a.O., S. 214-215)

Die zwei Analysen des Herrn Z. (siehe Abbildung 9.1) gaben Kohut die ungewöhnliche Gelegenheit, neue Lösungen für ein altes Problem zu finden. Durch die neue Perspektive der Selbstpsychologie war es Kohut nun möglich, Herrn Z. anders zu begegnen als in der an der klassischen Theorie orientierten ersten Analyse. Ermutigt durch die therapeutischen Erfolge, die er mit seiner selbstpsychologischen Herangehensweise verzeichnen konnte, machte sich Kohut alsbald an das Verfassen seines letzten Essays *Wie heilt die Psychoanalyse?*

Gesehen in klassischen dynamisch-strukturellen Begriffen in der ersten Analyse	Gesehen in Begriffen der Psychologie des Selbst im engeren Sinne in der zweiten Analyse		
Offene Grandiosität und Arroganz, zurückzuführen auf imaginären ödipalen Sieg (1) (1) (1)	Offene Arroganz, "hochnäsige" Isolation auf der Basis (1) andauernder Verschmelzung mit der (nicht-defensiv) (1) idealisierten Mutter. Mutter bestätigt Überlegenheit (1) des Patienten über den Vater, vorausgesetzt, daß der Patient ihr Anhängsel bleibt.	Vertikale Spaltung	Geringes Selbstwertgefühl, Depression, Masochismus, (im Dienste der Abwehr stehende) Idealisierung der Mutter (2) (2) (2)
Verdrängungsschranke			Verdrängungsschranke
Kastrationsangst und Depression aufgrund tatsächlicher ödipaler Niederlage			(Nicht-defensive) Idealisierung des Vaters; Wut gegen die Mutter; selbstbehauptende männliche Sexualität und Exhibitionismus

Die auf der Basis der klassischen dynamisch-strukturellen Formulierungen geleistete Arbeit findet während der ganzen Analyse auf der durch (1) (1) (1) bezeichneten Ebene statt.

Die auf der Basis der Selbst-psychologischen Formulierungen geleistete analytische Arbeit wird in zwei Stadien durchgeführt. Das erste Stadium findet auf der mit (1) (1) (1) bezeichneten Linie statt. Herr Z. ist mit Ängsten vor dem Verlust der Verschmelzung mit der Mutter und damit dem Verlust seines ihm bekannten Selbst konfrontiert. Das zweite Stadium findet auf der mit (2) (2) (2) bezeichneten Linie statt: Herr Z. ist mit traumatischer Überstimulierung und Desintegrationsangst konfrontiert, als er sich der Wut, der Selbstbehauptung, der Sexualität und des Exhibitionismus seines unabhängigen Selbst bewußt wird.

Abbildung 9.1: Der Fall des Herrn Z., seine Psychopathologie und der Verlauf seiner Analyse

Kapitel 10

Wie heilt die Psychoanalyse? Teil I:

Theoretische Überlegungen

Die Heilung des Selbst: Reaktionen und nachträgliche Überlegungen

Kohuts Arbeiten wurden in manchen Kreisen enthusiastisch aufgenommen, in anderen hingegen scharf kritisiert. Seine härtesten Kritiker bezeichneten sie abfällig als unanalytisch. Kohut war davon tief getroffen, meinte aber trotzdem, präzise in seinem Denken gewesen zu sein, und beklagte das Fehlen einer seriösen wissenschaftlichen Auseinandersetzung auf Seiten einiger seiner Kritiker. Die theoretische Verschiebung von der traditionellen Triebpsychologie zu einer Psychologie, die sich mit den Auswirkungen der Selbstobjekt-Umgebung in der Kindheit auf die Entwicklung des Selbst beschäftigt, ist wohl eine der Ursachen für die heftige Feindseligkeit, die man ihm entgegenbrachte. Die Zähmung von Trieben durch Ich-Erweiterung ist weder das Ziel psychischer Entwicklung, noch entspricht sie psychischer Gesundheit, so wie Kohut sie verstand. Das Ziel psychischer Entwicklung und somit auch die Definition emotionaler Gesundheit bestehen für ihn in der Bildung eines intakten Selbst, das zur Umsetzung angeborener Talente und Fähigkeiten und zu einem erfüllten Leben in der Lage ist. Wir kennen diese neue pragmatische Definition psychischer Gesundheit bereits aus seiner Abhandlung *Die Heilung des Selbst* (1979, engl. 1977), in der Kohut das verbesserte Funktionieren eines intakten Selbst der vollständigen Konfliktlösung oder Triebbeherrschung voranstellt. Diese neue Definition psychischer Gesundheit verlangt auch eine Neubestimmung der Ziele, die in einer Analyse verfolgt werden, sowie eine Neubewertung der Beendigungskriterien.

Kohuts Kritiker verstanden ihn jedoch falsch und führten an, er propagiere die vorzeitige Beendigung der Analyse. Dieses Mißverständnis sowie der Wunsch, neue Erkenntnisse zu liefern, veranlaßten Kohut, *Wie heilt die Psychoanalyse?* (1987, engl. 1984) zu verfassen, das posthum von Arnold Goldberg, in Zusammenarbeit mit Paul Stepansky, veröffentlicht wurde. Es handelt sich um ein ungewöhnliches Buch, denn Kohut wußte, als er es schrieb, daß er bald sterben würde. Geleitet vom Ideal der Strenge und dem spielerischen Umgang im wissenschaftlichen Denken, unterstützt von loyalen Kollegen, die seine konzeptuellen Auffassungen teilten, und befreit vom Stachel der Ächtung seitens seiner klassisch orientierten Analytikerkollegen, kommentiert Kohut hier zum letzten mal seine selbstpsychologischen Thesen. Die den früheren berufspolitischen Erwägungen entspringende Ambivalenz ist verschwunden. Er definiert psychische Gesundheit neu, setzt Kastrationsangst und Ödipuskomplex in einen neuen Kontext, beschreibt den Prozeß analytischer Heilung, so wie er ihn versteht, unterzieht Abwehr und Widerstand einer Neubewertung, und führt schließlich eine neue Kategorisierung der Selbstobjekt-Übertragungen ein.

In *Wie heilt die Psychoanalyse?* geht es Kohut um die Psychoanalyse, wie auch in seiner gesamten vorangegangenen Arbeit. Psychodynamisch orientierte Psychotherapeuten sehen sich hier der Aufgabe gegenübergestellt, wie sie Kohuts wertvolle Konzeptualisierungen und behandlungstechnischen Einsichten lesen und auf die Durchführung von Psychotherapien anwenden sollen. Dazu ist es nützlich, sich für einen Moment in die kontroverse Diskussion einzuklinken, in der es darum geht, ob sich Psychotherapie von Psychoanalyse unterscheidet, oder ob es sich dabei im wesentlichen um das Gleiche handelt. Diese Frage ist eine Abwandlung der viel bedeutsameren Überlegung, was wir in unserer psychotherapeutischen Arbeit überhaupt tun. Sie mag weniger intellektuell sein, scheint jedoch sinnvoller, denn wir brauchen ein klares Verständnis dessen, was wir tun, bevor wir ein Verfahren von einem anderen unterscheiden. Eindeutigkeit unserer Aufgabendefinition erleichtert die Bestimmung dessen, was für die Erfüllung dieser Aufgabe notwendig ist.

Kohuts Konzeptualisierungen sind für die Beantwortung dieser Frage von unmittelbarem Nutzen, was ich anhand von Arnold Goldbergs Aufsatz *Self Psychology and the Distinctiveness of Psychotherapy* (1980) näher ausführen möchte. Nach Goldberg brauchen wir eine vernünftige Theorie der Psychotherapie. Es sei verwirrend, daß Stundenfrequenz von Sitzungen und eigentliches Setting (Liegen bzw. Sitzen des Patienten) in Psychoanalyse und psychodynamischer Psychotherapie unterschiedlich gehandhabt würden, während die maßgeblichen behandlungstechnischen Vorgehensweisen in beiden Verfahren sehr ähnlich seien. Das Verständnis von Abwehrmechanismen, die Neubewertung von Verzerrungen, Traum- und Übertragungsdeutung, Abreagieren, genetische Rekonstruktion, sowie das gesamte behandlungstechnische Arsenal sind beiden Verfahren gemeinsam. Gerade diese Tatsache ist eine Quelle der konzeptuellen Verwirrung. Unterscheidungen, die auf der Methode basieren, sind nicht hilfreich. Sie führen zu einem Schulenstreit darüber, wer was tun sollte. „Es ist weniger das behandlungstechnische Vorgehen, das von primärer Bedeutung ist, als unser Bemühen, für die Ergebnisse unseres Tuns eine theoretische Position zu finden“ (a.a.O., 1980, S. 67).

Goldberg plädiert dafür, Psychotherapie nicht im Sinne einer Methode, sondern im Sinne von Zielsetzungen zu definieren. Zu diesem Zweck differenziert er diagnostisch, auf der Basis selbstpsychologischer Erkenntnisse, zwischen einem beschädigten Selbst und einem desintegrierten Selbst. Für jede der beiden Selbstkonfigurationen, so seine These, gelte ein bestimmtes Behandlungsziel. Das beschädigte

Selbst geht zurück auf eine narzißtische Kränkung, ist jedoch in seinem Kern nicht desintegriert, da die empathische Responsivität der Selbstobjekt-Umgebung ausreichend war. Die wesentliche Gesundheit und Kohäsion des beschädigten Selbst verlangen eine Behandlung, die Goldberg versteht als „Modifizierungen, Erweiterungen, oder dem Auffüllen eines defizitären Selbstsymbols. Es handelt sich dabei um eine eindeutige Veränderung in einem im wesentlichen unveränderten Selbst: eine Wiederherstellung“ (a.a.O., S. 62). Diese fokale Wiederherstellung eines beschädigten Selbstsegments, so Goldberg, ist die Aufgabe von Psychotherapie.

Anders sieht es aus im Falle eines desintegrierten Selbst, das, infolge unzulänglicher Reaktionen der frühen Selbstobjekt-Umgebung, in seinem Kern desintegriert ist. Das angemessene Behandlungsziel in dieser Situation ist nach Goldberg die strukturelle Neuorganisation des Selbst. Diese Neuorganisation ist Aufgabe einer Psychoanalyse. Das Ausmaß der zu leistenden analytischen Arbeit

> spricht in jeder Hinsicht für die Durchführung einer Psychoanalyse, etwa im Hinblick auf Sitzungsfrequenz, usw. Eine Aufgabe wie die Neuorganisation eines fehlerhaften Selbst-Symbols braucht alles, was dazu dienlich ist. Eine derartige Unternehmung mit einer geringeren Stundenfrequenz durchzuführen, würde wahrscheinlich eine weitere unüberwindbare Bürde darstellen. (a.a.O., S. 69)

Zusammenfassend plädiert Goldberg dafür, das jeweils angemessene therapeutische Vorgehen für einen bestimmten Patienten oder Klienten am Ziel, und nicht an der Behandlungstechnik, zu orientieren, wobei sich das Behandlungsziel über den jeweiligen Selbstzustand definiert. Die Antwort auf die Frage „Was tun wir überhaupt?“ ist abhängig davon, ob die vorgeschriebene Behandlung auf Wiederherstellung oder aber Neuorganisation ausgerichtet ist. Goldbergs Unterscheidung zwischen Psychotherapie und Psychoanalyse, die er ziel-, und nicht methodenorientiert vornimmt, hat den hervorstechenden Effekt, den Psychotherapeuten von der Last einer kaum durchführbaren Aufgabe zu befreien, die einem zuweilen der eigene therapeutische Ehrgeiz, aber auch institutioneller Druck von außen zusätzlich auferlegen.

Ich streife diese Gedankengänge deshalb, um die Nützlichkeit einer Psychologie, die sich mit Fragen des Selbst beschäftigt, für alle Therapeuten aufzuzeigen, und um sinnvoll zwischen Psychotherapie und Psychoanalyse zu differenzieren. Kohut bezieht sich in seinem gesamten Werk auf den psychoanalytischen Prozeß, doch lassen sich seine Konzeptualisierungen auch auf den psychotherapeutischen Prozeß übertragen (siehe die Fallvignette einer Psychotherapie am Ende von Kapitel 11).

Sollten einige Analysen schwerer Persönlichkeits- und Verhaltensstörungen unvollständig bleiben?

Im ersten Abschnitt von *Wie heilt die Psychoanalyse?* diskutiert Kohut die Hauptunterschiede zwischen Selbstpsychologie und traditioneller psychoanalytischer

Theorie. Er definiert psychische Gesundheit, so wie er sie versteht, und antwortet auf seine Kritiker, die die Beendigung von Herrn M.s Behandlung in *Die Heilung des Selbst* (1979, engl. 1977) als „unvollständige Analyse" mißverstehen. Kohuts Kritiker sind der Auffassung, er propagiere eine frühe Beendigung einer Analyse, um Patienten vor schmerzlichen und erschreckenden Regressionen zu schützen, selbst wenn noch strukturelle Defizite vorliegen. Dieses Mißverständnis möchte Kohut korrigieren, wobei er dessen Ursache darin sieht, seine neuen Definitionen von psychischer Gesundheit und psychoanalytischer Heilung seinerseits nur unzureichend vermittelt zu haben.

Kohut wiederholt zunächst die grundlegenden Thesen seiner Theorie, wobei er darauf hinweist, daß es in der Behandlung analysierbarer narzißtischer Persönlichkeitsstörungen zu einer spontanen Wiederbelebung unerfüllter Selbstobjektbedürfnisse aus der Kindheit kommt. Das defekte Selbst versuche, seine Entwicklung über die Mobilisierung spezifischer Selbstobjekt-Übertragungen zu vollenden. Wie in der analogen Situation der klassischen Analyse werde die Mobilisierung dieser Übertragungen von Widerständen begleitet, die es zu deuten gilt. Via umwandelnder Verinnerlichung und dem Durcharbeiten der Selbstobjekt-Übertragungen komme es schließlich zu einer strukturellen Aufhebung der Defekte im Selbst.

In den anschließenden Ausführungen zu seinem neuen Verständnis psychischer Gesundheit vertritt Kohut die Auffassung, daß das Ziel des Selbst, sowie das optimale Ergebnis für den analytischen Prozeß, in der Errichtung eines intakten, vollständigen Selbst liegt, das das Potential seiner angeborenen Fähigkeiten und Talente zu verwirklichen vermag. Die Entwicklung eines intakten Selbst ermöglicht ein kreatives und erfülltes Leben. Von dieser Neudefinition geleitet, hält es Kohut für möglich, Psychoanalysen trotz ihrer mutmaßlichen Unvollständigkeit zu beenden, was er mit folgender Dynamik erklärt:

Entwicklung ist nie frei von traumatischen Erlebnissen, und das Selbst, sogar angesichts ernsthafter und wiederholter Traumata, sucht nach Wegen, sein psychisches Überleben zu sichern, und mit der Frustration seiner Entwicklungsbedürfnisse fertig zu werden. Ist ein Selbstobjekt traumatisch frustrierend und unfähig, wesentliche narzißtische Bedürfnisse zu erfüllen, wendet sich das Selbst anderen verfügbaren Selbstobjekten zu. Kohut weist darauf hin, daß manche Menschen in ihrer Kindheit in der Lage sind, sich von schwer gestörten primären Selbstobjekten, wie etwa einer psychotischen Mutter, zu befreien. In einem restitutiven Moment, der die Widerstandskraft des Selbst charakterisiert, versuchen diese Menschen, eine neue Beziehung zu einem anderen potentiellen Selbstobjekt, etwa dem Vater, einem Onkel oder irgendeiner anderen Bezugsperson, herzustellen. Sind diese neuen Selbstobjekte zuverlässig und gesund, so vermag dieser Schritt das psychische Überleben zu sichern. Die neuen Selbstobjekte erfüllen wesentliche narzißtische Bedürfnisse, indem sie die Expansivität des Kindes angemessen spiegeln, sich idealisieren lassen und das Gefühl zurückgeben, Teil der Menschheit zu sein. Über seine Hinwendung zum rettenden zweiten Selbstobjekt kann das Kind die auf das primäre Selbstobjekt zurückgehenden Defekte beheben. Wie ich in den Kapiteln 7 und 8 ausgeführt habe, bezeichnet Kohut die Internalisierungen, die sich um das zweite Selbstobjekt bilden, als kompensatorische Strukturen, die das Mißlingen der primären Selbstobjekterfahrungen ausgleichen.

Menschen mit narzißtischen Persönlichkeitsstörungen sind jedoch in diesem Unterfangen gescheitert, da auch die kompensatorischen Selbstobjekte in ihrer Selbstobjektfunktion unzuverlässig und unzulänglich sind, wenn auch in einem geringeren Ausmaß. Es bilden sich zwar kompensatorische Strukturen, denen es allerdings an Stabilität und Verläßlichkeit fehlt. Herr M., dessen umstrittene Beendigung Kohut in *Die Heilung des Selbst* (1979, engl. 1977) vorstellt, ist ein Beispiel für ein derartiges Scheitern. Er befreite sich von seiner pathogenen Mutter, forderte jedoch in der Analyse eine Stärkung seiner unzuverlässigen kompensatorischen Strukturen, die sich in der Beziehung zu seinem Vater gebildet hatten, den er zwar idealisieren konnte, der ihn jedoch wiederum zurückwies.

Die Stabilisierung kompensatorischer Strukturen über das Erleben in der Analyse ist für Kohut ein zentrales therapeutisches Mittel. Im Gegensatz zu seinen klassischen Vorgängern besteht er nicht auf der Wiederbelebung und gründlichen Durcharbeitung des Primärtraumas. Er ist der Meinung, daß davon unmöglich ein positiver Effekt zu erwarten ist, da das Selbstobjekt versagt hat und somit psychisch nutzlos ist, und das Selbst dafür, daß es sich selbst befreit, bereits einen hohen psychischen Preis bezahlt hat. Er sieht keinen Sinn darin, all die schrecklichen Traumata, die mit dem defizitären primären Selbstobjekt verbunden sind, auszugraben. Er ist der festen Überzeugung, daß Strukturbildung und Konsolidierung des Selbst auf der Wiederbelebung unerfüllter narzißtischer Bedürfnisse basieren, die in der spezifischen Selbstobjekt-Übertragung mit dem Analytiker mobilisiert werden. Das infolge des analytischen Prozesses gestärkte Selbst wird die geschwächten kompensatorischen Strukturen konsolidieren, die schließlich zu einer wichtigen Quelle narzißtischer Zufuhr werden. Dazu Kohut:

> Es ist aber, um diesen entscheidenden Punkt zu betonen, nicht möglich, traumatische Situationen aus Säuglingszeit und Kindheit wiederzubeleben, auf die das Selbst in seiner frühen Entwicklung aus eigener Kraft konstruktiv reagiert hat. Selbst wenn die Wiederbelebung dieser Situationen möglich wäre, würde es außerdem keinem guten Zweck dienen, sie herbeizuführen.
> Mit der Betonung dieses letzten Punktes möchte ich das Mißverständnis meines freundlichen Kritikers hinsichtlich gewisser Passagen in *Die Heilung des Selbst* aufklären. Ich schrieb 1977 und möchte heute wiederholen, daß jene traumatischen Aspekte seiner frühen Selbstobjekte, von denen das Kernselbst sich während seiner frühen Kindheit erfolgreich zurückziehen konnte, in der narzißtischen Übertragung nicht wiederbelebbar sind. Sind können nicht nochmals durchlebt werden, weil das sich entwickelnde Selbst sich früh im Leben von ihnen abgewandt hat und, da es fähig war, auf andere Quellen der Strukturbildung überzugehen, sie danach nicht mehr braucht. (Kohut 1984, dt. 1987, S. 73)

Kohuts Auffassung, daß das Selbst danach strebt, sein Überleben zu sichern und strukturelle Wiederherstellung zu erlangen, prägt sein Verständnis psychischer Gesundheit sowie der in einer Analyse zu erreichenden Ziele. Psychische Gesundheit ist für Kohut, wie ich bereits mehrmals ausgeführt habe, der Besitz eines strukturell intakten und/oder wiederhergestellen Selbst. Eine Analyse kann dann beendet werden, wenn das Selbst, gestützt durch seine kompensatorischen Strukturen, kräftig und konsolidiert, sowie in der Lage ist, ein erfülltes Leben zu führen. Kohut besteht nicht auf dem perfektionistischen Erreichen von Zielen, wie von verschiedenen psychoanalytischen Theoretikern propagiert wird. Man könne, so glaubt er,

> mit Sicherheit sagen, daß es kein Maß von Pathologie ist, sondern ein Zeichen von Wendigkeit und Gesundheit, wenn ein Selbst - nicht-defensiv - in der Überzeugung zeigt, daß es sich schon in seiner frühen Entwicklung von hoffnungslosen Frustrationen abgewandt hat und neue Wege gefunden oder zumindest teilweise erfolgreiche Schritte in die neue Richtung getan hat. Der Versuch, ein solches Selbst in der Therapie auf Gebiete zu drängen, aus denen es sich bereits in seinem frühen Leben gelöst hat und zu denen es die Verbindung durchtrennt hat, ist nicht nur zum Scheitern verurteilt, sondern verrät auch ein grobes Mißverstehen des Patienten. Ein Analytiker, der darauf besteht, daß die Krankheit seines Analysanden in die spezifische Schablone paßt, die er für universell hält, und außerdem darauf besteht, daß sich der Analysand in des Prokrustesbett des spezifischen therapeutischen Prozesses zwängt, den der Therapeut als sine qua non der echten Analyse ansieht - sei es die Auflösung des Ödipuskomplexes, das Wiedererleben der Emotionen der paranoid-depressiven Position, die Abreaktion des Geburtstraumas, das Wiedererfahren einer frühen Verletzung des Selbst oder irgendein anderes theoriebegrenztes Allheilmittel -, ein Analytiker, der einen solchen Versuch unternimmt, behindert den Patienten auf dem Weg zur Heilung. (a.a.O., S. 75-76)

Die Beendigung einer Analyse ist also dann angemessen, wenn die strukturelle Wiederherstellung des Selbst ausreicht, ein verbessertes Funktionieren zu ermöglichen - und nicht wenn die vorgefaßten theoretischen Überzeugungen des Analytikers Berücksichtigung gefunden haben.

Kohuts Kritiker mißverstehen seine Betonung der funktionellen Wiederherstellung des Selbst. Sie werfen ihm vor, er schütze seine Patienten durch vorzeitige Beendigung der Analyse vor allzugroßer Wut, noch bevor es in der Behandlung zum emotionalen Aufruhr gekommen sei. Kohut hatte jedoch keine Angst vor heftigen Gefühlen. In all seinen Arbeiten, vor allem aber in *Narzißmus. Eine Theorie der psychoanalytischen Behandlung narzißtischer Persönlichkeitsstörungen* (1973, engl. 1971) beschreibt er schwere, psychotisch anmutende Regressionen seiner Patienten, und ist sich sicher, daß diese Regressionen, sofern sie richtig verstanden werden, analytisch wertvoll sein können und mit der Zeit nachlassen werden. Ich denke, daß ein Teil der wutentbrannten Kritik gegen Kohut auf den gekränkten therapeutischen Ehrgeiz einiger seiner Kritiker zurückgeht, wenn er vorschlägt, unnötiges emotionales Chaos zu vermeiden.

Eine Neueinschätzung der Kastrationsangst

In *Wie heilt die Psychoanalyse?* stellt Kohut sein endgültiges Verständnis der Kastrationsangst vor. Dieses sei, so betont er, Beobachtungen der Übertragung während seiner klinischen Arbeit entsprungen. In seinen Schlußfolgerungen, die er aus diesen Beobachtungen zieht, macht er eine Grundannahme seiner theoretischen Überlegungen geltend: Der analytische Prozeß entwickelt sich von der Oberfläche in die Tiefe, und die sich entfaltenden Übertragungssequenzen stellen eine Wiederholung der Entwicklungsphasen dar, jedoch in umgekehrter Reihenfolge. Die zuletzt entstandenen Konfigurationen manifestieren sich zuerst, während ältere Konfigurationen später auftreten.

Kohut beschreibt ein ödipales Stadium, die sich am Ende erfolgreicher Analysen von Patienten mit narzißtischer Persönlichkeits- und Verhaltensstörung manifestiert. Das gestärkte Selbst dieser Patienten sei nun zum ersten mal in der Lage, sich auf ödipale Themen einzulassen. Da sie nie zuvor erlebt worden waren, sind die in der Analyse auftauchenden entwicklungspsychologischen Aufgaben der ödipalen Phase vom Trauma uneinfühlsamer ödipaler Selbstobjekte unbeeinflußt. Kohut nennt diese Entwicklungsphase die „ödipale Stufe", die er von ihrer pathologischen Form, dem Ödipuskomplex, unterscheidet.

Ausgehend von seinen Beobachtungen beschreibt Kohut eine Drei-Stufen-Abfolge der Übertragungen während der ödipalen Phase einer Analyse. Jeder Übertragung geht eine Phase des Widerstandes voraus, wie das folgende Schema illustriert:

1. Phase allgemein starker Widerstände
2. *Übertragungsphase* des Ödipuskomplexes, die von schweren Kastrationsängsten beherrscht wird
3. Phase schwerer Widerstände
4. *Übertragungsphase*, die durch Desintegrationsängste gekennzeichnet ist
5. Phase des Widerstandes, geprägt durch milde Angst, die sich von der Kastrationsangst unterscheidet, abwechselnd mit Vorfreude
6. *Übertragungsphase* des ödipalen Stadiums, gekennzeichnet durch einen Entwicklungsschritt in Richtung eines geschlechtsdifferenzierten Selbst.

Kohut postuliert eine bestimmte Dynamik der ödipalen Stufe und ihrer pathologischen Ausläufer, die sich auf seine Beobachtungen des ödipalen Dramas stützt, wie es sich ohne Traumatisierungen im klinischen Setting manifestiert. Er beschreibt die Geschichte der normalen ödipalen Stufe folgendermaßen: Das Kind tritt mit der Erfahrung in die ödipale Phase ein, daß seine Selbstobjekte angemessen auf es reagiert haben. Das kindliche Bedürfnis nach Bestätigung seiner Vitalität und Selbstbehauptung durch ein spiegelndes Selbstobjekt war nicht zurückgewiesen worden. Ebenso wenig war das Bedürfnis nach Trost und Ermutigung durch ein idealisiertes Selbstobjekt, sowie nach der Anwesenheit eines *Alter Egos* frustriert worden. Das Kind antizipiert auch nun die Reaktion verständnisvoller Selbstobjekte. Voller Freude über den neuen Entwicklungsschritt, den es mit Gefühlen großer Zuneigung und Selbstbehauptung nunmehr zu leisten vermag, tritt es in die ödipale Phase ein.

In die Bildung des Ödipuskomplexes, den Kohut für das pathologische Resultat mißlungener Selbstobjekterfahrungen hält, gerät das Kind überraschend, weil die zuvor empathisch eingestimmten Eltern in ihrer Einfühlung nunmehr versagen. Entweder werden diese Eltern von der heftigeren Zuneigung des Kindes stimuliert und reagieren ihrerseits auf einer vorbewußten Ebene überstimulierend auf das Kind, oder aber sie fühlen sich von der gewachsenen Selbstbehauptung des Kindes bedroht, auf die sie, wiederum vorbewußt, mit einer feindselig-rivalisierenden Haltung antworten. In seinen Rekonstruktionen entdeckt Kohut, daß diese unangemessenen elterlichen Reaktionen selten auf verbaler Ebene erfolgen. Viel häufiger fühlen sich die Eltern durch die neuen Affekte ihres Kindes verwirrt und ziehen sich gehemmt von ihm zurück. Das zuvor kräftige Selbst des normalen ödipalen Kindes wird schwach und fragmentiert angesichts der elterlichen Stimulierung, Konkurrenz und/oder Rückzugstendenzen. Aus der nicht-sexuellen ödipalen Zuneigung und nicht-feindseligen ödipalen Selbstbehauptung werden offene Sexualität und Feindseligkeit. Mit dieser Beschreibung des ödipalen Erlebens weicht Kohut entschieden von der klassischen Position ab. Er versteht den Ödipuskomplex als Reaktion auf eine uneinfühlsame Umgebung, nicht als Manifestation biologisch begründeter Triebe, die vollständig im Individuum verankert und vom jeweiligen Umfeld unbeeinflußt sind. Die aktive Dynamik ödipaler Mädchen und Jungen beschreibt er wie folgt:

> Diese (ödipalen) Spannungen treten auf, wenn das Kind nach dem Zerbrechen seiner zärtlichen und selbstbehauptenden Einstellungen die pathologische sexuelle Getriebenheit und destruktive Feindseligkeit erlebt, die *pari passu* mit der Fragmentierung oder Schwächung seines Selbst einhergehen. Nach einer ödipalen Phase, die durch die Unfähigkeit der Eltern geschädigt ist, gesund auf ihr Kind zu reagieren, stellt sich ein Defekt im Selbst des Kindes ein. Statt der Weiterentwicklung eines festen, kohärenten Selbst, das fähig ist, gesunde Lust in seinem zärtlichen und phasenangemessenen sexuellen Funktionieren zu empfinden und im Verfolgen von Zielen selbstsichere Selbstbehauptung zu benutzen, finden wir das ganze Leben hindurch eine anhaltende Neigung, die Fragmente der Liebe (sexuelle Phantasien) statt Liebe und die Fragmente der Selbstbehauptung (feindselige Phantasien) statt Selbstbehauptung zu erleben und auf diese Erfahrungen - die immer das Wiederaufleben der ungesunden Selbstobjekt-Erfahrungen der Kindheit enthalten - mit Angst zu reagieren. (a.a.O., S. 47-48)

Kohuts klinische Herangehensweise an die Übertragungsneurose ist die gleiche wie in der traditionellen Psychoanalyse. Ödipale Übertragungen werden in der Behandlung mobilisiert und mit Hilfe einer systematischen Analyse der Abwehr sowie Übertragungsdeutungen durchgearbeitet. Das Ziel des klassischen Psychoanalytikers besteht darin, dem Patienten zu helfen, mehr über seine infantile Lust und Feindseligkeit in Erfahrung und diese schließlich unter Kontrolle zu bringen. Die klassische Theorie lehrt, daß die tiefsten Schichten der Psyche erreicht sind, wenn der Patient seine unbewußten Impulse, Wünsche und Triebe erlebt. Kohuts Position unterscheidet sich jedoch nicht unwesentlich von dieser Sichtweise. Seiner Auffassung nach entsteht der Ödipuskomplex innerhalb der Matrix einer gestörten ödipalen Selbstobjekterfahrung. Das Kernstück analytischer Arbeit bestehe daher in der Bearbeitung der Depression und narzißtischen Wut, die mit der fehlerhaften Selbstobjektmatrix des ödipalen Kindes verknüpft sind, und die immer unter der Oberfläche von Sexualität und Feindseligkeit zu finden sind.

Kohut widerspricht der klassischen These, derzufolge es sich beim Ödipuskomplex um ein normales entwicklungspsychologisches Phänomen handelt. Während die Ubiquität des Ödipuskomplexes oft als Beweis seiner Normalität angeführt wird, besteht Kohut darauf, zwischen Ubiquität und Normalität zu unterscheiden. Die häufige oder gar ubiquitäre Natur des Ödipuskomplexes belege noch nicht seine Normalität - lediglich seine Allgegenwart. Die Unvollkommenheit von Selbstobjekten, so Kohut, ist ubiquitär. Es sind die unzulänglichen Reaktionen unvollkommener Selbstobjekte während der ödipalen Phase, die für die Allgegenwart des Ödipuskomplexes verantwortlich sind.

Das Problem wissenschaftlicher Objektivität und die Theorie psychoanalytischer Heilung

Bevor man sich der Frage der analytischen Heilung zuwendet, so Kohut, ist es notwendig, die analytische Situation und deren Auswirkungen auf den Analysanden näher zu betrachten. Die klassische Position fordert die Neutralität der analytischen Situation, so daß sich die Inhalte des Unbewußten in Form unbelasteter Übertragungen entfalten können. Kohut widerspricht dieser Position ganz entschieden. Die analytische Situation könne nicht neutral sein und beeinflusse daher unweigerlich den analytischen Prozeß. In Fortführung seiner Diskussion von wissenschaftlicher Objektivität, die er in *Die Heilung des Selbst* begonnen hatte, wendet sich Kohut nun der Geschichte der Wissenschaft sowie den sich verändernden Gedanken zu wissenschaftlicher Objektivität zu, um sein Abweichen von der klassischen Position ausführlicher zu erläutern. Die vorherrschende wissenschaftliche Haltung, die Freuds Denken am Ende des 19. Jahrhunderts beeinflußte, war eine Wissenschaft nach dem Modell der Newtonschen Physik. Sie beschäftigte sich mit der Beobachtung großer Teile von Materie. Experimente wurden durchgeführt, Beobachtungen angestellt und Daten gesammelt, ohne daß der Beobachter einen sichtbaren Einfluß auf das Beobachtete hatte. Die gesammelten Daten galten als rein und die Wahrheit repräsentierend. Freud übertrug diese Haltung auf die Wissenschaft der Psychoanalyse, in der der Psychoanalytiker der neutrale Beobachter war, der keinerlei Einfluß auf das Beobachtete hatte. Kohut bezeichnet eine Psychoanalyse, die die Makrostrukturen des psychischen Apparates, wie Es, Ich, und Überich untersucht, und die Bedeutung des Analytikers in der analytischen Situation übersieht, als eine Psychoanalyse der 'großen Teilchen'.

Seine eigene Perspektive vergleicht er mit der Physik Max Plancks des zwanzigsten Jahrhunderts, die Mikrostrukturen untersucht und, auf der molekularen Ebene, davon ausgeht, daß das beobachtende Instrument, kraft seiner Präsenz im zu untersuchenden Umfeld, durchaus Einfluß auf das Beobachtete hat. Es ist wichtig festzuhalten, daß sich Kohut hier auf die Auswirkungen des Analytikers als einer zuhörenden Präsenz bezieht, nicht so sehr auf die Auswirkungen des Analytikers auf die analytische Situation infolge seiner oder ihrer Gegenübertragungen. Obgleich er die

Frage der Gegenübertragung an anderer Stelle (1971, dt. 1973; 1984, dt. 1987) anspricht, gilt doch seine Aufmerksamkeit hier den Auswirkungen, die ein zuhörendes, verstehendes Milieu auf einen Analysanden hat.

Kohut zitiert einen Kommentar Freuds, in dem dieser einen nicht auf der Gegenübertragung basierenden Einfluß auf den Analysanden einräumt. In dieser berühmten Stelle in der Literatur vertritt Freud die Auffassung, daß der Einfluß des Analytikers auf den Patienten erst dann wirksam wird, wenn dieser einen tatsächlichen Rapport zum Therapeuten hergestellt hat.

> Das erste Ziel der Behandlung bleibt, ihn an die Kur und an die Person des Arztes zu attachieren. Man braucht nichts anderes zu tun, als ihm Zeit zu lassen. Wenn man ihm ernstes Interesse bezeugt, die anfangs auftauchenden Widerstände beseitigt und gewisse Mißgrifffe vermeidet, stellt der Patient ein solches Attachement von selbst her und reiht den Arzt an eine der Imagines jener Personen an, von denen er Liebes zu empfangen gewohnt war. (aus: *Zur Einleitung der Behandlung* , Freud 1913, S. 199)

Freuds Kommentar weist auf jenen Einflußbereich hin, den er nach Meinung Kohuts übersehen hat. Dabei handelt es sich, natürlich, um das Selbstobjekt-Milieu, das im selbstpsychologischen Verständnis eine zentrale Rolle für den analytischen Prozeß einnimmt. Zum Einfluß des zuhörenden, verstehenden Selbstobjekt-Milieus schreibt Kohut:

> wir brauchen eine Orientierung, die den Einfluß des Analytikers im Prinzip als spezifisch bedeutsame menschliche Präsenz anerkennt und dann untersucht, also diesen Einfluß nicht in verzerrenden Gegenübertragungen sieht. Die erstgenannte Art des Einflusses kennzeichnet die psychoanalytische Situation im allgemeinen, wird aber insbesondere durch den Vorgang des Durcharbeitens exemplifiziert.
>
> Lassen Sie mich diesen letzten Punkt ganz unzweideutig klarmachen. Wenn wir uns in einer Situation befinden, in der ein Mensch uns zuhört, um uns zu verstehen und uns selbst zu erklären, und wir wissen, daß dieses Zuhören und Erklären für einen langen, zuerst scheinbar unendlichen Zeitraum weitergehen wird, dann ist dies keine Situation, die man zutreffend als neutral bezeichnen könnte. Im Gegenteil, es ist eine Situation, die in ihrer psychologischen Auswirkung auf uns alles andere als neutral ist - man könnte in der Tat sagen, daß diese Situation uns die entscheidenste emotionale Erfahrung für das menschliche psychologische Überleben und Wachstum liefert: Die Aufmerksamkeit eines Selbstobjekt-Milieus, d.h. einer menschlichen Umgebung, die auf dem Wege der Empathie versucht, unser psychologisches Leben zu verstehen und daran teilzunehmen. (...) Tatsächlich konzentriert der Analytiker seine Aufmerksamkeit auf das innere Leben seines Patienten, und die Erfolge oder Mißerfolge seiner verstehenden Aktivität sind der wesentliche Motor des psychoanalytischen Vorgangs. (Kohut 1987, S. 64-65, engl. 1984)

Kohut hält wissenschaftliche Objektivität für einen Mythos, den man besser als relative Objektivität auffassen sollte, und er plädiert für ein neues Verständnis der Rolle des Analytikers in der analytischen Situation: Kein mythischer, neutraler Beobachter ohne Einfluß, sondern eine Person, die durch ihre zuhörende Präsenz auf den therapeutischen Prozeß einwirkt. Gerade die empathische Präsenz des Analytikers ist es ja, die die Wiederbelebung latenter Selbstobjektbedürfnisse hervorruft und als „Motor" im Heilungsprozeß fungiert.

Empathie
↳ Empathische Präsenz

Die Natur psychoanalytischer Heilung

Kohuts Auseinandersetzung mit der Frage der analytischen Heilung ist ein ausgezeichnetes Beispiel für seinen didaktischen Stil. Er bedient sich seines umfassenden Wissens der klassischen Theorie, um einen Vergleich zwischen den klassischen Positionen und seinen eigenen zu ermöglichen. Heilung, wenn man sie gemäß Freuds topographischem Modell versteht, ist das Resultat gewachsenen Bewußtseins um die Inhalte aus dem Unbewußten. In Freuds Modell geht Krankheit auf jene ungezähmten Triebe und Wünsche zurück, die von bestimmten Kräften, d.h. der Verdrängungsschranke, im Unbewußten zurückgehalten werden. Zur Heilung kommt es dann, wenn die Verdrängung zurückgeht und die Inhalte aus dem Unbewußten bewußt gemacht werden. Das Wesen der Heilung liegt in diesem Modell in einem vermehrten Wissen. Diese Vorstellung entspricht nicht Kohuts Verständnis von Heilung, wenngleich er einräumt, daß für gewöhnlich ein höheres Maß an Selbsterkenntnis damit einhergeht.

Freuds Dreiinstanzen-Modell hat die Theorie der Heilung verändert. Es handelte sich um einen maschinenähnlichen Apparat, der sich aus mehreren Bereichen zusammensetzte, die über Ausdruck, Handhabung und Kontrolle der Triebe im Konflikt liegen. In diesem Modell besteht Heilung in der wachsenden Fähigkeit des Ichs, die Triebregungen unter Kontrolle zu bringen, was wiederum die Notwendigkeit des Individuums reduziert, sich abwehrbedingt von den Schuld- und Angstgefühlen, die mit den Triebabkömmlingen einhergehen, zurückzuziehen. Dieser Auffassung stellt Kohut seine eigene Sichtweise gegenüber, derzufolge eine Ich-Erweiterung durchaus Folge eine Analyse ist, jedoch nicht notwendigerweise das eigentliche Wesen der Heilung ausmacht. Vielmehr betrachtet er die Erweiterung des Ichs als sekundäres Resultat der Behandlung.

Elemente der Heilung

Was also ist Kohuts Theorie der Heilung? Wie versteht die Selbstpsychologie den Heilungsprozeß? Nach Auffassung Kohuts sind es drei Elemente, die den Heilungsprozeß ausmachen. Die ersten beiden sind behandlungstechnischer Natur und betreffen erstens die Analyse der Abwehr, und zweitens das Durcharbeiten der sich entfaltenden Übertragung. Obwohl diese beiden behandlungstechnischen Elemente die gleichen sind wie in der klassischen Analyse, unterscheiden sich der selbstpsychologische Ansatz der Abwehranalyse, den ich später beschreiben werde, und Kohuts Übertragungsverständnis (1966, 1968; 1971, dt. 1973; 1977, dt. 1979) wesentlich von der klassischen Position.

Auch der dritte - und wichtigste - Schritt, der nach Kohut eine analytische Heilung ausmacht, weicht signifikant von der klassischen Position ab. Für Kohut ist er „der wesentliche, weil er das Ziel und Ergebnis der Heilung definiert" (a.a.O., S. 104). Die Rede ist von der Etablierung einer von Empathie getragenen Kommunikation zwischen Selbst und Selbstobjekt auf einer reifen erwachsenen Ebene, anstatt auf der Ebene verdrängter oder abgespaltener unmodifizierter narzißtischer Bedürfnisse. Die Verschiebung der Zielsetzung einer Psychoanalyse basiert nach Kohuts Verständnis auf der normalen narzißtischen Entwicklung und der Bedeutung der Selbstobjekte. Ausgehend von seinen klinischen Beobachtungen postuliert er, daß das Bedürfnis nach Selbstobjekten das gesamte Leben über andauert. Während einer analytischen Behandlung wird das Selbst von den frühen Bedürfnissen befreit, die es an archaische Selbstobjekte binden. Auch die *unmodifizierten Bedürfnisse* nach Verschmelzung mit einem idealisierten Selbstobjekt und/oder dem Gespiegeltwerden von einem bestätigenden Selbstobjekt lassen während der Analyse nach. Das Bedürfnis nach Selbstobjekten und ihren Funktionen verschwindet jedoch nie, sondern dauert das gesamte Leben über an. Seiner Bindung an archaische Selbstobjekte enthoben, ist das Selbst nach Beendigung einer Analyse freier, Selbstobjekte auf höheren Reifegraden zu suchen.

Das Ziel einer Analyse besteht nach Kohut in der verbesserten Fähigkeit, mit der sich ein gestärktes Selbst die Unterstützung gesünderer Selbstobjekterfahrungen sucht. Es ist unmittelbar ersichtlich, daß sich diese Sichtweise radikal von der klassischen Position unterscheidet, die die Entwicklungsziele Separationund Unabhängigkeit propagiert - Werte, die in der westlichen Zivilisation hochgehalten werden. Kohuts Ansichten eines andauernden Bedürfnisses nach Selbstobjekten haben sich aus den theoretischen Überlegungen seiner frühen Arbeiten entwickelt, die noch innerhalb des konzeptuellen Rahmens der Ich-Psychologie angesiedelt sind. 1971 konzeptualisiert Kohut die erwachsene Persönlichkeit als autonome Organisation, die die Bindungen an ihre Selbstobjekte aufgegeben und das Bedürfnis nach einer unterstützenden Selbstobjekt-Umgebung überwunden hat. Das lebenslange Bedürfnis nach Selbstobjekten vermag Kohut zu erkennen, als er sich von der westlichen Ethik von „Unabhängigkeit" und „Autonomie" distanziert. Nicht Autonomie, sondern das allmähliche Herstellen eines empathischen Kontaktes zu reifen Selbstobjekten wird zum *sine qua non* der analytischen Heilung.

Stärkung durch optimale Frustration

Nach der Bestimmung des wesentlichen Ziels und Ergebnisses einer Analyse wendet sich Kohut dem Prozeß zu, der das Selbst während einer Analyse stärkt. Wie er bereits an anderer Stelle erwähnte, ist das nicht-traumatische Versagen auf Seiten des Analytikers als Selbstobjekt wesentlich für den analytischen Prozeß. In diesem Zusammenhang gibt er folgende behandlungstechnische Empfehlung: Es müsse gezeigt werden, daß

> die ruhig stützende Matrix, welche die spontan hergestellte Selbstobjekt-Übertragung auf den Analytiker liefert, die in den frühen Phasen der Analyse eintritt, immer wieder durch die unvermeidlichen, aber nur zeitweiligen und dadurch nicht traumatischen Empathiefehler des Analytikers unterbrochen wird - d.h. durch seine >>optimalen Versagungen<<. Als Reaktion auf die Verständnisfehler des Analytikers oder seine falschen, unzutreffenden oder in anderer Weise unangebrach-

ten Deutungen kehrt der Analysand zeitweilig von seinem Vertrauen in die Empathie zu den archaischen Selbstobjekt-Beziehungen zurück (z.B. zur Remobilisierung des Bedürfnisses nach Verschmelzung mit den archaischen idealisierten allmächtigen Selbstobjekten oder zur Remobilisierung des Bedürfnisses nach sofortiger und vollkommener Spiegelung), die er in der primären Selbstobjekt-Übertragung auf den Analytiker schon versuchsweise aufgegeben hatte. (...) Nachdem er den Rückzug des Patienten bemerkt hat, muß der Analytiker das Verhalten des Analysanden beobachten und seine Assoziationen aufgeschlossen anhören. Mit aufgeschlossenem Anhören meine ich, daß er der Versuchung widerstehen muß, sein Verständnis für den Patienten in die strenge Form irgendwelcher theoretischer Konzeptionen zu zwingen, seien sie nun kleinianisch, rankianisch, jungianisch, adlerianisch, klassisch analytisch oder, ja, auch selbstpsychologisch, bis er das Wesen des Bedürfnisses des Patienten richtig erfaßt hat und dem Patienten mittels korrekterer Deutungen sein Verständnis deutlich machen kann. (a.a.O., S. 105-106)

Kohut warnt davor, theoretische Erläuterungen mit orthodoxer Rigidität vorzubringen: Das empathische Eintauchen in das Erleben des Analysanden schaffe ein optimales analytisches Umfeld. Zwar brauche man als Zuhörer Theorien, um das Gehörte und Erlebte einzuordnen, doch sollten sie nicht uns beherrschen, sondern wir uns ihrer als Hilfsmittel bedienen. Theorien sollten im Hintergrund gehalten werden, wo sie eine organisierende Funktion übernehmen, während wir unvoreingenommen dem Erleben des Analysanden zuhören, ohne das Gehörte in einen rigiden Rahmen zu pressen, der von der Theorie, die gerade aktuell ist, vorgegeben wird. Doch selbst der unvoreingenommenste Therapeut wird seinen Patienten irgendwann einmal mißverstehen. Dies hat keine negativen Folgen, wenn der Analytiker die Möglichkeit in Betracht zieht, daß er falsch liegen könnte, und er es seinem Patienten gestatten kann, die Dinge richtigzustellen. Ist der Therapeut in der Lage ist, seinen Fehler zu sehen und offen einzuräumen, und versteht er die Reaktionen des Patienten - Rückzug, Wut, Angst, etc. -, deren Dynamik er ihm deutet, so werden aus diesen Irrtümern „optimale Frustrationen". Dies wird viele Male im Laufe einer Therapie passieren. Dazu Kohut:

Auf jede optimale Versagung folgt eine Zunahme in der Elastizität des Patienten gegenüber Empathiefehlern, sowohl innerhalb als auch außerhalb der analytischen Situation; das heißt, daß jedes Mal optimale neue Selbststrukturen erworben und existierende gefestigt werden. Diese Entwicklungen wiederum führen zu einer Zunahme des Selbstwertgefühls des Patienten, so minimal und als solche unmerkbar für Analysand und Analytiker jeder derartige Strukturzuwachs auch sein mag. (a.a.O., 108-109)

Empathische Resonanz und nicht-traumatische Frustration

Zwei Dinge sind nach Kohut für den Aufbau eines gesunden Selbst notwendig. Erstens, die Erfahrung einer elementaren Abstimmung (attunement) zwischen Selbst und seinen Selbstobjekten. Zweitens, die Wiederholung nicht-traumatischer Versagungen der Selbstobjekte, die Kohut „optimale Frustrationen" nennt. Dieser zweistufige Entwicklungsprozeß hat zwei Konsequenzen:

1. Optimale Frustrationen via umwandelnder Verinnerlichung (Kohut 1971, dt. 1973) sind verantwortlich für die Bildung neuer innerer Strukturen.

2. Diese neuen inneren Strukturen ermöglichen es dem Selbst, sein Bedürfnis, mit idealisierten, spiegelnden und Alter-Ego Selbstobjekten zu verschmelzen, um sich dadurch ganz zu fühlen, in die Fähigkeit umzuwandeln, sich von der empathischen Resonanz der Selbstobjekte im erwachsenen Leben tragen zu lassen. Die Selbstobjektfunktionen, die einst jene Selbstobjekte innehatten, mit denen man in der Kindheit verschmolzen war, werden nun von der erwachsenen Selbstobjekt-Umgebung, wie Familie, Freunde, Arbeit und Kultur, übernommen.

Kohut faßt analytische Heilung wie folgt zusammen:

> Eine Behandlung ist erfolgreich, weil ein Analysand (...) in einer Selbstobjekt-Übertragung die Bedürfnisse reaktivieren konnte, die in der Kindheit nicht erfüllt wurden. In der analytischen Situation wurden diese reaktivierten Bedürfnisse lebendig erhalten und immer wieder den Wechselfällen optimaler Frustration ausgesetzt, bis der Patient schließlich die verläßliche Fähigkeit erwarb, sein Selbst mit Hilfe der Selbstobjekt-Ressourcen seiner erwachsenen Umgebung zu stützen. Nach Ansicht der Selbstpsychologie liegt also die Essenz der psychoanalytischen Heilung in der neugewonnenen Fähigkeit eines Patienten, angemessene Selbstobjekte zu identifizieren und zu suchen - sowohl spiegelnde als auch idealisierbare -, die in seiner realen Umgebung vorhanden sind, und sich von diesen stützen zu lassen. (a.a.O., S. 119-120)

Der analytische Prozeß strukturiert und stärkt das Selbst, er befreit es jedoch nicht von seinem Bedürfnis nach Selbstobjekterfahrungen. Kohut setzt das psychische Bedürfnis nach empathischer Resonanz in Analogie zum physischen Bedürfnis des Menschen nach Sauerstoff. Beide sind lebenswichtig. Eine erfolgreiche Analyse macht uns nicht unabhängig von den Objekten. Im Gegenteil, sie befähigt das Selbst, gesündere und angemessenere Selbstobjekte zu finden und sie für seine lebenslang andauernden narzißtischen Bedürfnisse befriedigender zu nutzen.

Eine Psychoanalyse, so Kohut in seinem Abriß über das Wesen analytischer Heilung, sorgt für eine „korrigierende emotionale Erfahrung", nicht so sehr für das Gewinnen von Einsichten. Die Erfahrung, auf einfühlsame Weise verstanden und auf nicht-traumatische Art und Weise, d.h. „optimal" und „strukturbildend", frustriert zu werden, korrigiert die Defekte im Selbst. Trotz seiner unglücklichen Verknüpfung mit Franz Alexanders mißverstandenem und zum Scheitern verurteiltem Konzept des analytischen Prozesses, hält Kohut den Begriff der „korrigierenden emotionalen Erfahrung" für nützlich. Dabei betont er jedoch, um Mißverständnissen vorzubeugen, daß er nicht der korrigierenden emotionalen Erfahrung via Liebe, Empathie und Verstehen das Wort rede. Empathie sei vielmehr das Hilfsmittel, das der Analytiker zur Datengewinnung einsetze, nicht das aktive Agens im Heilungsprozeß. Zweitens, aber nicht weniger wichtig, hat dieselbe Empathie, die Daten sammelt, auch positive Effekte, da die Erfahrung, einfühlsam verstanden zu werden, den Sauerstoff unseres psychischen Lebens darstellt. Um die Befürchtungen jener zu zerstreuen, die meinen, daß die Erfahrung einfühlsam verstanden zu werden, den Patienten auf immer an den Therapeuten bindet, führt Kohut an, daß empathische Resonanz einen Entwicklungsschub reaktiviert, der dem Patienten neue Möglichkeiten narzißtischer Zufuhr außerhalb der Analyse eröffnet.

Kapitel 11

Wie heilt die Psychoanalyse? Teil II:

Neubetrachtung des therapeutischen Prozesses

Die selbstpsychologische Neubewertung des therapeutischen Prozesses

Das analytische Setting: die Haltung des Analytikers, das analytische Klima und die Theorie der Heilung

Da jede Neuerung in der Theorie auch behandlungstechnische Veränderungen mit sich bringt, müssen wir uns fragen, welche behandlungstechnischen Implikationen Kohuts Selbstpsychologie nach sich zieht. Ist die analytische Haltung eine andere? Verändert sich das analytische Klima im Behandlungszimmer?

Heinz Kohut ist der Meinung, daß sich der analytische Ansatz bei Patienten mit Störungen des Selbst nicht von der traditionellen psychoanalytischen Herangehensweise unterscheidet. Allerdings hat sein Bewußtsein für die narzißtischen Bedürfnisse seiner Patienten seine Haltung verändert, mit der er auf die Manifestation eben dieser Bedürfnisse in der Übertragung eingeht, und ein neues Klima in seinem Behandlungszimmer geschaffen. In seiner Rolle als Psychoanalytiker versteht sich Kohut als Ziel von Selbstobjektbedürfnissen, die nicht zur Entfaltung kommen konnten. Die in der Behandlung reaktivierten Bedürfnisse nach Verschmelzung mit einem idealisierten Objekt, nach Bestätigung durch ein spiegelndes Selbstobjekt, oder nach einer Zwillingsbeziehung, in der einem ein Alter Ego zum eigenen Menschsein verhilft, begreift Kohut als positive Ereignisse, die sich nunmehr entlang einer zuvor blockierten Entwicklungslinie manifestieren können. Er weist diese aufkeimenden Äußerungen eines verhinderten Narzißmus weder zurück, noch zensiert er sie. Vielmehr werden sie als legitime Bedürfnisse erläutert, die aufgrund traumatischer Frustrationen während der Kindheit im Verborgenen gehalten werden mußten und nun infolge der Behandlung wieder aufblühen. Die reaktivierten Selbstobjektbedürfnisse werden als positive Bewegung in der Analyse gewertet.

Im Gegensatz dazu sehen Triebpsychologen die Idealisierung des Analytikers sowie die Manifestierung von grandios-exhibitionistischen Wünschen als Abwehrmanöver, die der Patient mobilisiert, um sich vor den Schuld- und Angstgefühlen zu schützen, die mit den zugrundeliegenden sexuellen und aggressiven Trieben verbunden sind. Nach diesem Verständnis gelten die reaktivierten Selbstobjektbedürfnisse als Hindernis für die auf Aufdeckung von Triebimpulsen gerichtete analytische Arbeit. Da die Trieb-Abwehr-Psychologie die narzißtischen Entwicklungsstränge fälschlicherweise als Abwehrstrategien versteht, kann die triebpsychologisch korrekte Behandlungstechnik nur darin bestehen, diesen offensichtlich unwillkommenen Abwehrmomenten entgegenzuwirken.

Trieb-Abwehr-Psychologie und Selbstpsychologie nehmen sehr unterschiedliche therapeutische Haltungen ein. Die Akzeptanz der narzißtischen Übertragungen und ihrer zugrundeliegenden Selbstobjektbedürfnisse schafft ein freundlicheres Klima im Behandlungszimmer. Dazu ist auf Seiten des selbstpsychologischen Therapeuten kein besonderes Verhalten notwendig - außer seinem Verständnis und seiner Akzeptanz des Erlebens des Patienten, sowie das Zulassen der oft beschämenden Selbstobjektbedürfnisse. Anhänger der klassischen Theorie sehen in den Manifestationen eines blockierten Narzißmus Abwehrhandlungen und nehmen eine subtil mißtrauische und kritische Haltung ein, die das Aufdecken verborgener Kräfte gegenüber der Realität des Erlebens des Patienten favorisiert.

Um aufzuzeigen, wie das Wissen um Selbstobjektbedürfnisse seine therapeutische Haltung verändert hat, zitiert Kohut *Die Zwei Analysen von Herrn Z.* (1979). Zurückblickend hält er fest, daß sein Verständnis narzißtischer Bedürfnisse als regressiver Flucht vor den „wirklichen Themen“ etwas Zurückweisendes und Zensierendes anhaftete. Als er die narzißtischen Bedürfnisse seiner Patienten als gerechtfertigt und begründet verstand und akzeptierte, veränderte sich das Klima in den Behandlungen, die Atmosphäre wurde freundlicher und weniger moralistisch. Im Falle von Herrn Z. etwa verstand Kohut, daß die in ihrer Entwicklung behinderten narzißtischen Bedürfnisse den primären Faktor der Störung darstellten, und daß ihre Mobilisierung in der Analyse die Wiederaufnahme der Entwicklung ermöglichte. Als er Herrn Z.s Selbstobjektbedürfnisse als primär und nicht abwehrbedingt erkannte, war es Kohut möglich, ihr Auftauchen als progressive Bewegung in der Analyse zu begrüßen. In einer aufschlußreichen Passage beschreibt Kohut die veränderte Atmosphäre in seinem Behandlungszimmer:

> Wenn es eine Lektion gibt, die ich während meines Lebens als Analytiker gelernt habe, dann die, daß das, was meine Patienten mir sagen, wahrscheinlich stimmt - daß sich, wenn ich glaubte, ich hätte recht und meine Patienten unrecht, häufig herausstellte, wenn auch oft erst nach langer Suche, daß *mein* Rechthaben oberflächlich war, *ihr* Rechthaben dagegen in die Tiefe reichte. (a.a.O., S. 141)

Behandlungstechnische Überlegungen: Verstehen, Erklären und der therapeutische Einfluß unrichtiger Deutungen

Die Frage, wie es zur Heilung kommt, kann von zwei unterschiedlichen Perspektiven aus gestellt werden: Die eine beschreibt die Reaktivierung von Entwicklungsprozessen, die die therapeutische Heilung bedingen; die andere beschreibt bestimmte behandlungstechnische Überlegungen, die die Entwicklungsprozesse in Gang setzen. Sein gesamtes Werk hindurch widmet sich Kohut in aller Ausführlichkeit der ersten Perspektive, d.h. der Heilung der Psychoanalyse durch Wieder-In-Gang-Setzen blockierter Entwicklungsprozesse. In *Wie heilt die Psychoanalyse?* (1987, engl. 1984) richtet er sein Augenmerk auf die zweite Perspektive, d.h. die behandlungstechnischen Überlegungen, die diesen Prozeß bedingen. Er behandelt hier die praktischen Fragen, d.h. was der Analytiker eigentlich tut, um die latenten Konfigurationen wiederzubeleben und ihre Weiterentwicklung zu fördern.

Um das *Wie?* zu beantworten, stellt Kohut die paradoxe Frage, wie es möglich ist, daß - wenn seine (Kohuts) Theorien zutreffen -, ödipale Neurosen erfolgreich mit Hilfe der traditionellen Theorien behandelt werden? Und wie sich zudem erklären läßt, daß narzißtische Störungen erfolgreich mit Hilfe anderer, ja sogar abweichender, Theorien behandelt werden?

Zur Klärung der behandlungstechnischen Überlegungen dieses offensichtlichen Paradoxons zitiert Kohut die Arbeit einer Kleinianerin. In dieser Fallgeschichte geht es darum, daß die Analytikerin der Patientin ankündigt, daß sie einen für die nahe Zukunft vereinbarten Termin absagen müsse. Als die Patientin zur nächsten Sitzung kommt, ist sie still und zurückhaltend und reagiert nicht auf die Aufforderung der Analytikerin, ihr mitzuteilen, was sie bewege. Die Analytikerin sagt schließlich, in einem warmen Ton, sie habe das Gefühl, daß die Ankündigung ihrer Abwesenheit die Wahrnehmung, die die Patientin von ihr habe, verschoben habe: Aus einer vormals guten, warmen und nährenden Brust sei nun eine böse und kalte Brust geworden, die ihr die Nahrung vorenthalte. Die Patientin fühle deshalb eine sadistische Wut und wolle die Analytikerin in Stücke reißen. Um diese Impulse zu beißen und zu zerreißen abzuwehren, so die Analytikerin weiter, habe sie sich (die Patientin) nun selbst gehemmt, insbesondere in oraler Hinsicht, so daß es ihr nicht mehr möglich sei zu sprechen. Auf diese Deutung hin entspannt sich die Patientin. Sie erwähnt eine Reihe „beißender" Phantasien, worauf es ihr besser geht. Beide, Analytikerin und Patientin, kommen dahingehend überein, daß die Position der Analytikerin als gute Brust wiederhergestellt ist.

Kohut vertritt nun die Auffassung, daß die Deutung ebenso effektiv gewesen wäre, hätte man sie im Sinne ödipaler Begrifflichkeiten formuliert: D.h. daß sich die Patientin von einer Mutter verlassen gefühlt habe, die die Schlafzimmertür verschließt, um sexuellen Verkehr mit dem Vater zu haben. Die Deutung hätte auch im Rahmen selbstpsychologischer Konzeptualisierungen vorgebracht werden können: Das Selbstwertgefühl der Patientin habe gelitten, als die Therapeutin ihre Abwesenheit ankündigte, ebenso wie ihrem Selbstwertgefühl in ihrer Kindheit ein

Schlag versetzt wurde, als der freundlichen und hilfreichen Köchin von einem Tag auf den anderen von ihrer kalten und distanzierten Mutter gekündigt wurde.

Bedeutet dies, daß Kohut ein Eklektiker ist, dem alles recht ist? Ganz im Gegenteil, nur eine Deutung, so Kohut, ist richtig, auch wenn alle anderen einen durchaus positiven Effekt haben können. Wie ist das möglich?

Kohut greift an dieser Stelle auf einen Aufsatz von Edward Glover aus dem Jahre 1931 zurück, in dem dieser die therapeutischen Folgen einer unrichtigen Deutung behandelt. Kohut widerspricht Glovers Auffassung, wonach der positive Effekt einer unrichtigen Deutung auf die Suggestibilität des Patienten zurückzuführen sei. Während der Inhalt einer Deutung, so Kohut, inkorrekt sein kann, so kann doch die wesentliche, damit vermittelte, Botschaft durchaus richtig sein. Im Falle der kleinianischen Analytikerin ist die zentrale Botschaft der Deutung, vorgbracht mit Wärme und Verständnis, daß die Therapeutin die tiefe Irritation der Patientin über den abgesagten Termin verstanden hat. Daß die Analytikerin Verständnis für ihren Ärger zeigt, ist der Kern dessen, was die Patientin gehört hat. Die dynamische Erklärung des Ärgers ist nicht wesentlich und kann im Rahmen kleinianischer, freudiansicher oder selbstpsychologischer Begrifflichkeiten erfolgen. Die Analytikerin kann jedoch ihr Verständnis und die darin enthaltene reparative Antwort nicht vermitteln, wenn ihre Botschaft ohne die angemessene Wärme erfolgt oder aber kein Verständnis für den Ärger der Patientin zeigt. Anhand dieser Fallvignette demonstriert Kohut, daß eine vollständige behandlungstechnische Intervention zwei Komponenten enthält:

1. eine *verstehende* Komponente, und
2. eine *erklärende* Komponente.

In der Praxis sind diese beiden Komponenten oder Phasen einer Deutung häufig miteinander verwoben und erfolgen in einer einzigen Intervention. Manche Patienten, so Kohut, brauchen besonders lange Perioden 'bloßen' Verstehens, bevor sie mit Erklärungen konfrontiert werden können.

Die Fallvignette der kleinianisch orientierten Psychoanalytikerin ist eine Muster-Intervention. Kohut zitiert sie, um die Verstehensphase von der Erklärungsphase abzugrenzen. Die Kleinianerin versteht den Bruch im Erleben ihrer Patientin angesichts des abgesagten Termins richtig und kann dies auch vermitteln, trotz einer, nach Kohuts Dafürhalten, unkorrekten dynamischen Erklärung. Daß die Analytikerin mit ihrer Erklärung 'daneben' liegt, ist für die Patientin tolerierbar, da sie sich im Kern verstanden fühlen kann. Ungenaue Deutungen haben einen positiven Nutzen, da sie Teil der korrekten ersten Phase des zweistufigen Deutungsprozesses sind. Trotz ihrer Ungenauigkeit tragen solche Erklärungen zur Strukturbildung bei. Wie ist es möglich, so Kohuts Frage, daß nur der erste Schritt des zweistufigen Deutungsprozesses von Nutzen für die Strukturbildung sein kann? Handelt es sich dabei nicht einfach um eine Variierung der Heilung durch Liebe, Freundlichkeit und Verständnis?

Zur Beantwortung dieser Frage greift Kohut auf seine Kernthese zurück: Strukturelle Entwicklung erfolgt mittels optimaler Frustration. Wenn dies der Fall ist, wie kommt es dann, daß die Mitteilung der Analytikerin, daß sie die Patientin verstanden hat, eine optimale Frustration darstellt? Dazu Kohut:

Diese Mitteilung ist trotz des *Verständnisses* des Analytikers für das, was der Patient fühlt, und der Anerkennung, daß die Bestürzung des Patienten berechtigt ist (...) deshalb eine *Frustration*, weil der Analytiker ja nicht in Übereinstimmung mit den Bedürfnissen des Patienten *handelt*. Im Falle der lateinamerikanischen Analytikerin etwa werden die Regelmäßigkeit und Kontinuität der Sitzungen durch die bevorstehende Abwesenheit der Analytikerin unterbrochen. Das ist *optimal* frustrierend, weil die Mitteilung noch immer dem Bedürfnis der Patientin entgegenkommt, wenn auch in geringerem Maße. Und es ist eine optimale *Frustration* und keine optimale Befriedigung, weil durch das mehr oder weniger richtige Verständnis der Analytikerin ein empathisches Band zwischen Analytikerin und Patientin hergestellt (wiederhergestellt) wird, das die tatsächliche Erfüllung des Bedürfnisses der Patientin ersetzt. Es sollte jedoch angemerkt werden, daß all diese Komponenten noch immer Teil der Verstehensphase der grundlegenden therapeutischen Einheit sind. (a.a.O., S. 154)

In der Verstehensphase einer Intervention teilt die Analytikerin der Patientin mit, daß sie ihren Ärger wahrnimmt. Der Ärger ist die Frustration. Die Mitteilung der Analytikerin, daß sie verstanden hat, verringert die traumatische Intensität der Frustration und macht aus ihr eine *optimale* Frustration. Aus seiner detaillierten Betrachtung der optimalen Frustration zieht Kohut die Schlußfolgerung, daß sie einer Sequenz dreier Mikroprozesse folgt:

1. *Bedürfnis*: In der Selbstobjektübertragung mit dem Analytiker wird die Wiederbelebung früher narzißtischer Bedürfnisse erlebt. (In der hier vorgestellten Fallvignette geht es um das wiederbelebte Bedürfnis nach ständiger Verschmelzung mit einem idealisierten Selbstobjekt, das sich im Wunsch der Patientin äußert, die Therapeutin möge ununterbrochen anwesend sein.)
2. *Bruch*. Das Selbstobjekt kommt der Erfüllung der wiederbelebten narzißtischen Bedürfnisse nicht nach. (In unserer Fallgeschichte wird die Frustration der wiederbelebten Selbstobjektbedürfnisse durch die Terminabsage der Analytikerin noch beschleunigt.)
3. *Wiederherstellung*. Das empathische Band zwischen Selbst und Selbstobjekt wird wiederhergestellt. (Die Analytikerin teilt der Patientin mit, daß sie versteht, daß die Terminabsage zu einem Bruch in ihrem inneren Erleben geführt hat.)

Kohut ist der Auffassung, daß diese Abfolge von Bedürfnis-Bruch-Wiederherstellung, als Teil einer optimalen Frustration, sowohl im Rahmen der gesunden Entwicklung, als auch in der analytischen Situation auftritt. Sie ist ubiquitär und manifestiert sich sowohl im Kontext des traditionellen psychoanalytischen Settings, als auch im selbstpsychologischen Setting:

Ich glaube, daß die Psychoanalyse - die traditionelle Psychoanalyse - ihre Erfolge immer mittels des dreistufigen Vorgangs erzielt hat, den ich dargelegt habe, und daß der einzige wirkliche Fortschritt, den die Selbstpsychologie gebracht hat, die Expansion der psychoanalytischen Theorie ist, spezifisch die theoretische Erhellung des gesamten Bereichs der Reaktivierung unbefriedigter Entwicklungsbedürfnisse in der Übertragung mittels der Entdeckung der Selbstobjekt-Übertragungen. (a.a.O., S. 155-156)

Ohne auf die nicht selten abfällige Frage einzugehen, ob etwas denn nun 'analytisch' ist oder nicht, wendet sich Kohut der Frage zu, um was es sich bei einer wirklichen analytischen Intervention handelt. Für ihn müssen sowohl die verstehenden, als auch die erklärenden Komponenten der Deutung in einer Intervention enthalten sein. Beide sind wesentlich für den analytischen Prozeß. Daraus ergibt sich jedoch eine andere Frage. Wenn strukturbildende optimale Frustrationen bereits in der ersten Phase geboten werden, warum brauchen wir die zweite dann überhaupt? Welche Funktion hat sie und was trägt sie zum analytischen Prozeß bei? Kohut geht nun näher auf die Erklärungsphase ein und zeichnet in diesem Zusammenhang zwei zusätzliche Elemente nach:

1. *Das dynamische Element:* Der Analytiker erklärt die gegenwärtigen emotionalen Reaktionen des Patienten im Sinne wiederbelebter Entwicklungsbedürfnisse, die nun in der Übertragung erlebt werden.
2. *Das genetische Element:* Hier berücksichtigt der Analytiker die frühen Lebenserfahrungen des Patienten, anhand derer er die Ursprünge des gegenwärtigen Übertragungserlebens erklärt.

Im folgenden soll eine ausführliche Version der vollständigen Deutung der Mustersituation gegeben werden, die wir bereits näher betrachtet haben. Die Analytikerin reagiert auf den Rückzug ihrer Patientin, der erfolgte, nachdem sie (die Analytikerin) das Ausfallen einer Stunde ankündigte.

(a) *Verstehensphase*: „Sie wollen nicht mit mir sprechen, weil Sie sich geärgert haben, als ich Ihnen sagte, daß bald eine Stunde ausfallen wird. Meine Ankündigung schien Ihnen so dahingesagt und abrupt und Sie waren gekränkt."

(b) *Erklärungsphase*: „Sie fühlen sich so, weil:"

(a) Dynamischer Kommentar: „Sie verlassen sich auf mich, um sich sicher und ganz zu fühlen. Wenn Sie so abgeschnitten werden, ist es wie ein innerer Bruch. (Dieser Kommentar erklärt die idealisierende Übertragung sowie das Erleben ihrer Unterbrechung.) und
(b) Genetischer Kommentar: „Sie reagieren besonders empfindlich auf diese Art von Unterbrechung, denn, als Sie klein waren, brauchten Sie, wie alle Kinder, die beständige Anwesenheit Ihrer Mutter, um sich sicher und ganz zu fühlen. Ihre einsame und niedergeschlagene Mutter verließ Sie häufig - oft ohne große Ankündigung - , um wiederum mit ihrer Mutter auf Reisen zu gehen. Sie ließ Sie zurück bei den verschiedenen Kindermädchen, von denen keine Sie wirklich gut kannte." (Hier erläutert der Analytiker auf nicht wertende Art und Weise das ursprüngliche Bedürfnis nach dem idealisierten Selbstobjekt sowie die traumatischen Brüche während der Kindheit, die die Patientin für die gegenwärtige Unterbrechung sensibilisierten.)

Um zur Funktion der Erklärungsphase zurückzukommen - Kohut vertritt die Auffassung, daß diese Phase die Wirkung der Verstehensphase erhöht und so das Wesen der gesamten Deutung qualitativ verändert. Die vollständige genetisch-dynamische Erklärung hat eine zweifache Wirkung auf den Patienten:

1. Die Vermittlung des tiefen Verständnisses auf Seiten des Analytikers stärkt das Vertrauen des Patienten in die Realität des empathischen Bandes, das zwischen ihm und dem Analytiker besteht. Diese Erfahrung vertieft auch das empathische Verständnis des Patienten für sich selbst.
2. Die zweistufige genetisch-dynamische Erklärung gibt dem Patienten eine anhaltende Möglichkeit, über die Bedeutung seines Übertragungserlebens nachzudenken. Nicht selten wird die Verstehensphase mit der Zeit von sich aus vage und unterbrochen. Das Hinzufügen der vollständigen genetisch-dynamischen Erklärung ermöglicht es dem Patienten, über sein Übertragungserleben im Rahmen seiner Lebensgeschichte nachzudenken. So gesehen hat der Bruch (zwischen Therapeut und Patient) größere Bedeutung und versetzt den Patienten sogar in die Lage, ähnliche Erfahrungen in anderen Situationen zu verstehen, wenn der Analytiker nicht anwesend ist. Die genetisch-dynamische Erklärung ist ein wichtiges Hilfsmittel im Durcharbeitungsprozeß.

Diese zweistufige Deutungseinheit, bei der Erklären auf Verstehen folgt, und die viele, viele Male im Laufe einer Analyse wiederholt wird, ist für Kohut das behandlungstechnische Element, das zu psychoanalytischer Heilung führt. Diese behandlungstechnische Vorgehen ist das gleiche in jeder Analyse, in der Übertragungen gedeutet und durchgearbeitet werden, ungeachtet der jeweiligen theoretischen Orientierung des Analytikers. Es beschränkt sich nicht auf Behandlungen, die im Rahmen der Selbstpsychologie durchgeführt werden.

Können neue Strukturen geschaffen werden?

Der Aufbau psychischer Strukturen ist das wesentliche Element im Heilungsprozeß. Sind die Strukturen, die während einer Analyse entstehen, neu, oder handelt es sich dabei um wiederhergestellte Strukturen, die von Kindheit an, wenn auch in beeinträchtigtem Zustand, vorhanden sind? Völlig neue Strukturen, so Kohuts Antwort, können sich nicht bilden, da die Schaffung eines Kernselbst *de novo* nicht möglich ist. Die in einer Analyse entstehenden Strukturen sind Wiederherstellungen alter, fehlerhafter und gefährdeter Strukturen. Eine analytische Behandlung kann nicht das liefern, was ursprünglich nicht vorhanden war. Dieses Verständnis hat bestimmte diagnostische und prognostische Implikationen. Um von einer psychoanalytischen Behandlung profitieren zu können, muß der Patient über ein rudimentäres Selbst verfügen. Ebenso sollten Patienten fähig sein, blockierte narzißtische Bedürfnisse aus der Kindheit, die in der analytischen Situation mobilisiert werden, innerhalb der Übertragung wiederzubeleben. Die analytische Behandlung, die Kohut beschreibt, ist nicht wirksam bei Patienten, die offen oder verdeckt psychotisch sind.

Zusammenfassung der wesentlichen Elemente einer analytischen Heilung nach Kohut

Im folgenden sollen die Elemente, die Kohut als wesentlich für die analytische Heilung erachtet, skizzenhaft zusammengefaßt werden. Ziel ist eine anschauliche und genaue Darstellung des Materials, die es ermöglichen soll, Kohuts Konzept der Heilung nachzuvollziehen.

1. *Psychische Gesundheit*: Kohuts Neudefinition von Gesundheit, die einhergeht mit einer entsprechenden Neubestimmung des analytischen Behandlungsziels.
   (a) Psychische Gesundheit findet nach Kohut ihren Ausdruck auf einem funktionellen Kontinuum, das von einem Selbstpol bis zum anderen reicht. Sie ist das Resultat einer gesunden, strukturfördernden Kindheit oder aber das Ergebnis einer erfolgreichen Analyse, in der sich die während der Kindheit beeinträchtigten Strukturen über die Wiederbelebung blockierter narzißtischer Konfigurationen entwickeln.
   (b) Psychische Gesundheit findet ihren Ausdruck in einem Leben, in dem das funktionelle Kontinuum und die Gesamtheit des Selbst die Verwirklichung angeborener Talente und Fähigkeiten ermöglichen, die wiederum zur Quelle narzißtischer Erfüllung werden.
2. *Strukturbildende Prozesse*: Wieder in Gang gekommene Entwicklungsprozesse, die für die neu erstarkten Strukturen verantwortlich sind.
   (a) Die Wiederherstellung der defizitären Strukturen erfolgt über die *Mobilisierung* der blockierten narzißtischen Bedürfnisse, die nun in Form von Selbstobjektübertragungen auf den Analytiker auftreten.
   (b) Der Prozeß der *umwandelnden Verinnerlichung* (in Gang gesetzt durch optimale Frustration) ist verantwortlich für die Stärkung des Selbst, sobald die oben genannte Mobilisierung stattfindet.
3. *Behandlungstechnik*: Zwei-Phasen-Intervention, die die Strukturbildung fördert.
   (a) *Verstehensphase der Intervention*: Durch empathisches Eintauchen in das affektive Erleben des Patienten gewinnt der Analytiker Informationen über dessen Innenleben. Dieses Verständnis teilt er ihm zum angemessenen Zeitpunkt mit. Obgleich Empathie ein Mittel zur 'Datensammlung' und keine therapeutische Technik darstellt, ist die Erfahrung des Patienten, einfühlsam verstanden zu werden, wesentlich für sein psychisches Leben. Erst in zweiter Linie geht sie mit therapeutischem Nutzen einher.
   (b) *Erklärungsphase der Intervention*: Seinem Verständnis der gegenwärtigen Situation fügt der Analytiker sein Verständnis der frühen Erfahrungen des Patienten hinzu (genetische Rekonstruktion). Auf nicht-intellektualisierende Weise erläutert der Analytiker, wie eine

bestimmte frühe Erfahrung in der Dynamik der gegenwärtigen Situation wiederholt wurde. Erklärungen, selbst wenn sie einfühlsam vorgebracht werden, distanzieren etwas von der Unmittelbarkeit des gegenwärtigen Erlebens. Sie fügen dem Verstehen ein kognitives Element hinzu. Dies ermöglicht dem Patienten, über sein Erleben im Rahmen seiner Lebensgeschichte nachzudenken, es fördert das Durcharbeiten und festigt letztlich das Selbst.

Der selbstpsychologische Ansatz im Hinblick auf Abwehr und Widerstand

Obgleich offensichtlich, möchte ich an dieser Stelle den Grundsatz wiederholen, daß ein Verständnis der Kräfte, die zu Krankheit führen, immer auch den rationalen Versuch prägt, die Krankheit zu behandeln. Ein Beispiel aus der Medizin soll das verdeutlichen: Im Falle einer lokalen bakteriellen Entzündung schützt sich der Körper vor einer allgemeinen Infektion, indem er die eindringenden Bakterien in eine Abwehrstruktur, etwa einen Abszeß, einkapselt. Die Abszeßwand wiederum bewahrt die eindringenden Bakterien vor der gesamten Wucht der körperlichen Immunreaktion und ermöglicht es ihnen, in der geschützten Umgebung der Abwehrstruktur zu wachsen. Wenn man dies weiß, wird das Mittel der Wahl für die Behandlung eines Abszesses darin bestehen, ihn zu öffnen und seinen Inhalt abfließen zu lassen.

So wie unser Wissen um den Prozeß der Entstehung eines Abszesses seine Behandlung bestimmt, so diktiert unser Tiefenverständnis eines bestimmten psychischen Zustands dessen Behandlung. Die jeweilige Theorie über das menschliche Seelenleben bestimmt den klinischen Ansatz, mit dem man sich einer psychologischen Fragestellung nähert. Mit diesen Vorbemerkungen komme ich nun zum behandlungstechnischen Umgang mit Abwehr und Widerstand in der Psychoanalyse. Unsere Psyche reagiert auf das drohende Eindringen schwieriger Gefühls- und Affektzustände mit einer ganzen Reihe von Abwehrstrategien. Diese werden in der klinischen Situation als Widerstände bezeichnet. Historisch gesehen, nahm die Abwehr- und Widerstandsanalyse einen zentralen Platz im Arsenal psychoanalytischer Behandlungsstrategien ein und wurde in erster Linie von Freuds Modellen der menschlichen Psyche bestimmt. Ich werde zunächst den klassischen Ansatz zu Abwehr und Widerstand diskutieren, um mich anschließend Kohuts Verständnis dieser psychischen Schutzmechanismen zuzuwenden.

Freuds topisches Modell ging von einem Unbewußten aus, das aus dem Bewußtsein verdrängte Triebwünsche enthält - ähnlich der Art und Weise, wie toxische Inhalte eines Abszesses vom Körper abgetrennt werden. Entsprechend dieser Theorie ähnelt die Technik für die Behandlung einer psychischen Krankheit der medizinischen Behandlung eines Abszesses. Die schützende Struktur, die sich im Falle psychischer Krankheit aus Abwehr und Widerstand zusammensetzt, muß durchstoßen und die toxischen Inhalte (Triebwünsche und die daran geknüpften bedrohlichen Affekte) müssen offengelegt werden. Abwehr- und Widerstandsanalyse - das Durchstoßen des Abwehrpanzers, der das toxische unbewußte Material umgibt - ist eine der wichtigsten Strategien der traditionellen psychoanalytischen Behandlungstechnik. Freud formalisierte diesen medizinischen Ansatz mit seiner Empfehlung, „sich während der psychoanalytischen Behandlung den Chirurgen zum Vorbild zu nehmen, der all seine Affekte und selbst sein menschliches Mitleid beiseite drängt" (1912, S. 175).

Mit seinem Strukturmodell führte Freud einige Jahre später das Konzept psychischer Instanzen ein (1923). Als Heilung gilt nun die Zähmung unbewußter Triebe durch das Ich. Behandlungstechnisch bedeutet dies die Aufklärung des Patienten über die Existenz der Triebe, wie sie sich in der Übertragung und anderen Inszenierungen manifestieren. Da seine Triebwünsche jedoch angst- und schuldbeladen sind, schützt sich der Patient vor deren Bewußtmachung mit Hilfe verschiedenster unbewußter, in der Persönlichkeit verfestigter Abwehrstrategien. Der klassische Psychoanalytiker sieht die Manifestation von Abwehrmechanismen als einen Widerstand gegenüber dem Fortschritt der Analyse, da sie sich dem Wissen um die Triebe entgegenstellen. Im Zuhören achtet der Analytiker aufmerksam auf die Präsenz von Widerständen. Der Hauptfokus behandlungstechnischen Vorgehens richtet sich auf die Überwindung von Widerständen, d.h. auf das Erkennen ihrer Existenz sowie das Deuten ihrer Abwehrfunktion. Für den klassischen Analytiker ist die Analyse von Abwehr und Widerstand Selbstzweck. Die zugrundeliegenden Depressionen sowie die blockierte psychische Entwicklung eines fehlerhaften Selbst, die Kohut als Kern der Persönlichkeit ansieht, stellen keinen zentralen Fokus dar.

Freuds traditionelle Modelle erklären psychische Prozesse, wie z.B. Versprecher, Träume, Hemmungen, sowie verschiedenste Symptome, jedoch nicht die komplexen psychischen Zustandsbilder des Menschen an sich. Sie liefern weder eine Erklärung für die Entwicklung von Persönlichkeit, noch für die Folgen, die Blockierungen auf das Entstehen eines Selbst haben. Obschon die Ich-Psychologen das Strukturmodell ausweiteten, indem sie Entwicklungsfragen berücksichtigten und dem verkümmerten Wachstum eines blockierten Ichs Aufmerksamkeit zollten, unterstrichen sie doch nach wie vor die Bedeutung der Ich-Funktionen, und nicht der Kern-Entleerung einer Persönlichkeit.

Für den Selbstpsychologen hingegen ist Krankheit nicht das Resultat unbewußter Triebregungen, sondern die Folge einer blockierten Selbstentwicklung. Therapeutische Anstrengung hat nicht Wissenszuwachs und Ich-Erweiterung zum Ziel. Für den Selbstpsychologen besteht Heilung in der Wiederherstellung beeinträchtigter Selbststrukturen - d.h. via Mobilisierung von Selbstobjektübertragungen, die als Ausdruck von Selbstobjektbedürfnissen aufgefaßt und im Kontext der jeweiligen Lebensgeschichte erklärt werden. Kohut vergleicht den traditionellen Ansatz und seine eigene veränderte Sichtweise. Trotz der Beschränkungen im traditionellen Modell, so Kohut,

> stellte die Analyse von Triebwünschen, Abwehrmechanismen und Widerständen lange Zeit eine therapeutische Endstation dar. Die Analytiker haben diese Konstellation traditionell also nicht als einen Übergang gesehen, der auf signifikantere zugrundeliegende Probleme des Patienten hinweist, sondern sich vielmehr ausdauernd darauf konzentriert in der Überzeugung, sobald Triebwünsche, Abwehrmechanismen und Widerstände einmal gründlich analysiert und durchgearbeitet wären, würde alles andere folgen. Ich brauche wohl nicht zu sagen, daß die Selbstpsychologie sowohl in ihrer Auffassung von wissenschaftlicher Objektivität als auch in ihren theoretischen Leitsätzen von dieser traditionellen Überzeugung abweicht. (...)
> Ich persönlich spreche lieber von der >>Abwehrhaltung<< (defensiveness) von Patienten (...) als von ihren Widerständen. (...) Daher wird der Analytiker - und vor allem der selbstpsychologisch informierte Analytiker -, der eine gewisse therapeutische Fertigkeit erlangt hat, seinen Patienten nur sehr selten in den Begriffen seiner Triebwünsche und Abwehrmechanismen betrachten; (...) Die Abwehrmotivation in der Analyse wird in den Begriffen von Aktivitäten verstanden, die im Dienste psychologischen Überlebens unternommen werden, d.h. als Versuch des Patienten, zumindest den Sektor seines Kernselbst zu retten, so klein und zerbrechlich dieser auch sein mag, den er trotz schwerer Unzulänglichkeiten in der entwicklungsfördernden Matrix der Selbstobjekte der Kindheit bilden konnte. (a.a.O., S. 169-171)

In einem Perspektivenwechsel, der von der klassischen Position ganz wesentlich abweicht, sieht Kohut die Schutzhaltung seiner Patienten als die beste ihnen zu Verfügung stehende Möglichkeit an, ihr Selbst vor der antizipierten Zerstörungswut und dem Eindringen der alten, unzulänglichen Selbstobjekte zu bewahren. Er versteht sie nicht als Widerstand gegenüber dem Fortschritt in der Analyse, sondern vielmehr als den gesündesten Weg, der den Patienten offensteht, um die Sicherheit und Ganzheit des Selbst so lange zu gewährleisten, bis das Selbst sein unterbrochenes Wachstum wieder aufnehmen kann.

Den Einsatz der persönlichkeitsabhängigen Schutzmanöver nennt Kohut „das Prinzip des Primats der Selbstbehauptung“. Er ist der Auffassung, daß die Bewahrung des psychischen Selbst ein Grundbedürfnis eines jeden Menschen darstellt, und daß sich das Selbst, im Bemühen, in einer schädlichen Umgebung zu überleben, hinter einer Schutzfassade verbirgt. Von Kooperationsbereitschaft bis hin zu Aggression, von Rückzug bis hin zu kompetentem Auftreten, das Selbst bedient sich aller möglichen Formen, sich zu verbergen und die eigene Sicherheit zu wahren. Im Laufe der Behandlung wird die spezifische Art und Weise dieser Schutzmechanismen herausgearbeitet. Die sogenannten Widerstände treten somit auf, um die Sicherheit des Selbst zu garantieren, nicht um die Bewußtmachung von Triebwünschen abzuwehren.

Auch wenn dieses Verständnis der traditionellen psychoanalytischen Technik der Abwehranalyse ähnlich sein mag, so handelt es sich doch um etwas ganz anderes. Aus selbstpsychologischer Sicht besteht der Zweck, die Schutzfassade herauszuarbeiten, nicht in einem Wissenszuwachs des Ichs, der dem Patienten helfen soll, seine Triebwünsche zu beherrschen. Vielmehr ist das Ziel, dem Patienten das Ausmaß dessen deutlich zu machen, wie sehr die Unversehrtheit seines Selbst bedroht worden war, sowie zu verstehen und zu erläutern, wie die Dinge sich zu dem entwikkelten, was sie heute sind. Die analytische Arbeit betont die Funktion, die die Abwehrmechanismen übernehmen, um die Ganzheit des Selbst zu gewährleisten und es vor den destruktiven Folgen der versagenden Selbstobjekte zu bewahren. Das empathische Verständnis der Schutzmanöver auf Seiten des Analytikers festigt die Selbstobjektbindung und fördert die progressive Entwicklung in der Behandlung. Seine Haltung hinsichtlich der Schutzmanöver des Selbst beschreibt Kohut mit folgenden Worten:

> Ist das Verhalten des Patienten, wenn er die Bedürfnisse seines defekten Selbst, wie sie in der Übertragung aktiviert werden, verbirgt, der Art und Weise analog, wie der traditionelle Analytiker den Analysanden sieht, der sich dem Schmerz und der Angst widersetzt, denen er sich selbst stellen müßte, wenn er seine Triebwünsche gegenüber dem Vater-Analytiker (...) hochkommen ließe? Entschieden nicht. (...) Alle diese sogenannten Widerstände dienen den grundlegenden Zielen des Selbst; sie müssen niemals >>überwunden<< werden. (a.a.O., S. 217)

Ein Fallbeispiel

Anhand einer meiner Patienten läßt sich die Anwendbarkeit der Konzeptualisierungen Kohuts im Rahmen einer psychodynamischen Psychotherapie aufzeigen. Goldbergs (1980) Unterscheidung zwischen einem verletzten Selbst und einem desintegriertem Selbst ist nützlich in dieser Diskussion, in der ich vor allem eine Abwehrhaltung im Blick habe, die ein verletztes Selbst schützte. Sobald ich das Schutzmanöver als das erkannte, was es war, war es mir möglich, an die Tiefen der (narzißtischen, A.d.Ü.) Verletzung zu gelangen. Nach seiner Wiederherstellung konnte das Selbst seine Weiterentwicklung wieder aufnehmen.

Cindy war eine passive, fast linkische Frau, die nahezu unfähig war, Entscheidungen zur Bewältigung ihres täglichen Lebens zu treffen. Sie sah aus und verhielt sich wie ein zerbrechliches Kind, das die Bedeutung der einfachsten Situationen nicht verstand. Obwohl sie intelligent war, sah sie sich nicht in der Lage, ihre eigenen Antworten zu finden. Es war, als könne sie nicht selber denken. Irgendwann fiel mir auf, daß dieser 'hirnlose' Zustand immer dann auftrat, wenn sie von heftigen Gefühlen erregt wurde. Um welches Gefühl es sich dabei genau handelte, schien irrelevant. Ihre 'Dummheit' schien mehr von der Intensität des Affekts, als von dessen Inhalt stimuliert zu werden.

Cindy war das zweite von vier Geschwistern und Tochter einer verdeckt psychotischen Mutter, die nach außen hin funktionierte, in ihrem Muttersein jedoch überfordert und irrational war. Die kindliche Neugier, Verspieltheit und Intelligenz ihrer Tochter waren ihr unverständlich und sie konnte nicht angemessen darauf reagieren. Vielmehr brachte sie die offensichtliche Kompetenz ihrer Tochter in Rage. Sie selbst hatte eine enge Bindung an ihre eigene Mutter und ihre Schwester. Die drei Frauen (Mutter, Großmutter und Tante) waren wie ein einziger Organismus, der seinen eigenen Regeln und einer eigenen Kultur folgte. Jedes Familienmitglied, das sich nicht entsprechend der Familienkultur verhielt, traf auf offene Wut oder tödlichen und stummen Rückzug. Gehorsam und Willfährigkeit wurden belohnt, Eigeninitiative und Unabhängigkeit bestraft.

Ein Hausmädchen half Cindys psychisch überforderte Mutter bei der Kindererziehung. Diese warmherzige, unterstützende, stille, aber starke Frau war den Kindern sehr zugetan und freute sich an ihnen. Cindy hatte zahlreiche positive Erinnerungen an dieses Hausmädchen, das sie aus bedrohlichen Situationen rettete, im Gegensatz zur Mutter, die die Angst noch zu verschlimmern schien. Auch der Vater vermochte auf seine Kinder einzugehen. Liebevoll und voller Vitalität war er der Gegenpol zur kranken Mutter.

Tragischerweise starb der Vater, als Cindy 16 Jahre alt war. Die Mutter war nicht in der Lage, mit der Tragödie angemessen umzugehen. Obwohl er nach einem Herzinfarkt noch einige Tage lebte, erzählte sie den Kindern nichts von der lebensbedrohlichen Erkrankung des Vaters. Sie durften ihn nicht im Krankenhaus besuchen und Cindy beklagt, daß sie sich nicht von ihm verabschieden konnte. Als der Vater starb, schickte die Mutter nach einem Kinderarzt, der den Geschwistern ein Beruhigungsmittel spritzte.

Zu Lebzeiten war der Vater eine dominierende Persönlichkeit gewesen. Er schien übermenschlich und allwissend. Auch wenn er in Wirklichkeit wohl eher eine kontrollierende und herrische Persönlichkeit war, so hatte ihn doch Cindy als bestätigende und positive Kraft in Erinnerung, an die sie sich wenden konnte, um die emotionale Destruktivität der Mutter auszugleichen. Der frühe Tod des Vaters war eine Katastrophe, die einen tiefen und lang anhaltenden Bruch hinterließ. Über Jahre hinweg gelang es Cindy nicht, die Realität dieses Verlusts anzuerkennen. Mit Hilfe von Magie, Ritualen und ihrem charakteristischen Gebaren des hilflosen, unwissenden Kindes, das einen anderen zum Denken braucht, hielt sie das Band zum geliebten Vater aufrecht.

Das Gefühl, der Vater sei anwesend, konnte so lange aufrechterhalten werden, als es ihr selbst an der Fähigkeit zu denken fehlte. Ihre spürbare Passivität half ihr auch, die gestörte Bindung an ihre wütende Mutter aufrechtzuerhalten, die die Tochter immer dann zurückwies, wenn diese stark und kompetent schien. Diese ängstigende Bindung an die Mutter war immer noch besser als die Isolation, die sie ohne sie empfunden hätte. Um ihr Selbst in der Beziehung zu ihrer Mutter zu schützen, verbarg sich Cindy hinter der Fassade des dummen, hilflosen Kindes.

Die klassische Theorie würde die sichtliche Passivität dieser eingeschränkt lebenden Frau im Rahmen eines abwehrbedingten Rückzugs von Sexualität, Stärke und Kompetenz betrachten. Diese Abwehr würde als unbewußter Versuch gedeutet, sich vor der phantasierten Wut der Mutter zu schützen, d.h. vor der mütterlichen Vergeltung für die Liebe der Tochter zum Vater, sowie die rivalisierenden Gefühle der Mutter gegenüber. Der klassisch orientierte Analytiker würde das regressive Verhalten der Patientin lesen als „Ich bin keine Bedrohung für dich, Mutter. Ich bin ein hilfloses, kleines Mädchen."

Eine andere Ebene der lähmenden Passivität dieser Patientin würde als Ausdruck von Selbstbestrafung gedeutet - ausgelöst durch die Phantasie, sie sei schuld am Tod des Vaters, womit ihre inzestuösen und mörderischen Triebwünsche bestraft würden. Das Ziel einer klassischen Behandlung bestünde darin, durch die Bewußtmachung der unbewußten Wünsche dem Ich die Kontrolle über diese zu ermöglichen. Zu diesem Zweck würde sich die Behandlung auf Cindys wiederholte, abwehrbedingte Versuche konzentrieren, ihre Triebwünsche, die sich in Übertragung und anderen Widerständen manifestieren, unbewußt zu halten.

Der selbstpsychologische Ansatz unterscheidet sich von diesem Vorgehen grundlegend. Obwohl es lange Zeit dauerte, bis ich die volle Bedeutung von Cindys bemerkenswerter Passivität und Unbeholfenheit erfaßte, so verstand ich doch, daß sie mit dieser Passivität ihr schwaches und verborgenes Selbst schützte. Ich ging nicht davon aus, daß es sich um einen abwehrbedingten Rückzug von ihren Triebwünschen handelte, der hier nach Ausdruck verlangte. Ich verstand Cindys Phantasieleben nicht als Manifestation unbewußter Triebe, sondern im Kontext ihrer Selbstobjektumgebung.

Die Verstehensphase dieser Behandlung, in der Cindy über ihre Depression und die grauenvolle Erfahrung mit ihrer psychotischen Mutter sprach, dauerte viele Jahre, bis sie schließlich das Ausmaß der Krankheit der Mutter und deren Auswirkung auf ihre eigene psychische Entwicklung verstand, ihr Bedürfnis miteingeschlossen, sich „klein“ zu machen, um sich sicher zu fühlen.

Während unserer gemeinsamen Arbeit kam Cindy häufig auf die Figur der Dorothy in Frank Baums *Der Zauberer von Oz* zu sprechen. Sie identifizierte sich mit der jungen und verlassenen Protagonistin, die nach der Ganzheit und Sicherheit eines Zuhauses suchte. Cindy sah Dorothys Reisegefährten als Fragmente eines gebrochenen Selbst: die Vogelscheuche ohne Verstand, der Blechmann ohne ein lebendiges, fühlendes Herz, und der Löwe ohne Mut. Sie sehnte sich nach dem Zauberer, der sie, wie ihr allmächtiger Vater, durch Zauberkraft wieder zusammensetzen konnte.

Die vorherrschende Übertragung in der Behandlung war eine Idealisierung, die ich anfänglich als Wiederbelebung eines blockierten Bedürfnisses nach einem idealisierten Selbstobjekt verstand. Diese Idealisierung war jedoch insofern bemerkenswert, als sie sich über die Zeit hinweg nicht veränderte. Ich war eigentlich davon ausgegangen, daß es mit zunehmender struktureller Festigung zu einem allmählichen Rückgang der Idealisierung kommen würde, aber sie blieb gleich. Schließlich wurde mir klar, daß diese Idealisierung nicht im Dienste neuerlichen Wachstums stand, sondern Teil einer umfassenden Fassade war, die ein zutiefst erschrockenes und schwaches Selbst schützte.

Gemeinsam arbeiteten wir heraus, daß ein unbeholfenes, dummes und „kleines“ Mädchen zu sein, Cindy vor der Wut ihrer psychotischen Mutter schützte, sowie die lebenserhaltende Verbindung zum verstorbenen Vater aufrechtzuerhalten half. Die Übertragung, in der ich allwissend und die Patientin dumm blieb, war *kein* abwehrbedingter Rückzug von den Gefahren, die mit unbewußten Triebregungen verknüpft waren, noch handelte es sich um die Mobilisierung idealisierender Selbstobjektbedürfnisse. Vielmehr handelte es sich um einen Versuch der Patientin, sich sicher und ganz zu fühlen, indem sie, in der Übertragung, die Kindheitserinnerung an den verstorbenen Vaters inszenierte. Darüber hinaus schuf der kindähnliche Zustand eine Zuflucht vor der Bedrohung durch die psychotische Mutter.

Erst nachdem ich die Schutzfunktion der Übertragung in Bezug zur Mutter und zum lebenserhaltenden Band mit dem Vater verstanden hatte, gelang es mir, effektiv mit dieser Übertragung zu arbeiten. Ein um lange Jahre verzögerter Trauerprozeß setzte ein, als wir diesen Aspekt der Vaterübertragung zu bearbeiten begannen. In ihrer Trauer gab sie ihrem verletzten Selbst, das sie verborgen hatte, eine Stimme: „Ich sehe jetzt, daß ich verrückt wurde, als mein Vater starb. Als er starb, stieg ich mit ihm in den Sarg. Das schien der einzig sichere Ort zu sein.“

Je weiter die Behandlung fortschritt, desto klarer zeichnete sich ab, wie ‘klein’ zu sein, Sicherheit für die Patientin bedeutete. Es war eine Maskerade, die einen Zufluchtsort darstellte, bis das verletzte Selbst so weit wiederhergestellt und kräftig genug war, den Verlust des Vaters durchzuarbeiten. Cindy hatte die schädlichen Auswirkungen der pschotischen Mutter mit einer Hinwendung zum Vater zu kompensieren versucht. Sein Tod warf sie auf die Mutter zurück, die die Quelle von Ganzheit zu sein schien. Doch diese Ganzheit war eine Illusion, da die Destruktivität der Mutter kein Ende nahm.

Die Bindung an die psychotische Mutter konnte allmählich gelockert werden, als das verletzte Selbst zunehmend wiederhergestellt wurde. Die Patientin erkannte, wie zerstörerisch ihre Mutter war und trauerte um die Mutter, die sie nicht hatte. Als sie kräftiger war, wandte sie sich dem überwältigenden Trauma des Todes ihres Vaters zu. Wir brachten Jahre damit zu, die schlimmen Folgen ihrer psychotischen Mutter zu bearbeiten, doch der Verlust des Vaters war wohl ein noch schwierigeres Problem, dem sich die Patientin stellen mußte. Ihre bereits frühe Hinwendung zum Vater und zum liebevollen Hausmädchen hatte ihr das Leben gerettet. Der Vater war die zweite und beste Chance, zu leben und sich gesund zu entwickeln, was seinen vorzeitigen Tod besonders katastrophal machte. Er war der kompensatorische Elternteil, der für Gesundheit und Sicherheit stand.

Die Behandlung schritt zügig voran, als wir die ganze Tiefe dessen, wie Cindy den Tod des Vaters erlebt hatte, bearbeiten konnten. Ihr offenbar sicherheitspendendes Bedürfnis nach Idealisierung ging zurück. Diese Veränderung kündigte sich an, als ein Urlaub meinerseits anstand. In einer neuen Erfahrung wurde Cindy wütend auf mich, weil ich in Ferien fuhr, und bald übertrug sich diese Wut auf viele Dinge. Ihr Ärger war zunächst diffus, um sich dann auf das Gefühl, betrogen und verlassen zu werden, zu konzentrieren. Bis dahin ungekannte Gefühle, die die Krankheit und den Tod des Vaters betrafen, kamen nun hoch. Doch mußte dieser Tod nicht mehr verleugnet werden. In ihrer Trauer, und trotz ihres Schmerzes, fühlte sie sich allmählich ganz.

Interessant sind ihre Assoziationen zum Zauberer von Oz. Aus einer Person mit Zauberkraft wurde ein Einfaltspinsel hinter den Kulissen, der wie wild die Fäden zog. Die Wiederherstellung ihres verletzten Selbst und die Trauer um den zaubermächtigen Vater, ermöglichten es der Patientin, das Band zu kappen, das sie 'klein' hielt. Sie brauchte die Schutzfunktion der Idealisierung nicht mehr. Sie empfand sich als kompetente Frau, die fähig war, mit Selbstvertrauen für sich, in der Welt, einzutreten. Sie glaubte daran, daß sie ihre Talente entwickeln und ein erfülltes Leben führen würde. Wie Dorothy, deren Schuhe sie nach Hause brachten, fühlte sich Cindy in der Lage, ihr Leben selbst zu bestimmen. Ihr Kommentar dazu: „Nun bin ich ein ganzer Mensch. Ich habe ein Herz, einen Verstand und eine Seele."

Die selbstpsychologische Sichtweise ermöglichte es mir, das *Gesunde*, das in der Abwehrposition dieser Patientin lag, zu begreifen. Geleitet vom Bild eines zutiefst erschrockenen und verletzten Selbst, das versuchte, sich zu schützen, verstand ich Cindys Passivität als die lebensrettende Fassade, die sie war. Für mich handelte es sich dabei nicht um den Rückzug von unbewußten Triebregungen. Aus dieser Position heraus konnten wir das verletzte Selbst heilen, das sich aus seinen Gefängnismauern befreite und seine alte Entwicklung wieder aufnahm.

Kapitel 12

Schlußwort

Kohut starb am 8. Oktober 1981, drei Tage nachdem er auf der Fünften Jahrestagung zur Selbstpsychologie in Berkeley, Kalifornien, seinen Aufsatz *On Empathy* aus dem Stegreif gehalten hatte. Er wußte, daß er nicht mehr lange zu leben hatte und daß dies sein letzter Vortrag sein würde. Was wollte er diskutieren? Welche Frage verdiente seine letzten Worte? Erstaunlicherweise wählte er das umfangreiche Thema Empathie, das er 1959 in die Diskussion eingeführt hatte. Was war der Grund für diese Entscheidung?

Kohut war in tiefer Sorge darüber, daß seine Konzeptualisierung von Empathie von seinen Kritikern völlig mißverstanden worden war. Er hatte auch das Gefühl, daß andere wiederum dieses Konzept mißbrauchten und die irrige Behauptung aufstellten, daß Empathie heile - eine Position, die er nicht im geringsten vertrat. Er war so beunruhigt durch dieses Mißverständnis, daß er sich „ernsthaft verpflichtet fühlte, die Dinge klarzustellen" (1981). Mit Nachdruck unterstrich er seinen Wunsch, „einen Gegenpol zu jenen sentimentalen Pervertierungen in der Psychotherapie darzustellen, die durch Liebe, Mitleid, bloßes Da-Sein und Nettigkeit heilen wollen" (1981).

Kohut diskutiert das Thema Empathie deshalb auf mehreren Ebenen, bevor er zu der für ihn wesentlichen Schlußfolgerung kommt. Er greift zunächst sein ursprüngliches Verständnis von Empathie als bestimmendes Merkmal des psychologischen Feldes (1959) auf und wiederholt seine frühere These, derzufolge der psychologische Beobachter die Innenwelt des Menschen mit Hilfe von Empathie untersucht, so wie sich die verschiedenen Wissenschaften die äußere Welt via extrospektiver Instrumente erschließen. Der Psychoanalytiker bedient sich des Mittels der Empathie, um Informationen über die komplexe Welt psychischer Zustände eines Patienten zu erhalten. Er vertieft sich in seine Wahrnehmung dessen, was der Patient erlebt, um dann über die Natur dieser Erlebensweisen zu reflektieren. Kohut wiederholt sich, wenn er betont, daß Empathie das Mittel ist, mit dessen Hilfe der psychologische Beobachter Informationen über die innere Welt menschlichen Erlebens sammelt. Empathie ist das Instrument der Datengewinnung. Sie definiert das Untersuchungsfeld des Psychologen, so wie das Mikroskop des Histologen dessen Untersuchungsbereich bestimmt. Wenn die Histologie das Feld ist, das dem Studium mit Hilfe eines Mikroskops zugänglich ist, dann öffnet sich die Psychologie über Empathie.

Auf dieser Ebene des Verständnisses handelt es sich bei Empathie nicht um eine Handlung, sondern um ein Bestimmungsmerkmal eines bestimmten Bereichs, nichts sonst. Da Empathie den psychologischen Bereich definiert, gehören lediglich Informationen, die mit Hilfe von Empathie gewonnen wurden, in den Bereich psychoanalytischer Untersuchung. Diese Definition von Psychoanalyse schließt Prinzipien aus anderen Breichen, die Eingang in die Definition finden könnten, aus. Kohut denkt hierbei vor allem an biologische Grundsätze, wie etwa Freuds Einführung der biologisch begründeten Triebe. Auf einer nächsten Verständnisebene spricht Kohut von Empathie als einem Instrument, das uns sagt, wie unser angemessenes therapeutisches Vorgehen auszusehen hat. Wenn wir wissen wollen, so Kohut, wie wir uns einer anderen Person gegenüber verhalten sollen, müssen wir uns in sie hineinversetzen. Angemessenes Handeln basiert auf der Kenntnis des anderen. Dieses Wissen kann zum Guten oder zum Schlechten eingesetzt werden. Natürlich muß man den anderen kennen, um ihm helfen zu können. Aber auch, wenn man die Absicht hat zu verletzen, setzt dies die genaue Kenntnis des anderen voraus, denn verletzen kann man nur, wenn man die Schwachstellen des anderen kennt.

Als Beispiel hierfür nennt Kohut die Nazis, die ihr Wissen um die verletzbaren Seiten ihrer Opfer nutzten, um ihnen größtmöglichen emotionalen Schmerz zuzufügen. Ganz anders die Mutter, die sich ihrer Empathie bedient, um ihre Kinder zu verstehen und auf sie zu reagieren. Ganz ähnlich verhält es sich nach Kohut mit Psychoanalytikern, die ihr Einfühlungsvermögen einsetzen, um ihre Patienten zu verstehen und ihr analytisches Vorgehen zu bestimmen. Empathie, so insistiert Kohut, bestimmt das Handeln, ungeachtet dessen Inhalt.

Die nächste Stufe von Empathie, so Kohut, ist wohl am schwierigsten zu erläutern. Er war davon ausgegangen, daß Empathie keine Handlung ist, sich jedoch positiv auswirkt und mit einem umfassenden therapeutischen Nutzen einhergeht. Das Paradoxon, daß Empathie keine therapeutische Handlung ist, jedoch einen therapeutischen Effekt hat, ist für Kohut die Ursache der Verwirrung, die seine Schriften ausgelöst haben. Mit ironischem Unterton hebt er hervor, daß die Präsenz von Empathie im Umfeld wesentlich für das psychische Leben ist, egal, ob sie für gute oder schlechte Zwecke eingesetzt wird. Empathie, ob positiv oder negativ ausgerichtet, erkennt die Existenz des anderen an. Sie bestätigt sein Menschsein. Obgleich der destruktive Einsatz von Empathie besonders grauenvoll ist, bezeichnet Kohut eine Umgebung ohne Empathie als noch größere Katastrophe, denn sie stoße einen zurück, als existiere man nicht. Er weist in diesem Zusammenhang darauf hin, daß mit das Schlimmste, das die Nazis ihren Opfern antun konnten, darin bestand, ihnen ihr Menschsein abzusprechen.

Um deutlich zu machen, um was es sich bei einer empathischen menschlichen Umgebung im Kern handelt, zieht Kohut folgenden Vergleich heran: Die Besatzung eines Raumschiffs verliert nach technischem Versagen die Kontrolle über ihr Raumschiff. Bevor der Schaden entdeckt und behoben werden kann, wird sie vor die Wahl gestellt, entweder für immer im Weltall zu kreisen, oder aber zu versuchen, zur Erde zurückzukehren, was jedoch bedeutet, bei Eintritt in die Erdatmosphäre aller Wahrscheinlichkeit nach zu verglühen. Ohne zu überlegen, fällt die Entscheidung, zur Erde zurückzukehren. Der Vorstellung, ihre Überreste könnten für alle Ewigkeit im verlassenen Raum umherirren, ziehen die Astronauten das Risiko ihres Todes durch Verglühen vor. Für Kohut manifestiert sich in dieser Wahl der tiefe menschliche Wunsch nach Kontakt mit einer empathischen menschlichen Umgebung, sowie die große Angst vor Isolation im end- und leblosen Raum.

Die Verbindung mit einem empathischen menschlichen Umfeld ist nach Kohut wesentlich für die psychische Existenz des Menschen. Aus seiner analytischen Arbeit leitet er ab, daß „der Verlust eines empathischen Umfelds, der Verlust eines verständnisvollen Umfelds, nicht notwendigerweise der korrekten Handlung, aber der Verlust eines jeglichen Verständnisses“ (1981, S. 531) in die Angst vor Desintegration mündet, die die schwerste und verheerendste Form von Angst darstellt. Der Verlust eines empathischen Milieus ist deshalb schädigend, da damit auch der Verlust des grundlegenden menschlichen Bedürfnisses schlechthin einhergeht, nämlich die Bestätigung der eigenen psychischen Existenz - selbst wenn diese Bestätigung in einem verletzenden Kontext geschieht. Auch wenn elterliche Mißverständnisse schlimme emotionale Narben hinterlassen können, so rührt doch das größte Leid aus dem Erleben der Leere und Ausdruckslosigkeit psychisch nicht verfügbarer Eltern. Die latente Psychose einer Mutter oder eines Vaters, die die Realität der Existenz des Kindes mißachten und es wie ein Ding oder eine Erweiterung ihrer/seiner selbst behandeln, schafft ein „anaerobes“ psychisches Milieu. Kinder solcher Eltern können nicht beschreiben, was nicht stimmt, da sie davon ausgehen, daß das Umfeld, in dem sie groß geworden sind, das normale ist. Ohne daß man es merkt, fühlen sich diese Kinder schuldig, daß sie sich etwas wünschen, was ihre Eltern nicht geben können.

Laut Kohut folgt Empathie einer Entwicklungslinie. Sie reicht von frühen Formen - von der Bezugsperson gehalten, berührt und gerochen werden - bis zu der etwas distanzierteren, aber nach wie vor engen Interaktionserfahrung, das Kind mit Worten und Mimik zu halten. Das abenteuerlustige Kind, das sich von der Mutter wegbewegt, um ein neues Gebiet zu erkunden, illustriert dies beispielhaft: Es hält inne und dreht sich um, um sich des bestätigenden und ermutigenden Lächelns der Mutter zu versichern, bevor es weitermacht. Das stolze und beruhigende Lächeln der Mutter stellt nach Kohut eine höhere Form von Empathie dar. Es ersetzt das körpernahe Erleben von Halten und Berühren durch das einfühlsame, aber erlebensmäßig distanziertere Lächeln, in dem sich Stolz und der Glaube an die Fähigkeiten des Kindes widerspiegeln.

Die Entwicklung von einer niedrigeren Ebene des Empathie-Erlebens hin zu einer höheren, hat für Kohut ihre Entsprechung in der Behandlungssituation. In einer frühen Form von Empathie erlebt der Patient zunächst, wie er durch das Verständnis des Analytikers „gehalten“ wird und so empathisch mit ihm verschmilzt. Bei manchen Patienten nimmt diese Phase eine lange Zeit in Anspruch, aber schließlich kann der nächste Schritt getan und eine höhere Stufe von Empathie erreicht werden. Mit der Weiterentwicklung des Patienten reagiert und bewegt sich auch der Analytiker von einer entwicklungsmäßig niedrigeren Form von „erfahrungsnaher“ Empathie zu einer höheren, etwas „erfahrungsferneren“ Form von Empathie. Diese höhere Stufe von Empathie manifestiert sich dann, wenn der Analytiker eine Erklärung zum vorangegangenen „erfahrungsnahen“ Verstehen, das auf der niedrigeren Empathie-Ebene angesiedelt ist, vorbringt.

Kohut unterstreicht abschließend die Komplexität von Empathie. Empathie enthält Element des erfahrungsnahen Verstehens, gemischt mit der erfahrungfernen Erläuterung der höheren Empathie-Stufe, die eine Beurteilung dessen abgibt, wie die komplizierte Geschichte der Vergangenheit in den Empfindlichkeiten, Verletzungen und Reaktionen der Gegenwart lebendig ist. Mit Sorgfalt vorgebracht, handelt es sich bei dieser Erläuterung nach wie vor um eine Form von Empathie, wenn auch auf einer höheren Entwicklungsebene. Der Analytiker beobachtet noch immer die Innenwelt des Patienten, verleiht seinen Beobachtungen jedoch auf einer verbalen, sekundärprozeßhaften Ebene Ausdruck. Kohut ist vom Entwicklungscharakter der Empathie und der Bedeutung, daß sich Analytiker und Patient entlang eines Kontinuums von Empathie bewegen, so überzeugt, daß er diesen Punkt in seinem Buch *Wie heilt die Psychoanalyse?* (1987, engl. 1984) zum wichtigsten erhebt. In seinem Aufsatz *On Empathy* aus dem Jahr 1981 schreibt er:

> Die Psychoanalyse heilt durch das Geben von Erklärungen - Interventionen auf der Ebene von Deutungen; nicht durch 'Verstehen', nicht durch Wiederholen und Bekräftigen dessen, was der Patient fühlt und sagt, das ist erst der erste Schritt; doch dann muß sich der Analytiker bewegen und eine Deutung abgeben. In der Psychoanalyse meint Deutung eine Erklärung dessen, was in genetischer dynamischer und psychoökonomischer Hinsicht vor sich geht (...). Ich glaube, daß die Entwicklung vom Verstehen zum Erklären, vom Bestätigen, daß der Analytiker weiß, was der Patient fühlt und denkt und sich vorstellt (daß er auf sein Innenleben eingestellt ist), und dem nächsten Schritt, eine Deutung abzugeben, eine Entwicklung von einer niedrigeren zu einer höheren Form von Empathie ist. (a.a.O., S. 532)

Er wäre kein Kliniker, würde er nicht mit einer Fallvignette schließen, die beispielhaft darstellt, wie er sich auf der niedrigsten Empathie-Ebene zu einer Patientin in Beziehung setzt, ohne seine Position als Analytiker aufzugeben. Als sich diese Patientin - eine sehr verletzbare und ernsthaft suizidgefährdete Frau - das erste Mal auf die Couch legt, sagt sie, sie fühle sich wie in einem Sarg, deren Deckel soeben laut zugeschnappt sei. Sie ist schwer depressiv und Kohut gesteht ein, daß er einige Male dachte, er würde sie verlieren. An einem erschreckend verzweifelten Punkt, fragt Kohut die Patientin, wie es ihr gehen würde, wenn er ihr zwei Finger geben würde, die sie halten könnte, nur für eine Weile, während sie spricht. „Würde Ihnen das helfen?“. Er beschreibt diese Erfahrung folgendermaßen:

> Ein zweifelhaftes Manöver. Ich würde es nicht empfehlen, aber ich war verzweifelt. Ich war zutiefst in Sorge (...). Und nun sage ich Ihnen, was an dieser Geschichte so nett ist. Denn ein Analytiker bleibt immer ein Analytiker. Ich gab ihr meine zwei Finger. Sie ergriff sie, und sofort gab ich mir selbst eine Deutung. Es war der zahnlose Gaumen eines Kleinkindes, der sich an einer leeren Brustwarze festsaugte. Genauso fühlte ich mich. Ich sagte nichts. Ich weißt nicht, ob ich recht hat-

te. Aber ich reagierte darauf sogar da, auf mich selbst, als Analytiker. Eine derartige Intervention war danach nie mehr nötig. Ich würde nicht sagen, daß damit der Umschwung kam, aber eine sehr, sehr schwierige Sackgasse in einem bestimmten gefährlichen Moment war überwunden, und nachdem wir auf diese Weise etwas Zeit gewonnen hatten, arbeiteten wir für viele, viele Jahre mit recht gutem Erfog weiter. (a.a.O., S. 535)

Warum stellt Kohut gerade diese Fallgeschichte als letzten klinischen Kommentar vor? Was hat er im Sinn? Warum setzt er sich der Möglichkeit zusätzlicher Kritik aus, als 'unanalytisch' zu gelten? Versucht er hier nicht, mit Hilfe von Liebe und Nett-Sein zu behandeln? Warum bringt er Verwirrung in ein Punkt, den er doch klarstellen will?

Zunächst einmal leitet er den Bericht dieser Behandlung mit der Feststellung ein, daß er kein „langweiliger Analytiker“ ist. Er ist der Auffassung, daß seine Erfahrung und sein erweitertes Verständnis ihm mehr Freiheit in seiner Arbeit verschaffen. Die Fallgeschichte, um die es hier geht, ist ein Beispiel dafür.

Ich glaube, der Punkt in dieser ketzerischen Fallgeschichte ist aufzuzeigen, daß Empathie viele verschiedenen Formen hat, die von Patient und Analytiker unterschiedlich erlebt werden. In seinem Vortrag weist er zunächst darauf hin, daß die Kernaussage in *Wie heilt die Psychoanalyse?* darin besteht, daß Empathie auf einem Entwicklungskontinuum existiert, daß es also entwicklungsmäßig frühere und spätere Formen von Empathie gibt. Im Falle normalen emotionalen Wachstums bewegen sich Mutter und Kind progressiv entlang dieses Kontinuums. Die Mutter bewegt sich von den haltenden, berührenden, körpernahen frühen Modi empathischer Kommunikation zu den späteren Formen, die durch das typische „Lächeln auf Distanz“ charakterisiert sind. Mit diesem Lächeln gibt sie zu verstehen, daß sie sich nicht nur der vielen Gefühle ihres Kindes bewußt ist, wenn dieses versucht, unabhängiger zu werden, sondern auch, daß sie diesbezüglich an seine Fähigkeiten glaubt. Ähnlich bewegen sich Analytiker und Patient entlang eines Entwicklungskontinuums. Mit zunehmender psychischer Reife des Patienten geht der Analytiker von der niedrigeren Empathieform, in der er durch sein Verstehen den Patienten in empathischer Verschmelzung 'hält', über zur höheren empathischen Erfahrung der sekundärprozeßhaften verbalen Erklärung.

Wie Kohut in *Wie heilt die Psychoanalyse?* erläutert, fügt die Erklärungsphase der Verstehensphase ein kognitives Element hinzu. Der Patient vermag sich dadurch im Kontext seiner eigenen Geschichte zu begreifen. Durch das Hinzufügen des kognitiven Elements schafft die einfühlsame Erklärung ein Stück innerer Struktur. Sie ermöglicht es dem Patienten, während der Abwesenheit des Analytikers seine Gefühle zu verstehen und schließlich auch mit ihnen fertig zu werden. Die Verstehensphase allein wird schließlich vage und verschwindet aus dem Gedächtnis. Die Erklärungsphase macht aus der zweistufigen Intervention eine analytische.

„Ein Analytiker bleibt immer Analytiker,“ mit diesen Worten stellt Kohut seine Fallgeschichte vor. Was meint er damit? Ich glaube, er meint damit, daß er seine Funktion als Psychoanalytiker selbst dann nicht aufgab, als er sich auf der entwicklungsmäßig frühesten empathischen Stufe zu seiner Patientin in Beziehung setzte. In einer für die Patientin verzweifelten Zeit, als Worte ineffektiv zu sein schienen, schuf er eine 'faßbare' Verbindung, um ihr zu helfen, die psychische Kontinuität herzustellen, die ihr fehlte. Er behielt seine Funktion als Analytiker, indem er innerlich in die zweite Phase der Intervention, die Erklärungsphase, überging. Innerlich fügte Kohut seinem erfahrungsnahe Verständnis die entwicklungsmäßig höhere, sekundärprozeßhafte Erklärung hinzu, die er jedoch der Patientin noch nicht mitteilte. Natürlich hat Empathie unterschiedliche Funktionen und Bedeutungen für Analytiker und Patient. Für den Analytiker handelt es sich dabei um eine Methode der Datengewinnung auf verschiedenen Ebenen psychischer Reife, sowie um einen Referenzpunkt angemessenen analytischen Vorgehens. Für den Patienten ist sie die Luft zum Atmen.

So beendete Kohut seine bemerkenswerte Laufbahn. Beginnend mit seiner Studie zu Aschenbachs psychischem Niedergang in Thomas Manns *Tod in Venedig*, verfolgte er einen Weg, der durch wachsenden Mut und die Entwicklung von Gedanken charakterisisert war, die ihm halfen, alte Tatsachen in einem neuen Licht zu sehen. Tragischerweise fand sein Leben ein Ende, als seine Fähigkeiten ihren Höhepunkt erreicht hatten, so daß wir nicht wissen, in welche unbekannte Richung sein Denken uns noch geführt hätte. Nichtsdestotrotz gab Kohut der Psychoanalyse eine neue Richtung, und seine Ideen, wie sie die Selbstpsychologie verkörpert, müssen sich ohne ihn weiterentwickeln. Ich habe versucht, die Entwicklung des Kohutschen Gedankengebäudes nachzuzeichnen, so daß Studierende psychoanalytischer Psychotherapie von seiner Gelehrsamkeit profitieren können. Ich denke, daß Kohut mit seiner wissenschaftlichen Haltung und seinem Verständnis von Narzißmus den Menschen einen neuen Zugang zu sich selbst eröffnete. Ich schließe mit seinen letzten, in der Öffentlichkeit geäußerten Worten, die den zukünftigen Generationen von Psychoanalytikern gelten:

> Ich möchte nun zum Schluß kommen. Ich freue mich sehr, daß Sie auf mich gewartet haben. Ich denke, daß dies der letzte selbstpsychologische Kongreß sein wird, an dem ich teilnehme, aber ich wollte mein Bestes tun, um mein Versprechen zu halten. So lassen Sie uns den Ideen, wie sie die Selbstpsychologie verkörpert, alles Gute für die Zukunft wünschen. Auf Wiedersehen. (Kohut 1981, S. 535)

Kapitel 13

Kritik und Schlußfolgerung

In einer kritischen Würdigung des Werkes von Heinz Kohut darf man nicht vergessen, daß man es mit einer nicht abgeschlossenen, 'in Entwicklung begriffenen Arbeit' zu tun hat. Wie im Falle Freuds, entwickeln sich auch Kohuts Ideen ständig weiter, doch hat sein früher Tod seiner Teilnahme an diesem Prozeß ein jähes Ende bereitet. Aufgrund dieses Prozesses muß man sich bei der Betrachtung eines bestimmten Gedankens immer die Frage stellen: Zu welchem Zeitpunkt in Kohuts theoretischer Entwicklung greift er diesen Punkt auf? Wo steht er in seinem Denken und worauf zielt er ab? Gleichzeitig darf man problematische Punkte in Kohuts Werk nicht mit lähmenden Rechtfertigungskommentaren abtun, wie etwa 'Er war noch nicht so weit'. Eine solche Reaktion würgt jegliche Auseinandersetzung ab, zementiert die Theorie und verhindert die gedankliche Weiterentwicklung. Welche Haltung soll man also einnehmen, wenn man sich vor die Aufgabe gestellt sieht, eine kritische Würdigung abzugeben? In meiner Kritik der Arbeiten Kohuts vertrete ich jene Geisteshaltung, wie sie Kohut selbst für wissenschaftliche Unternehmungen vorschlägt, nämlich

> daß der wahre Wissenschaftler - der spielerische Wissenschaftler, wie ich zuvor sagte - fähig ist, die Unzulänglichkeiten seiner Leistungen zu ertragen - die Vorläufigkeit seiner Formulierungen, die Unvollständigkeit seiner Konzepte. Er schätzt sie sogar als Ansporn zu weiteren freudigen Anstrengungen. (...) Eine von Ehrfurcht bestimmte Haltung gegenüber etablierten erklärenden Systemen (...) führt zu Beschränkungen in der Geschichte der Wissenschaft - wie alle derartigen Verpflichtungen des Menschen in der Geschichte der Menschheit. (Kohut 1979, S. 299-300, engl. 1977)

Um zu meiner kritischen Würdigung zurückzukommen, ich glaube, daß Kohut, wie Freud, Konzepte von bleibendem Wert entwickelt hat. Freuds Konzept des dynamischen Unbewußten ist ein überdauernder Beitrag zur Menschheitsgeschichte. Ungeachtet semantischer Probleme, die einer Beschreibung des Unbewußten anhaften, sind die Auswirkungen unbewußter emotionaler Kräfte innerhalb der menschlichen Psyche allgegenwärtig und unleugbar. Ebenso meine ich, daß einige der Kohutschen Konzepte überdauern werden, obgleich sie noch nicht Gelegenheit hatten, den Anforderungen der Zeit standzuhalten.

Ich beginne mit einer Zusammenfassung der Beiträge Kohuts, d.h. mit seiner Beschreibung von Empathie als einem bestimmenden Merkmal des psychoanalytischen Feldes. Kohut befreit seine Konzeptualisierungen von den drohenden Verzerrungen unpsychologischer Bedeutungen, wenn er das psychoanalytische Feld als jene Wissenschaft definiert, die das Innenleben des Menschen lediglich mit Hilfe von Introspektion und Empathie untersucht. Kohuts Verwendung von Empathie als dem alleinigen Mittel, Informationen über das Innenleben seiner Patienten zu gewinnen, führt ihn zu neuen Hypothesen und Konzeptualisierungen. Als erstes ist hier die Hypothese zu nennen, daß es sich beim Narzißmus um ein normales Phänomen handelt, das einer gesunden Entwicklungslinie folgt. Diese Sichtweise befreit wiederum den Narzißmus von der wertenden Haltung, die ihn als unerträgliche Form regressiver Psychopathologie betrachtet. Kohut vertritt die Auffassung, daß der Narzißmus im Laufe seiner Entwicklung seine Form verändert, wobei er bei spezifischen frühen Konfigurationen (der idealisierten Elternimago und dem Größenselbst) seinen Anfang nimmt, um schließlich in die Entwicklung von Idealen und Ambitionen zu münden.

Via Rekonstruktionen bei seinen erwachsenen Patienten lernt Kohut, daß spezifische Bedürfnisse mit den frühen Formen des Narzißmus in Beziehung stehen. Zu diesen Bedürfnissen gehört der Wunsch nach einem Objekt, das idealisiert werden kann, das Bedürfnis, von einem Objekt Bestätigung, Wertschätzung und Widerhall zu erfahren, und das Bedürfnis, sich einem Anderen gleich und verwandt zu fühlen. Diese Bedürfnisse sind nach Kohut wesentlich für die Entwicklung, das Überleben und die Vitalität des heranwachsenden Kindes. Objekte, die dem sich entwickelnden Selbst diese zentralen psychischen Funktionen zur Verfügung stellen, werden als Teil des eigenen Selbst erlebt. Aus diesem Grund spricht Kohut von *Selbstobjekten* und *Selbstobjektbedürfnissen*. Die Sehnsucht nach sowie tatsächliche Erfüllung von Selbstobjektbedürfnissen nennt er *Selbstobjektübertragung*.

Ich bin der Überzeugung, daß es sich bei Kohuts Definition des empathischen Eintauchens als *der* analytischen Methode der Informationsgewinnung, seiner Beschreibung des Narzißmus als einem gesunden Aspekt der normalen Entwicklung, seinem Konzept der Selbstobjektbedürfnisse, die das gesamte Leben über wirksam sind, sowie seiner Konzeptualisierung der Selbstobjektübertragung, um bleibende Beiträge für die Psychoanalyse und die Menschheit handelt.

Meine erste Kritik, die ich an Kohuts Werk anbringen möchte, ist stilistischer Art. Er liest sich schwer, insbesondere seine frühen Schriften. Seine Ausdrucksweise klingt zutiefst deutsch. In den langen Sätzen sucht man nach dem Verb, das dem, was er zu sagen hat, Sinn und Ordnung verleiht. Wenn ich Kohut lese, erinnere ich mich an seine Beschreibung der Psychologie, die für den musikalischen Genuß verantwortlich ist: Der Komponist legt zunächst ein Thema fest, nimmt es anschließend auseinander und baut so Spannung auf, die störend wirkt; die Ordnung wird wiederhergestellt, indem er zur erkennbaren Melodie zurückkehrt. Kohut zu lesen ist eine solche Erfahrung. Man muß sich durch den Mißklang seiner verschachtelten Sätze kämpfen, um am Schluß belohnt zu werden.

In seiner Sammlung der Korrespondenz von Kohut weist Cocks (1994) auf die große Diskrepanz hin, die bei Kohut zwischen seiner Art zu sprechen und seiner Art zu schreiben bestand. Wie ich bereits an anderer Stelle bemerkte, war Kohut ein eloquenter und poetischer Redner. Er hielt sich viel auf seine Fähigkeit zugute, zu vielen Fragestellungen aus dem Stegreif und doch flüssig sprechen zu können. Ich stimme Cocks zu, daß sich in Kohuts frühen Schriften seine Angst davor, was er an Thesen vorbringt, widerspiegelt. Aus Sorge hinsichtlich möglicher Kritik drückt er sich ängstlich und fast zu vorsichtig aus, was das Lesen wiederum schwierig macht.

Kohut ist ambivalent, was die Beziehung seiner Ideen zu den zentralen Erklärungen, wie sie die klassischen Theorie anbietet, angeht. Da er sich bewußt ist, daß seine Überlegungen das psychoanalytische Establishment bedrohen, verwendet er große Mühe darauf, seine Arbeit als eine Erweiterung, und nicht als Ersatz des Freudschen Denkens zu präsentieren. Wachsener Mut, ein Kreis unterstützender Kollegen, Krankheit und das Wissen um einen frühen Tod, haben jedoch dazu beigetragen, daß Kohut seine Ambivalenz in bezug auf die analytische Gemeinschaft mehr und mehr ablegen konnte. Interessanterweise bestätigen die Kämpfe, die er auf beruflicher Seite auszufechten hatte, die Hypothesen seiner Arbeit. Die Angst, daß ihn seine Kollegen, die der Mainstream-Psychoanalyse angehörten, aufgrund seiner neuen Ideen verurteilen und verlassen könnten, spiegelt die Wahrheit seiner Beobachtung wider, daß das Bedürfnis nach einer unterstützenden, responsiven und bestätigenden Umgebung niemals versiegt. Ebenso wenig verschwindet das frühe Selbstobjektbedürfnis; es verändert sich lediglich in seiner Form.

Wie dem auch sei, Kohuts Ambivalenz verfolgt ihn durch zahlreiche seiner Schriften, insbesondere in den ersten Jahren, und ist verantwortlich für eine ganze Reihe von verwirrenden Aussagen in seiner Arbeit. Ornstein und Ornstein beschreiben dieses Charakteristikum von Kohut, „der mit einem Fuß noch im alten, mit dem anderen, - anfangs noch widerstrebend - bereits im neuen konzeptuellen Rahmen stand“ (1995, S. 387).

Wie ich bereits erwähnt habe, muß die Betrachtung eines bestimmten Themas in Kohuts Arbeit immer mit der Frage einhergehen „Zu welchem Zeitpunkt in Kohuts Entwicklung taucht diese Fragestellung auf?“. Dies trifft sicherlich zu, wenn wir Kohuts Ambivalenz hinsichtlich der Beziehung zwischen seiner Theorie und der klassischen Position berücksichtigen. Die Achse, entlang der sich diese Ambivalenz manifestiert, ist die zentrale Rolle, die die duale Triebtheorie, in den ödipalen Konfigurationen exemplarisch zum Ausdruck gebracht, in der tradtionellen Psychoanalyse spielt, in Relation zur Selbstpsychologie Kohuts.

In *Die Heilung des Selbst* (Kohut 1979, engl. 1977) differenziert Kohut klar zwischen einer Psychologie des Selbst und der klassischen 'Trieb-Abwehr-Psychologie auf der Basis eines psychischen Apparates'. Für ihn ist es ein fehlerhaftes Selbst, das in den meisten Fällen den Kern psychopathologischer Phänomene ausmacht. Aus diesem Grund bestehe die tiefgründigste Arbeit einer Analyse darin, eine zugrundeliegende Depression, die mit dem fehlerhaften Selbst zusammenhängt, aufzudecken und durchzuarbeiten, und nicht so sehr darin, Triebkonflikte zu enthüllen. Kohut vertritt die Auffassung, daß es sich bei Aggression und Sexualität, die lange

Zeit als das Kernstück ödipaler Psychopathologie verstanden wurden, eigentlich um 'Desintegrationsprodukte' eines Selbst handelt, das durch unangemessene Reaktionen des früheren Selbstobjektmilieus geschwächt wurde. Was der klassische Analytiker als primäre sexuelle und aggressive Triebe ansieht, versteht Kohut als sekundären Ausdruck eines fragmentierten Selbst. Der Wunsch nach Zuneigung wird zu getriebener Sexualität, Selbstbehauptung zu Aggression und destruktiver Feindseligkeit.

Unglücklicherweise sorgt Kohut in *Die Heilung des Selbst* (1979, engl. 1977) für Verwirrung, als er die 'Desintegrationsprodukte' von Zuneigung und Selbstbehauptung als 'Triebelemente' bezeichnet. Diese Verwirrung entspringt der Tatsache, daß er das Triebkonzept aus seiner Definition von Psychologie ausschließt: Bei 'den Trieben' handle es sich um ein biologisches Prinzip, das der Empathie oder Introspektion nicht zugänglich ist und daher keinen Bestandteil der Psychologie darstelle.

Aus Furcht vor verurteilenden Reaktionen seitens der analytischen Gemeinschaft macht Kohut ängstliche und ambivalente Kommentare, wie etwa, „daß wir nicht notwendigerweise die Wahrheit der klassischen Theorie von der zentralen Stellung des Ödipuskomplexes verneinen, sondern nur die universale Anwendbarkeit dieser Theorie" (a.a.O., S. 232), oder „Es ist kein Anzeichen eines mangelnden Respekts vor der großen erklärenden Kraft der klassischen Formulierungen (...), die klassische Theorie durch Hinzufügung einer Selbst-psychologischen Dimension zu bereichern" (a.a.O., S. 235).

Diese Angst scheint ihn bis kurz vor seinem Tod nicht zu verlassen. Selbst in seinem posthum veröffentlichten Werk *Wie heilt die Psychoanalyse?* (1987, engl. 1984) ist Kohut nicht unambivalent bezüglich seiner These, daß das zentrale klassische Konzept der ödipalen Psychopathologie nicht wirklich psychologisch ist. Zusätzlich zu seinen eigenen inneren Kämpfen gab es auch starken äußeren Druck, der von Kohut verlangte, seine Überlegungen in die klassische Theorie zu integrieren. Auf diesen Druck von außen reagierte er, indem er beharrlich darauf hinwies, daß er seine Zeit der Entwicklung seiner eigenen Gedanken widmen müsse, ungestört von irgendwelchen Integrationsüberlegungen. Die zeitaufwendige wissenschaftliche Integrationsarbeit würden seine Kollegen und Schüler leisten. Zurückblickend ist es offensichtlich, daß Kohuts Krankheit, der er vor anderen geheim hielt, der Grund für diese Eile war. Es muß nicht erwähnt werden, daß seine Reaktion heftige Kritik nach sich zog.

Ich möchte nun das methodologische Problem diskutieren, das entsteht, wenn Kohut das Feld der Psychoanalyse auf Daten beschränkt, die einzig und allein über Empathie und Introspektion gewonnen werden. Diese Definition schützt zwar die Psychoanalyse vor dem Einfluß aus anderen Disziplinen und den Verzerrungen kultureller Werte und Biases. Allerdings isoliert sie auch und bringt uns möglicherweise um wertvolle Informationen, die andere Forschungsgebiete zur Verfügung stellen können. Entwicklungsforschung ist nur ein Beispiel dafür, wie sich die Abschottung durch Kohuts Definition isolierend auf die Psychoanalyse auswirkt. Obgleich Entwicklungskonzepte das Herzstück der Theorie Kohuts ausmachen, sind die mikroskopischen Elemente der frühen Entwicklung einer Untersuchung nicht zugänglich. Sie können nicht über Rekonstruktionen aus Analysen mit Erwachsenen allein erforscht werden, da wir uns, so Kohut, nicht in Zustände einfühlen können, die unseren eigenen zu unähnlich sind. Die zentralen frühen Erlebnismodi des Säuglings sind dem Analytiker nicht zugänglich. Im besten Fall sind wir auf Adultomorphismen beschränkt. Die Säuglingsforschung jedoch, mit ihren raffinierten Untersuchungsmethoden, hat Zugang zu den Informationen, die wir suchen. Ihre reichhaltigen Beobachtungen können der Psychoanalyse wertvolle Daten und Erklärungen liefern. Kohut hatte sich ihren Erkenntnissen noch nicht sehr geöffnet. Das Studium der frühen Entwicklung ist ein Bereich, in dem das Prinzip der Komplementarität sinnvoll zur Anwendung kommen kann. Basch (1995) spricht die Isolierung der Psychoanalyse vom Rest der psychoanalytischen Gemeinschaft sowie den sinnvollen Nutzen der Komplementarität an:

> Wenn meine Erfahrungen mir nicht unbedingt dabei behilflich sind, einen bestimmten Patienten zu verstehen, und wenn der Patient, blind vor Verdrängung und Verleugnung, keine Einsicht in mir auszulösen vermag, was wird mich dann in die Lage versetzen, hinsichtlich dessen, was ich hinter der Couch höre, sinnvolle Schlüsse zu ziehen? (...) Je mehr ich darüber weiß, wie wir funktionieren – was Neurophysiologie, Säuglingsforschung, Affekttheorie, kognitive Psychologie, Semantik, Informationstheorie, Entwicklungsbiologie und andere relevante Disziplinen mir über die menschliche Entwicklung sagen können -, desto besser bin ich vorbereitet, mich in die Mitteilungen eines Patienten zu einem bestimmten Zeitpunkt in seiner oder ihrer Therapie einzufühlen. (a.a.O., S. 372)

Ich komme nun auf Schwierigkeiten zu sprechen, die in Kohuts Theorie selbst enthalten sind. Ich halte seinen Entwurf eines bipolaren Selbst für problematisch. Obwohl es sich um ein nützliches Konzept handelt, wird hier ein allen Modellen inhärentes Problem sichtbar, nämlich das des Konkretismus. Trotz Kohuts Vorstellung eines spielerisch operierenden Wissenschaftlers, lehrt doch die Geschichte, daß nützliche Modelle mit der Zeit idealisiert und ihre Inhalte nicht mehr als vorläufige metaphorische Aussagen, sondern als ‚Wahrheiten' angesehen werden. Wenn es zu einer solchen Konkretisierung kommt, verliert die Plastizität eines Modells ihren spielerischen Nutzen und das kreative Denken friert ein. Kohut kritisiert zwar den in Freuds Dreiinstanzenmodell enthaltene Konkretismus, insbesondere die des Ichs, der auf Hartmann und die Ich-Psychologen zurückgeht, muß sich jedoch den gleichen Vorwurf gefallen lassen.

Das Modell eines bipolaren Selbst, d.h. eines Selbst mit einem Spannungsbogen zwischen den Polen ‚Ambitionen' und ‚Ideale', ist insofern eine für Kohut ungewöhnliche Konzeptualisierung, als es sich um ein konkretes Konzept handelt und er es ansonsten tunlichst vermeidet, das Selbst innerhalb eines Definitionssystems zu konkretisieren. Daß er auf diese erkenntnistheoretische Haltung eigentlich stolz ist, wird in folgender Aussage deutlich:

> Meine Untersuchung umfasst Hunderte von Seiten, die sich mit der Psychologie des Selbst beschäftigen - doch sie schreibt dem Begriff Selbst nie eine starre Bedeutung zu, erklärt nie, wie die

Essenz des Selbst definiert werden sollte. Doch ich gestehe diese Tatsache ohne Scham und Reue ein. Das Selbst ist, (...) wie alle Realität (...) in seiner Essenz nicht erkennbar. (...) Wir können die verschiedenen kohärenten Formen beschreiben, in denen das Selbst erscheint, wir können die verschiedenen Bestandteile aufzeigen, die das Selbst ausmachen (...) und ihre Genese und Funktionen erklären. (...) All dies können wir tun, aber dennoch kennen wir die Essenz des Selbst, wie sie sich von seinen Manifestationen unterscheidet, nicht. (Kohut 1979, S. 298-299, engl. 1977)

Obwohl Kohut die Haltung des spielerischen Wissenschaftlers propagiert und sein Konzept im Sinne dieser Überzeugung vorstellt, befürchte ich doch, daß sich die Nützlichkeit eines solchen Modells schnell überholt. Es wird konkretistisch. Dies war der Fall mit seinem Entwurf eines bipolaren Selbst, dessen operationaler Charakter von der Mehrheit der Selbstpsychologen aufgegeben worden zu sein scheint. Es erstaunt auch, daß dieses Modell, das sich inhaltlich von Freuds hydrodynamischen Modell unterscheidet, diesem doch in seiner Form ähnlich ist. Beide basieren auf physikalischen Gesetzen, und bei beiden handelt es sich um erfahrungsferne Konstrukte.

Eine weitere Schwierigkeit in Kohuts Theorie betrifft seinen ausschließlichen Fokus der umwandelnden Verinnerlichung als dem Prozeß wachstumsfördernder Internalisierungen schlechthin. In seinen frühen Arbeiten (Kohut 1960; Kohut & Seitz 1963, dt. 1977) beschreibt er den ‚Durchgang durch das Objekt‘ als einen weiteren Prozeß, der für Internalisierungen verantwortlich ist: Das Kind identifiziert sich mit den beruhigenden und nicht-konflikthaften Qualitäten des Elternteils.
Da diese Eigenschaften nicht konflikthaft sind, werden sie, so die These Kohuts, in den konfliktfreien, nicht übertragungsbedingten 'Bereich der fortschreitenden Neutralisierung hereingenommen', wo sie auch bleiben. Auch wenn dieses Konzept eine Reihe von Fragen aufwirft, so weist es doch in die Richtung anderer strukturbildender Prozesse, die ebenso wichtig und wirksam sind wie die umwandelnde Verinnerlichung. Seltsamerweise entwickelt Kohut den Gedanken eines 'Durchgangs durch das Objekt' thematisch nicht weiter, sondern konzentriert sich, ohne nähere Erklärung, statt dessen auf sein Konzept der umwandelnden Verinnerlichung.

Das Konzept der umwandelnden Verinnerlichung hat seinen Ursprung in Freuds Hypothese, daß die Eigenschaften eines libidinösen Objekts nach dessen Verlust internalisiert werden. Freud beschreibt diesen Prozeß in *Trauer und Melancholie* (1917). Kohut weitet Freuds Konzept aus und schließt auch die Internalisierung von Idealisierungen mit ein, die auf eine Enttäuschung folgen. Er beschreibt, wie es zu diesen Internalisierungen kommt, wenn ein idealisiertes Selbstobjekt zum Teil verloren geht, nachdem es zeitweise in einer seiner Funktionen versagt hat.

Ich habe keinen Zweifel daran, daß optimale Frustrationen am Internalisierungsprozeß beteiligt sind und, zum Teil, für emotionales Wachstum sorgen. So kann etwa ein Kind nicht lernen, Fahrrad zu fahren, wenn es seine Eltern nicht loslassen und ihm gestatten, die Angst und die Freude gleichermaßen zu erleben, die damit verbunden ist, daß es das Gleichgewicht selbst halten muß. Daß es die Eltern loslassen, ist eine Frustration. Bewahrt man das Kind vor dieser Frustration, beraubt man es gleichzeitig seiner Möglichkeit, sich weiterzuentwickeln.

Obwohl optimale Frustrationen und die darauffolgende umwandelnde Verinnerlichung innere Strukturen bilden, gibt es noch andere Prozesse, die Internalisierungen zugrundeliegen. Beebe und Lachmann, die auf ihre Erfahrung als Säuglingsforscher, Therapeuten und Psychoanalytiker zurückgreifen, schreiben dazu:

> Im Gegensatz zu diesem Modell der (umwandelnden) Internalisierung, haben wir (Lachmann & Beebe 1992, Beebe & Lachmann 1994) hervorgehoben, daß der Patient über die beständige Regulierung und Wiederherstellung von Brüchen Erwartungen von Gegenseitigkeit erwirbt. Außerdem, auch wenn 'Brüche' zu 'Internalisierungen' führen mögen, so gibt es doch noch andere Wege, auf denen es zu Internalisierungen kommt. Gegenseitigkeit und Selbstregulierung, sowie erhöhte Affektivität finden ebenfalls ihren Niederschlag in Repräsentanzen und werden internalisiert (Beebe & Lachmann 1994). (Lachmann & Beebe 1995, S. 377)

Die kritischen Einwände, die oben genannt wurden, beziehen sich allesamt auf bestimmte Einlassungen Kohuts, doch wird er auch für seine Auslassungen kritisiert. Dazu zählt vor allem das Fehlen einer tiefgreifenden Betrachtung normaler Sexualität. Kohuts Kollegen, Schüler und andere jedoch, die sich von der Erklärungskraft seiner Ideen angezogen fühlen, entwickeln die Theorie der Selbstpsychologie weiter, wobei sie diesen und auch andere Punkte berücksichtigen.

Tatsächlich entwickelt sich die Selbstpsychologie in mehrere Richtungen und hat nunmehr das sogenannte 'Post-Kohutianische' Zeitalter erreicht. Aufsätze wie *Three Self Psychologies - or One* (Lachmann & Beebe 1991) und *Self Psychology after Kohut: One Theory or Many* (Shane & Shane 1993) bestätigen diese gegenwärtige Vielfalt. Die Zeitschrift *Psychoanalytic Dialogues* widmete ein ganzes Heft diesen Fragen, weil „eine einzige Stimme durch eine Vielzahl von Stimmen, die in komplexer Beziehung zueinander stehen, ersetzt wurde" (Mitchell 1995, S. 351).

Einige dieser Stimmen künden von einer neuen Richtung psychoanalytischen Denkens, das im Therapeuten mehr sieht, als den bloßen Empfänger der Übertragungswünsche und -bedürfnisse des Patienten. Er gilt als aktiver Teilnehmer, der mit dem Patienten zusammen die psychische Realität des Behandlungszimmers konstruiert. Dieses Interaktionsmodell hat mehrere Namen: Beebe et al. (1993) sprechen von einer dyadischen Systemperspektive; Hoffman (1991) nennt es sozialen Konstruktivismus; und Atwood und Stolorow bezeichnen ihr interaktives Modell als Intersubjektivitätstheorie (Atwood & Stolorow 1984, Stolorow et al. 1987, Stolorow & Atwood 1992).

Da das Thema des vorliegenden Buches Heinz Kohut und sein Werk ist, werde ich nicht näher auf die Theoriedebatten und Probleme eingehen, die gegenwärtig innerhalb der Selbstpsychologie an der Tagesordnung sind - mit einer Ausnahme, in der es um die Weiterentwicklung von Kohuts Werk geht. Ich möchte auf die seit kurzem stattfindende Diskussion eingehen, die sich um die Frage dreht, „Welche therapeutische Haltung und welche Verhaltensweisen auf Seiten des Therapeuten fördern Wachstum und Internalisierungen?"

Die Diskussion beginnt mit Kohuts Hypothese (1984, dt. 1987), daß optimale Frustration, wie ich bereits erwähnte, den Prozeß der Internalisierung in Gang setzt. Einige Autoren führen die Debatte fort: Bacal (1985) vertritt die These, daß 'optimale Responsivität' auf Seiten des Therapeuten, der als Selbstobjekt fungiert, eine wesentliche Erfahrung innerhalb des Behandlungssettings darstellt, Tolpin (1988) spricht von 'optimalem affektivem Engagement' und Shane und Shane (1994) von 'optimaler Beschränkung' als zentralen Kennzeichen des therapeutischen Unterfangens.

Wir dürfen nicht vergessen, daß das Adjektiv 'optimal' ein Schlüsselwort in dieser Diskussion ist. Alle oben genannten Autoren verwenden das Adjektiv 'optimal', um damit ein bestimmtes therapeutisches Verhalten zu beschreiben, sei dies 'das richtige Maß' an Responsivität, Engagement, oder Grenzsetzung. Für Kohut hingegen umschreibt 'optimal' ein zufälliges, unvermeidbares, aber, so die Hoffnung, handhabbares Ereignis innerhalb des Behandlungssettings. Kohuts 'optimal' impliziert kein bestimmtes therapeutisches Verhalten und keine Handlung. Es bezeichnet eine Frustration und ist Teil eines psychoökonomischen Konzepts, das an den strukturellen Aufbau geknüpft ist.

Kohut kann an dieser Diskussion nicht teilnehmen, doch läßt seine Arbeit seine Überzeugung deutlich werden, daß die optimale und angemessene therapeutische Haltung keine bestimmte Aktivität oder Vorsorge verlangt. Die wertfreie Akzeptanz der psychischen Realität seiner Patienten, das tiefgreifende Verstehen sowie, wenn angebracht, das einfühlsame Deuten ihrer Erlebensweisen, fördert nach Auffassung Kohuts Internalisierung und Wachstum.

Zum Schluß möchte ich der Frage nachgehen, wie Kohuts Werk den Vertretern psychodynamischer Psychotherapie von Nutzen sein kann. Die Antwort liegt im neuen Klima des Behandlungszimmers, denn hier finden Kohuts Einsichten und Konzeptualisierungen zusammen. Überzeugt davon, daß das defekte Selbst verantwortlich für das Leiden seiner Patienten ist, schenkt Kohut dem Selbst Gehör und erfährt so von seinen Überlebenskämpfen. Er versteht die Schutzmanöver seiner Patienten als Versuche, das verborgene Selbst in Sicherheit zu bringen, nicht so sehr als Widerstand gegenüber Selbsterkenntnis. Kohuts Wechsel von einer Psychologie verborgener Triebe hin zu einer Psychologie eines getriebenen Selbst verändert die therapeutische Begegnung: Aus einer subtil auf Gegnerschaft basierenden Erfahrung wird freundliche Partnerschaft. Seine Allianz mit dem bedrohten Selbst schafft ein Klima der Sicherheit. Das therapeutische Setting wird zu einem Ort, an dem beschämende Bedürfnisse verstanden, alte Traumata untersucht werden können, an dem sich das verborgene, verletzte oder desintegrierte Selbst sicher genug fühlen kann, sich zu zeigen und seine blockierte Entwicklung wiederaufzunehmen.

Heinz Kohut veränderte die psychotherapeutische Landschaft, indem er das empathische Eintauchen als den wichtigsten Modus hervorhob, die innere Not von Menschen zu verstehen. Theorie ist für ihn ein Leitprinzip, kein Gott. Sie kann modifiziert oder verworfen werden, sollte sie sich als nicht nützlich erweisen. Mit Empathie als seinem Leitprinzip, definiert Kohut die zentralen Fragen normaler Entwicklung und emotionalen Leids neu. Er richtet den Fokus nicht mehr auf eine durch Triebimpulse entstehende Bedrohung, sondern auf den getriebenen Zustand eines bedrohten Selbst. Das, was wir als Therapeuten zu hören bekommen, verändert sich, wenn wir das Selbst und sein Erleben ins Zentrum unserer Betrachtung rücken. Die Bedürfnisse des Selbst sind ubiquitär. Wenn es uns gelingt, diese Bedürfnisse zu begreifen, können wir mit den Menschen, die unsere therapeutische Hilfe suchen, effektiver arbeiten.

Es gibt heute viele verschiedene Arten von Psychotherapie. Wie soll man aus diesem riesigen Arsenal die richtige Behandlungsform herausfinden? Legt man ein selbstpsychologisches Verständnis zugrunde, ist die Aufgabe weniger entmutigend. Dazu gehören Fragen wie, „Welche zentralen Probleme sind es, die diese Frau/diesen Mann dazu veranlassen, mich gerade jetzt aufzusuchen?" und „Verfügt diese Frau/dieser Mann über ein im wesentlichen stabiles Selbst, das an einem Trauma in einem bestimmten Bereich ihrer/seiner Persönlichkeit leidet, oder verbirgt sie/er ein defektes Selbst hinter einer Reihe von Schutzmaßnahmen, die das psychische Überleben sichern sollen?". Diese Fragen sind einfach zu stellen. Schwieriger sind die Antworten, doch mit Hilfe einer selbstpsychologischen Orientierung, wie sie Kohut und die Selbstpsychologen, die an einer Weiterentwicklung seiner Theorie arbeiten, umschrieben haben, ist es, so meine ich, heute möglich, einen aufgeklärten Behandlungsverlauf zu definieren, zu verschreiben und zu verfolgen. Angesichts der Lebendigkeit, die in diesem Gebiet gegenwärtig herrscht, scheint Kohuts letzter Wunsch - „So lassen Sie uns den Ideen, wie sie die Selbstpsychologie verkörpert, eine gute Zukunft wünschen" (1981, S. 535) - in Erfüllung zu gehen.

Glossar

Bipolares Selbst: Kohuts Modell eines Selbst mit zwei Polen und einem Bereich zwischen den Polen. Ambitionen repräsentieren den einen Pol, Ideale den anderen. Im Bereich zwischen den Polen liegen die angeborenen Fähigkeiten und Talente.

Dynamischer Gesichtspunkt: Eines von mehreren Ordnungsprinzipien, mit deren Hilfe Freud versuchte, psychischen Phänomene zu beschreiben. Der dynamische Gesichtspunkt beschreibt, wie psychische Kräfte, mit ihrem Ursprung in der Vergangenheit, Gedanken, Phantasien, Wünsche, Bedürfnisse und Verhalten in der Gegenwart beeinflussen.

Erfahrungsferne Theorie: Ein abstraktes Erklärungssystem emotionalen Erlebens, das von den Affekten, die mit diesem Erleben verbunden sind, losgelöst ist. Es handelt sich um einen kognitiven Verstehensansatz, der als Theoriebildung höherer Art angesehen wird.

Erfahrungsnahe Theorie: Ein Erklärungssystem emotionalen Erlebens, das sich eng an die Gefühle und klinischen Phänomene des beschriebenen Erlebens anlehnt. Es handelt sich um einen affektiven Verstehensansatz, der als Theoriebildung niedrigerer Art angesehen wird.

Es: Eine der drei Instanzen des psychischen Apparates. Das Es gilt als gänzlich unbewußt und enthält die nach Abfuhr bzw. Realisierung strebenden Triebe, Wünsche und Phantasien. In der klassischen psychoanalytischen Theorie sind die Inhalte des Es, aufgrund ihres heftigen Bestrebens, sich Ausdruck zu verschaffen, verantwortlich für Konflikte.

(Struktureller, dynamischer, ökonomischer, genetischer) Gesichtspunkt: Eine von Freud eingeführte Reihe von Ordnungsprinzipien – beginnend mit dem dynamischen, strukturellen und ökonomischen Gesichtspunkt -, die zum Ziel haben, psychische Phänomene umfassend zu beschreiben. Der genetische und adaptive Gesichtspunkt kamen später hinzu. Jeder dieser „Gesichtspunkte" entspricht einer bestimmten Perspektive, von der aus sich psychologische Fragestellungen angehen lassen. Sie dienen der Abstrahierung klinischer Beobachtungen. Siehe auch *struktureller, dynamischer, ökonomischer und genetischer Gesichtspunkt*.

Genetischer Gesichtspunkt: Eines von mehreren Ordnungsprinzipien, anhand derer Freud versuchte, psychische Phänomene zu beschreiben. Der genetische Gesichtspunkt beschreibt Ursprung und Geschichte von Wünschen, Phantasien, Bedürfnissen und Verhaltensweisen der Gegenwart.

Größenselbst: Kohuts Konzeptualisierung eines der beiden ursprünglichen Versuche, den gestörten Zustand primärnarzißtischer Glückseligkeit wiederherzustellen. Das Größenselbst zeichnet sich aus durch Exhibitionismus, Expansivität sowie einem Gefühl der Allmacht. Es handelt sich um eine unbewußte Konfiguration, die im Laufe der normalen Entwicklung eine Veränderung durchmacht, um schließlich den Pol der Ambitionen zu 'versorgen'.

Horizontale Spaltung: Kohuts Verweis auf die Verdrängungsschranke in Freuds Konzept des psychischen Apparates (siehe auch Verdrängungsschranke).

Ich: Eine Instanz des psychischen Apparates, der eine exekutive Funktion zugeschrieben wird, die zwischen den Kräften und Anforderungen des Es einerseits und den moralischen Verboten des Überichs andererseits vermittelt. Theoretisch gesehen besteht das Ich aus einer Reihe von Funktionen, die die Persönlichkeit davor schützen, von seinen inneren Trieben, Impulsen und Bedürfnissen überwältigt zu werden, und die ein relativ sicheres Leben in der äußeren Realität ermöglichen. Obwohl angenommen wird, daß ein Teil des Ichs bewußt ist, gilt die Mehrzahl der Ich-Funktionen als unbewußt. Zu diesen Funktionen gehören verschiedenste Abwehrmechanismen, wie Anna Freud in *Das Ich und die Abwehrmechanismen* (1936) ausgeführt hat, ebenso Fertigkeiten, Talente und Beziehungsfähigkeiten. Zuweilen wird mit 'Ich' auch der Erfahrungsaspekt der Persönlichkeit umschrieben. In diesem Kontext wurde es in der Vergangenheit auch synonym mit 'Selbst' gebraucht.

Ich-Autonomie: Ich-Funktionen, die frei sind von hemmenden neurotischen Konflikten und somit der Psyche für einen geeigneten Einsatz zur Verfügung stehen.

Idealisierte Elternimago: Kohuts Konzeptualisierung einer der beiden ursprünglichen Versuche, den gestörten Zustand primärnarzißtischer Glückseligkeit wiederherzustellen. Sie zeichnet sich aus durch die Sehnsucht nach einem allmächtigen Objekt, an das man sich binden kann, um sich ganz, sicher und stark zu fühlen.

Infantile Sexualität: Freud sah den Sexualtrieb als normales Phänomen an. Er tritt zum ersten Mal während der frühen Kindheit in Erscheinung und durchläuft mit zunehmender Reife eine Reihe von Entwicklungsphasen. Im Erleben infantiler Sexualität füllen sich bestimmte Körpererfahrungen, wie Hunger und Ausscheidungsfunktionen, mit lustvollen Empfindungen, wenn es zu einer Stimulierung der verschiedenen Schleimhäute (an Mund und Anus), z.B. während des Fütterns oder Ausscheidens kommt. Diese lustvollen Empfindungen werden zum Selbstzweck und sind der Ursprung erotischen Erlebens. Während der neurologischen Reifung wechselt das bevorzugte Organ der Stimulierung vom Mund zum Anus bis zu den Genitalien. Jede Organpräferenz wird zum Fokus einer Entwicklungsstufe im Laufe des psychischen Reifeprozesses. Die infantile Sexualität besteht somit aus drei Phasen: der oralen, analen und genitalen Phase.

Inneres Objekt: siehe Objektrepräsentanz.

Libido: Freuds Konzept psychischer Energie, die an den Sexualtrieb gebunden ist. Es handelt sich um ein ökonomisches Konzept, das sich mit Energiebeträgen beschäftigt. Es geht nicht um Appetit. Libidinös besetzt werden kann entweder die innerpsychische Repräsentanz eines Objekts oder des Selbst. Wird ein Objekt besetzt, spricht man von Objektlibido; ist das eigene Selbst besetzt, spricht man von Narzißmus.

Lustprinzip: Basierend auf Freuds Annahme, daß der menschliche Organismus bestrebt ist, einen homöostatischen Zustand aufrechtzuerhalten, handelt es sich beim Lustprinzip um ein inneres Regulationsprinzip, das versucht, die die Homöostase störende Spannung auszuschalten. Spannung, die für gewöhnlich auf einen Anstieg sexueller oder aggressiver Impulse zurückgeht, muß abgeführt werden, damit das System zu einem ausgeglichenen Zustand zurückkehren kann. Spannung kann sowohl inneren Quellen entspringen, wie etwa starken Wünschen oder emotionalem Schmerz, oder aber auf äußere Gefahrensituationen zurückgehen. Spannungslinderung wird gesucht, ohne sich über die Folgen des abfuhrsuchenden Verhaltens Gedanken zu machen, das nicht selten in Widerspruch zu gesellschaftlichen Anforderungen steht. Das Lustprinzip ist ein primär operierendes Prinzip innerhalb des primärprozeßhaften Unbewußten.

Metapsychologie: Ein hochabstraktes konzeptuelles Hilfsmittel zur Entwicklung und Diskussion der psychoanalytischen Theorie. Sie setzt sich zusammen aus einer Reihe theoretischer Annahmen und einer Sprache, mittels der diese Annahmen beschrieben werden. Die akademische Psychologie des ausgehenden 19. Jahrhunderts und beginnenden 20. Jahrhunderts, als Freud den Großteil seiner Konzepte entwickelte, setzte „psychisch" mit „bewußt" gleich. Die Phänomene, die Freud interessierten, waren jedoch unbewußt und galten somit als „jenseits des Bereichs der Psychologie" angesiedelt - daher der Name Metapsychologie für Freuds Psychologie.

Narzißmus: Libidinöse Besetzung des Ich oder des Selbst.

Objektlibido: Die auf ein externes Liebesobjekt gerichtete sexuelle Triebenergie (siehe auch *Libido*).

Objektrepräsentanz: Ein überdauernde Schema einer bestimmten Person, ähnlich einer überdauernden Erinnerung, das sich aus einer Vielzahl von Erfahrungen, Eindrücken und Imagines dieser Person zusammensetzt.

Ökonomischer Gesichtspunkt: Eines von mehreren Ordnungsprinzipien, mit deren Hilfe Freud versuchte, psychische Phänomene zu beschreiben. Der ökonomische Gesichtspunkt beschreibt die Intensität von Affekten. Er ist nützlich für die Diskussion, wie Menschen diese Affekte psychisch verarbeiten. Ursprünglich verstand Freud Affektintensität im Sinne von Energiebeträgen, die von einem psychischen Apparat verarbeitet werden.

Optimale Frustration: Psychoökonomisches Konzept eines äußeren Verlusts oder einer äußeren Enttäuschung, der resp. die ausgehalten werden kann, ohne die jeweiligen emotionalen Kapazitäten der betreffenden Person zu übersteigen. Die optimale Frustration mündet nicht in jenen traumatischen Zustand, in dem die Fähigkeit der Psyche durch überwältigende Affekte überfordert wird. Im Gegenteil, in kleinen Mengen fördern optimale Frustrationen das psychische Wachstum.

Primärprozeß: Ein für das Unbewußte charakteristischer Denkmodus. Primärprozeßhaftes Denken ist irrational und besteht aus Verdichtungen, Verschiebungen, Symbolisierungen, sowie dem Fehlen von Verneinung. Es ist seinem Wesen nach primitiv und bezieht sich auf den unmodifizierten Ausdruck von Triebimpulsen, wie sie das Lustprinzip diktiert. Der unlogische manifeste Inhalt von Träumen und offenen Psychosen ist ein Beispiel für primärprozeßhaftes Denken.

Realitätsprinzip: Im Laufe der Entwicklung macht die Abfuhr von Spannung, die in Übereinstimmung mit dem Lustprinzip stattfindet, jenen Notwendigkeiten Platz, die das Leben in einem sozialen Kontext bestimmen. Andere Menschen werden als Wesen mit Gefühlen und Bedürfnissen wahrgenommen. Handlungen werden als mit Konsequenzen einhergehend erlebt. Logik ist vorherrschend, wenn Aufschub und Hemmung den Verhaltensmodus bestimmen.

Sekundärprozeß: Ein Denkmodus, der rationaler Art und Teil des Vorbewußten ist. Der Sekundärprozeß ist insofern an das Realitätsprinzip gebunden, als er Elemente enthält, die den Aufschub unmittelbarer Triebabfuhr und Handlungen sowohl im Denken, in der Sprache und im Verhalten ermöglichen.

Selbstobjekt: Ursprünglich jene Bezugsperson in der Kindheit, die für die Erfüllung psychisch zentraler Selbstobjektbedürfnisse sorgt. Objekte, die sich hierfür zur Verfügung stellen, werden im Sinne ihrer bedürfniserfüllenden Funktion und nicht als eigenständige Wesen erlebt. 1977 entscheidet sich Kohut für die Schreibweise „Selbstobjekt" ohne Bindestrich (Cocks 1984), um deutlich zu machen, daß das Objekt nicht als getrennt vom Selbst im Sinne der psychischen Funktion, die es erfüllt, erlebt wird.

Selbstobjektbedürfnisse: Zentrale psychische Erfahrungen, die ihren Ursprung in der Kindheit haben und in unterschiedlicher Form das gesamte Leben über andauern. Selbstobjektbedürfnisse schließen das Bedürfnis zu idealisieren, bestätigt und wertgeschätzt zu werden, sowie das Bedürfnis nach Zugehörigkeit und Gemeinschaft mit ein. Sie sind Teil der von Kohut beschriebenen narzißtischen Konfiguration.

Selbstobjektübertragung: Terminus, der die Erfahrung des Selbst beschreibt, daß ein Selbstobjekt seine Bedürfnisse erfüllt. In der Selbstobjektübertragung wird das Selbstobjekt im Sinne spezifischer psychischer Funktionen wahrgenommen, die es dem Selbst zur Verfügung stellt, und nicht im Sinne seiner einzigartigen, ihm zugehörigen Eigenschaften.

Struktureller Gesichtspunkt: Eines von mehreren Ordnungsprinzipien, mit dem Freud psychische Phänomene zu beschreiben sucht. Der strukturelle Gesichtspunkt betrachtet die menschliche Psyche als einen Apparat, der sich aus den drei Instanzen Es, Ich und Überich zusammensetzt, und beschreibt die Beziehung dieser drei Instanzen untereinander. In der klassischen Theorie Freuds ist diese Beziehung konflikthaft.

Triebe: Freuds Konzept der grundlegenden biologischen Kräfte, die das Seelenleben und Verhalten des Menschen bedingen. Bei den beiden Trieben handelt es sich um den Sexualtrieb und den Aggressionstrieb.

Überich: Eine der drei Instanzen des psychischen Apparates. Das Konzept des Überichs beschreibt die inneren moralischen Verbote, Haltungen und Normen, die die betreffende Person leiten. Das Überich entsteht über die Internalisierung elterlicher Haltungen und Verhaltensweisen.

Übertragung: Ein ursprünglich von Freud entwickeltes Konzept, mit dem er die Beziehung eines Systems innerhalb des topischen Modells zu einem anderen System innerhalb des gleichen Modells beschreibt. In Freuds ursprünglicher Konzeptualisierung bezeichnet Übertragung das Eindringen unbewußter Inhalte ins Vorbewußte. Seit seiner ursprünglichen Formulierung hat das Konzept zahlreiche zusätzliche Bedeutungen angenommen. „Übertragung" bezeichnet heute gemeinhin Beziehungserfahrungen in der Gegenwart, die ihren Ursprung mit den Objekten der Kindheit haben.

Umwandelnde Verinnerlichung: Kohuts Konzept psychischer Strukturbildung, das an Freuds Konzept der Internalisierung nach einem Verlust angelehnt ist. Für Kohut kommt es zu einer Reinternalisierung von bestimmten Idealisierungsgraden des idealisierten Objekts, wenn das Objekt in seiner idealisierenden Selbstobjektfunktion versagt. Das Erleben eines minimalen Verlusts, der auf eine optimale Frustration folgt, beschleunigt den Prozeß der umwandelnden Verinnerlichung.

Verdrängungsschranke: Ursprünglich von Freud als Teil des topischen Modells beschrieben. Die Verdrängungsschranke ist das Ergebnis von Abwehrkräften im Vorbewußten, die sich dem Eindringen von Kräften aus dem Unbewußten entgegenstellen. Freud modifizierte dieses Konzept, als er 1923 sein Dreiinstanzenmodell entwirft. Die Verdrängungsschranke wird nunmehr als Zusammenschluß von Abwehrmechanismen innerhalb des Ichs aufgefaßt, die sich dem Eindringen von Kräften aus dem Es widersetzen.

Verleugnung: Abwehrmechanismus, bei dem etwas gesehen, aber nicht als Realität anerkannt wird. Verleugnung wird erlebt, etwas zu wissen und gleichzeitig nichts darüber zu wissen. Die Spaltung zwischen Wissen und Nicht-Wissen ist verantwortlich für Handlungen, die nicht der Art der betreffenden Person zu entsprechen scheinen.

Vertikale Spaltung: Von Freud zunächst als Spaltung im Ich bezeichnet, stützt sich das Konzept der vertikalen Spaltung auf das Dreiinstanzenmodell, um den Abwehrmechanismus der Verleugnung zu erklären. Es bezieht sich auf einen Riß in der Struktur des Ichs oder des Selbst, der dazu dient, Wahrnehmung und Vorstellung getrennt voneinander zu halten.

Zeittafel

1913	Heinz Kohut wird am 3. Mai in Wien geboren.
1932	Juni: Abitur am Döblinger Gymnasium.
1937	Im November stirbt Kohuts Vater.
1938	Juni: Kohut sieht Freuds Abreise aus Wien. Beendigung des Medizinstudiums im November.
1939	Im März reist Kohut nach England ab.
1940	Februar: Abreise aus England. Ankunft in Chicago einen Monat später.
1941	Assistenzarzt am Krankenhaus der Universität von Chicago.
1945	Juli: Kohut erhält die amerikanische Staatsbürgerschaft.
1947	Lehrauftrag für Psychiatrie an der Universität von Chicago.
1948	Oktober: Kohut heiratet Betty Meyer.
1950	August: Sohn Thomas wird geboren. Oktober: Abschluß der Weiterbildung am Psychoanalytischen Institut in Chicago.
1953	Kohut wird Mitglied des Weiterbildungsausschusses am Psychoanalytischen Institut in Chicago.
1957	November: Vortrag von *Introspektion, Empathie und Psychoanalyse* anläßlich der Feier zum 25. Geburtstag des Chicagoer Instituts für Psychoanalyse.
1963-64	Präsident der Chicagoer Psychoanalytischen Gesellschaft.
1965-73	Vizepräsident der Internationalen Psychoanalytischen Gesellschaft.
1966	*Formen und Umformungen des Narzißmus.*
1968	Sigmund-Freud-Vorlesung an der Psychoanalytischen Vereinigung in New York. Dezember: *Die psychoanalytischen Behandlung narzißtischer Persönlichkeitsstörungen.*
1971	*Narzißmus. Eine Theorie der psychoanalytischen Behandlung narzißtischer Persönlichkeitsstörungen.* Im Oktober wird bei Kohut Leukämie diagnostiziert.
1973	Juni: *Psychoanalyse und Geschichte* ('Psychoanalysis and History') - Symposium anläßlich Kohuts 60. Geburtstag.
1977	*Die Heilung des Selbst.*
1979	*Die zwei Analysen des Herrn Z.*
1981	Oktober: Vierte Selbstpsychologie-Konferenz in Berkeley/Kalifornien. Vortrag von *Über Empathie*. Kohut stirbt am 8. Oktober im Billings Hospital in Chicago. November: Sein Sohn Thomas verliest *On Empathy* am Chicagoer Institut für Psychoanalyse.
1984	Posthume Veröffentlichung von *Wie heilt die Psychoanalyse?*

Bibliographie der Arbeiten Heinz Kohuts

Aufsätze

1949

'August Aichhorn - Remarks after His Death', in P. Ornstein (Hg.) The Search for the Self, Bd. 1, S. 131-3. New York, International Universities Press, 1978.

1951

(a) 'The Psychological Significance of Musical Activity', Music Therapy Bd. 1, S. 151-8.
(b) 'Discussion of „The Function of the Analyst in the Therapeutic Process" by Samuel D. Lipton', in P. Ornstein (Hg.) The Search for the Self, Bd. 1, S. 159-66. New York, International Universities Press, 1978.

1952

'Book Review of „Psychanalyse de la musique" (1951) by Andre Michel', in P. Ornstein (Hg.) The Search for the Self, Bd. 1, S. 167-70. New York, International Universities Press, 1978.

1953

'Discussion of „Natural Science and Humanism as Fundamental Elements in the Education of Physicians and Especially Psychiatrists" by Henry von Witzleben', in P. Ornstein (Hg.) The Search for the Self, Bd. 1, S. 171-6. New York, International Universities Press, 1978.

1954

'Discussion of „Eros and Thanatos: A Critique and Elaboration of Freud's Death Wish" by lago Galdston', in P. Ornstein (Hg.) The Search for the Self, Bd. 1, S. 177-85. New York, International Universities Press, 1978.

1955

(a) 'Some psychological effects of music and their relation to music therapy', Music Therapy, Bd. 5, S. 17-20.
(b) 'Book Review of „The Haunting Melody: Psychoanalytic Experiences in Life and Music" (1953) by Theodor Reik', in P. Ornstein (Hg.) The Search for the Self, Bd. 1, S. 187-90. New York, International Universities Press, 1978.
(c) 'Book Review of "Beethoven and His Nephew: A Psychoanalytic Study of Their Relationship" (1954) by Edith and Richard Sterba', in P. Ornstein (Hg.) The Search for the Self, Bd. 1, S. 191-3. New York, International Universities Press, 1978.

1956

(a) 'Discussion of „Modern Casework: The Contribution of Ego Psychology" by Annette Garrett', in P. Ornstein (Hg.) The Search for the Self, Bd. 1, S. 195-200. New York, International Universities Press, 1978.

(b) 'Discussion of „The Role of the Counterphobic Mechanism in Addiction" by Thomas S. Szasz', in P. Ornstein (Hg.) The Search for the Self, Bd. 1, S. 201-3. New York, International Universities Press, 1978.

1957

(a) 'Reporter „Clinical and Theoretical Aspects of Resistance" on Panel: American Psychoanalytic Association New York, December 1956 Meeting', Journal of the American Psychoanalytic Association 1957, Bd. 5, S. 548-55.

(b) 'Death in Venice by Thomas Mann: A Story about the Disintegration of Artistic Sublimation', in P. Ornstein (Hg.) The Search for the Self, Bd. 1, S. 107-30. New York, International Universities Press, 1978. (dt. Thomas Manns >Tod in Venedig<. Zerfall einer künstlerischen Sublimierung, in H. Kohut (1977) Introspektion, Empathie und Psychoanalyse, S. 175-94, Frankfurt/M., Suhrkamp)

(c) 'Observations on the psychological functions of music', in P. Ornstein (Hg.) The Search for the Self, Bd. 1, S. 233-53. New York, International Universities Press, 1978. (dt. Betrachtungen über die psychologischen Funktionen der Musik, in H. Kohut (1977) Introspektion, Empathie und Psychoanalyse, S. 218-38, Frankfurt/M., Suhrkamp)

(d) 'Book review of The Arrow and the Lyre: A Study of the Role of Love in the Works of Thomas Mann (1955) by Frank Donald Hirschbach', in P. Ornstein (Hg.) The Search for the Self, Bd. 1, S. 255-7. New York, International Universities Press, 1978.

(e) 'Discussion of „Some Continents on the Origin of the Influencing Machine" by Louis Linn', in P. Ornstein (Hg.) The Search for the Self; Bd. 1, S. 259-61. New York, International Universities Press, 1978.

(f) 'Discussion of "A Note on Beating Fantasies" by William G. Niederland', in P. Ornstein (Hg.) Me Search for the Self, Bd. 1, S. 263-5. New York, International Universities Press, 1978.

1958

'Discussion of „Looking over the Shoulder" by Morris W. Brody and Philip M. Mechanik', in P. Ornstein (Hg.) The Search for the Self, Bd. 1, S. 267-9 New York, International Universities Press, 1978.

1959

'Introspection, Empathy, and Psychoanalysis: An Examination of the Relationship between Mode of Observation and Theory', in P. Ornstein (Hg.) The Search for the Self, Bd. 1, S. 205-32. New York, International Universities Press, 1978. (dt. Introspektion, Empathie und Psychoanalyse. Zur Beziehung zwischen Beobachtungsmethode und Theorie. Psyche, 25, 8, S. 831-855, auch in H. Kohut (1977) Introspektion, Empathie und Psychoanalyse, S. 9-35, Frankfurt/M., Suhrkamp)

1960

(a) 'Reporter „The Psychology of Imagination" on Panel: American Psychoanalytic Association Philadelphia, April 1959', Journal of the American Psychoanalytic Association 1960, Bd. 8, S. 159-66.

(b) 'Childhood Experience and Creative Imagination: Contribution to Panel on the Psychology of Imagination', in P. Ornstein (Hg.) The Search for the Self, Bd. 1, S. 271-4. New York, International Universities Press, 1978.

(c) 'Beyond the Bounds of the Basic Rule: Some Recent Contributions to Applied Psychoanalysis', in P. Ornstein (Hg.) The Search for the Self, Bd. 1, S. 275-303. New York, International Universities Press, 1978. (dt. Jenseits der Grenzen der Grundregel, in H. Kohut (1977) Introspektion, Empathie und Psychoanalyse, S. 145-72, Frankfurt/M., Suhrkamp)

(d) 'Discussion of „Further Data and Documents in the Schreber Case“ by William G. Niederland', in P. Ornstein (Hg.) The Search for the Self, Bd. 1. S. 305-8. New York, International Universities Press, 1978.

1961

'Discussion of „The Unconscious Fantasy“ by David Beres', in P. Ornstein (Hg.) The Search for the Self, Bd. 1, S. 309-18. New York, International Universities Press, 1978.

1962

'The Psychoanalytic Curriculum', in P. Ornstein (Hg.) The Search for the Self, Bd. 1, S. 319-36. New York, International Universities Press, 1978.

1964

(a) 'The Position of Fantasy in Psychoanalytic Psychology: Chairman's Introductory Remarks to the Symposium on Fantasy', in P. Ornstein (Hg.) The Search for the Self, Bd. 1, S. 375-7. New York, International Universities Press, 1978.

(b) 'Some Problems of a Metapsychological Formulation of Fantasy: Chairman's Concluding Remarks to the Symposium on Fantasy', in P. Ornstein (Hg.) The Search for the Self, Bd. 1, S. 379-85. New York, International Universities Press, 1978.

(c) 'Franz Alexander: In Memoriam', in P. Ornstein (Hg.) The Search for the Self, Bd. 1, S. 387-8. New York, International Universities Press, 1978.

(d) 'Values and Objectives', in P. Ornstein (Hg.) The Search for the Self, Bd. 1, S. 389-93. New York, International Universities Press, 1978.

1965

(a) 'Autonomy and Integration', in P. Ornstein (Hg.) The Search for the Self, Bd. 1, S. 395-403. New York, International Universities Press. 1978.

(b) 'Discussion of „Correlation of a Childhood and Adult Neurosis: Based on the Adult Analysis of a Reported Childhood Case“ by Samuel Ritvo', in P. Ornstein (Hg.) The Search for the Self, Bd. 1, S. 405-7. New York, International Universities Press, 1978.

1966

(a) 'Discussion of „Termination of Training Analysis“ by Luisa G. de Alvarez de Toledo, Leon Grinberg, and Marie Langer', in P. Ornstein (Hg.) The Search for the Self, Bd. 1, S. 409-22. New York, International Universities Press, 1978. (dt. Die Beendigung der Lehranalyse, in H. Kohut (1977) Introspektion, Empathie und Psychoanalyse, S. 103-15, Frankfurt/M., Suhrkamp)

(b) 'Discussion of „Some Additional Day Residues of the Specimen Dream of Psychoanalysis“ by Max Schur', in P. Ornstein (Hg.) The Search for the Self, Bd. 1, S. 423-5. New York, International Universities Press, 1978.

(c) 'Forms and Transformations of Narcissism', in P. Ornstein (Hg.) The Search for the Self, Bd. 1, S. 427-60. New York, International Universities Press, 1978. (dt. Formen und Umformungen des Narzißmus. Psyche, 20, 8, S. 561-87, auch in H. Kohut (1975) Die Zukunft der Psychoanalyse, S. 140-72, Frankfurt/M., Suhrkamp)

1968

(a) 'The Evaluation of Applicants for Psychoanalytic Training', in P. Ornstein (Hg.) The Search for the Self, Bd. 1, S. 461-75. New York, International Universities Press, 1978. (dt. Die Begutachtung von Bewerbern um die psychoanalytische Ausbildung, in H. Kohut (1977) Introspektion, Empathie und Psychoanalyse, S. 89-102, Frankfurt/M., Suhrkamp)
(b) 'The Psychoanalytic Treatment of Narcissistic Personality Disorders: Outline of a Systematic Approach', in P. Ornstein (Hg.) The Search for the Self, Bd. 1, S. 477-509. New York, International Universities Press, 1978. (dt. Die psychoanalytische Behandlung narzißtischer Persönlichkeitsstörungen. Psyche, 23, 5, S. 321-48, auch in H. Kohut (1975) Die Zukunft der Psychoanalyse, S. 173-204, Frankfurt/M., Suhrkamp)
(c) 'Introspection and Empathy: Further Thoughts about Their Role in Psychoanalysis', in P. Ornstein (Hg.) The Search for the Self, Bd. 3, S. 83-102. New York, International Universities Press, 1990.

1970

(a) 'On Leadership [1969-70]', in P. Ornstein (Hg.) The Search for the Self, Bd. 3, S. 103-28. New York, International Universities Press, 1990.
(b) 'On Courage [early 1970s]', in P. Ornstein (Hg.) The Search for the Self, Bd. 3, S. 129-81. New York, International Universities Press, 1990.
(c) 'From the Analysis of Mr. R. [early 1970s]', in P. Ornstein (Hg.) The Search for the Self, Bd. 3, S. 183-222. New York, International Universities Press 1990.
(d) 'Narcissism as a Resistance and as a Driving Force in Psychoanalysis', in P. Ornstein (Hg.) The Search for the Self, Bd. 2, S. 547-61. New York, International Universities Press, 1978. (dt. Narzißmus als Widerstand und Antriebskraft in der Psychoanalyse, in H. Kohut (1977) Introspektion, Empathie und Psychoanalyse, S. 36-49, Frankfurt/M., Suhrkamp)
(e) 'Discussion of „The Self: A Contribution to its Place in Theory and Technique" by D.C. Levin', in P. Ornstein (Hg.) The Search for the Self, Bd. 2, S. 577-88. New York, International Universities Press, 1978.
(f) 'Scientific Activities of the American Psychoanalytic Association: An Inquiry', in P. Ornstein (Hg.) The Search for the Self, Bd. 2, S. 589-614. New York, International Universities Press, 1978. (dt., leicht veränderte Fassung, Forschung in der Amerikanischen Psychoanalytischen Vereinigung - ein Memorandum. Psyche, 25, 738-57, 1971, auch in H. Kohut (1977) Introspektion, Empathie und Psychoanalyse, S. 116-42, Frankfurt/M., Suhrkamp)

1971

(a) 'Peace Prize 1969: Laudation', in P. Ornstein (Hg.) The Search for fee Self, Bd. 2, S. 563-76. New York, International Universities Press, 1978.
(b) 'Ist das Studium des menschlichen Innenlebens heute noch relevant?', Psyche, 25, 4, S. 298-322.

1972

(a) 'Thoughts on Narcissism and Narcissistic Rage', in P. Ornstein (Hg.) The Search for the Self, Bd. 2, S. 615-58. New York, International Universities Press, 1978. (dt. Überlegungen zum Narzißmus und zur narzißtischen Wut. Psyche, 27, 6, S. 513-54, auch in H. Kohut (1975) Die Zukunft der Psychoanalyse, S. 205-51, Frankfurt/M., Suhrkamp)
(b) 'Discussion of „On the Adolescent Process as a Transformation of the Self" by Ernest S. Wolf, John E. Gedo, and David M. Terman', in P. Ornstein (Hg.) The Search for the Self, Bd. 2, S. 659-62. New York, International Universities Press, 1978.

1973

(a) 'Psychoanalysis in a Troubled World', in P. Ornstein (Hg.) The Search for the Self, Bd. 2, S. 511-46. New York, International Universities Press, 1978.
(b) 'The Future of Psychoanalysis', in P. Ornstein (Hg.) The Search for the Self, Bd. 2, S. 663-84. New York, International Universities Press, 1978. (dt. Die Zukunft der Psychoanalyse. In H. Kohut (1975) Die Zukunft der Psychoanalyse, S. 7-27, Frankfurt/M., Suhrkamp)
(c) 'The Psychoanalyst in the Community of Scholars', in P. Ornstein (Hg.) The Search for the Self, Bd. 2, S. 685-724. New York, International Universities Press, 1978. (dt. Der Psychoanalytiker in der Gemeinschaft der Wissenschaftler, in H. Kohut (1975) Die Zukunft der Psychoanalyse, S. 28-65, Frankfurt/M., Suhrkamp)

1974

(a) 'Letter to the Author: „Preface to Lehrjahre auf der Couch" by Tilmann Moser', in P. Ornstein (Hg.) The Search for the Self, Bd. 2, S. 725-36. New York, International Universities Press, 1978.
(b) 'Remarks about the Formation of the Self: Letter to a Student Regarding Some Principles of Psychoanalytic Research', in P. Ornstein (Hg.) The Search for the Self, Bd. 2, S. 737-70. New York, International Universities Press, 1978. (dt. Bemerkungen zur Bildung des Selbst. Brief an einen Schüler bezüglich einiger Prinzipien der psychoanalytischen Forschung, in H. Kohut (1975), Die Zukunft der Psychoanalyse, S. 252-80, Frankfurt/M., Suhrkamp)

1975

(a) 'Originality and Repetition in Science', in P. Ornstein (Hg.) The Search for the Self, Bd. 3, S. 223-9. New York, International Universities Press, 1990.
(b) 'The Self in History', in P. Ornstein (Hg.) The Search for the Self, Bd. 2, S. 771-82. New York, International Universities Press, 1978.
(c) 'A Note on Female Sexuality', in P. Ornstein (Hg.) The Search for the Self, Bd. 2, S. 783-92. New York, International Universities Press, 1978.

1976

(a) 'Creativeness, Charisma, Group Psychology: Reflections on the Self-Analysis of Freud', in P. Ornstein (Hg.) The Search for the Self, Bd. 2, S. 793-843. New York, International Universities Press, 1978. (dt. Kreativität, Charisma, Gruppenpsychologie. Psyche, 29, 8, S. 681-720, auch in H. Kohut (1975) Die Zukunft der Psychoanalyse, S. 93-139, Frankfurt/M., Suhrkamp)
(b) 'Preface to "Der falsche Weg zum Selbst, Studien zur Drogenkarriere" by Jürgen vom Scheidt', in P. Ornstein (Hg.) The Search for the Self, Bd. 2, S. 845-50. New York, International Universities Press, 1978.
(c) 'Reflections on the Occasion of Jean Piaget's Eightieth Birthday', in P. Ornstein (Hg.) The Search for the Self, Bd. 3, S. 231-4. New York, International Universities Press, 1990.

1978

(a) 'Conclusion: The Search for the Analyst's Self', in P. Ornstein (Hg.) The Search for the Self, Bd. 2, S. 931-8. New York, International Universities Press, 1978.
(b) 'Letters to Eric Heller', in P. Ornstein (Hg.) The Search for the Self, Bd. 2, S. 908-27. New York, International Universities Press, 1978.
(c) 'Self Psychology and the Sciences of Man', in P. Ornstein (Hg.) The Search for the Self, Bd. 3, S. 235-60. New York, International Universities Press, 1990.
(d) 'Reflections on Advances in Self Psychology', in P. Ornstein (Hg.) The Search for the Self, Bd. 3, S. 261-357. New York, International Universities Press, 1990.

(e) 'Introductory Remarks to the Panel on „Self Psychology and the Sciences of Man"', in P. Ornstein (Hg.) The Search for the Self, Bd. 3, S. 387-93. New York, International Universities Press, 1990.

1979

(a) 'The Two Analyses of Mr. Z.' in P. Ornstein (Hg.) The Search for the Self, Bd. 4, S. 395-446. New York, International Universities Press, 1990.
(b) 'Four Basic Concepts in Self Psychology', in P. Ornstein (Hg.) The Search for the Self, Bd. 4, S. 447-70. New York, International Universities Press, 1990.
(c) 'Remarks on Receiving the William A. Schonfeld Distinguished Service Award', in P. Ornstein (Hg.) The Search for the Self, Bd. 4, S. 471. New York, International Universities Press, 1990.
(d) 'Remarks on the Panel on „The Bipolar Self"' in P. Ornstein (Hg.) The Search for the Self, Bd. 4, S. 475-81. New York, International Universities Press, 1990.

1980

(a) 'Greetings', in P. Ornstein (Hg.) The Search for the Self, Bd. 4, S. 483-8. New York, International Universities Press, 1990.
(b) 'Selected Problems in Self Psychological Theory', in P. Ornstein (Hg.) The Search for the Self, Bd. 4, S. 489-523. New York, International Universities Press, 1990.

1981

(a) 'On Empathy', in P. Ornstein (Hg.) The Search for the Self, Bd. 4, S. 525-35. New York International Universities Press, 1990.
(b) 'Introspection, Empathy, and the Semicircle of Mental Health', in P. Ornstein (Hg.) The Search for the Self, Bd. 4, S. 537-67. New York, International Universities Press, 1990.

1950

Kohut, H. and Levarie, S. 'On the Enjoyment of Listening to Music', in P. Ornstein (Hg.) The Search for the Self, Bd. 1, S. 135-58. New York, International Universities Press, 1978. (dt. Über den Musikgenuß, in H. Kohut (1977) Introspektion, Empathie und Psychoanalyse, S. 195-217, Frankfurt/M., Suhrkamp)

1963

Kohut, H. and Seitz, P. 'Concepts and Theories of Psychoanalysis', in P. Ornstein (Hg.) The Search for the Self, Bd. 1, S. 337-74. New York, International Universities Press, 1978. (dt. Begriffe und Theorien der Psychoanalyse', in H. Kohut (1977) Introspektion, Empathie und Psychoanalyse, S. 50-85, Frankfurt/M., Suhrkamp.

1978

Kohut, H. and Wolf, E. 'The Disorders of the Self and Their Treatment: An Outline', in P. Ornstein (Hg.) The Search for the Self, Bd. 3, S. 359-85. New York, International Universities Press, 1990.

Bücher

1971

Analysis of the Self, New York, International Universities Press. (dt. Narzißmus. Eine Theorie der psychoanalytischen Behandlung narzißtischer Persönlichkeitsstörungen, Frankfurt/M., Suhrkamp, 1973)

1975

Die Zukunft der Psychoanalyse, Frankfurt/M., Suhrkamp.

1977

The Restoration of the Self, New York, International Universities Press. (dt. Die Heilung des Selbst, Frankfurt/M., Suhrkamp, 1979)

Introspektion, Empathie und Psychoanalyse. Aufsätze zur psychoanalytischen Theorie, zu Pädagogik und Forschung und zur Psychologie der Kunst, Frankfurt/M., Suhrkamp.

1984

How Does Analysis Cure?, Chicago und London, University of Chicago Press. (dt. Wie heilt die Psychoanalyse?, Frankfurt/M., Suhrkamp, 1987)

1987

The Kohut Seminars on the Self Psychology and Psychotherapy with Adolescents and Jung Adults, hg. von Miriam Elson, New York, Norton. (dt. Auf der Suche nach dem Selbst. Kohuts Seminare zur Selbstpsychologie und Psychotherapie, München, Pfeiffer, 1993)

Unveröffentlichte Vorlesungsreihen

1960

Kohut, H. and Seitz, R (Hg.) (1960) 'Kohut's Unpublished Course R 200, 300, „Psychoanalytic Psychology"', Kohut Archive, Chicago Institute for Psychoanalysis.

Veröffentlichte Vorlesungsreihen

1974

The Kohut Seminars on the Self Psychology and Psychotherapy with Adolescents and Jung Adults, hg. von Miriam Elson, New York, Norton (dt. Auf der Suche nach dem Selbst. Kohuts Seminare zur Selbstpsychologie und Psychotherapie, München, Pfeiffer, 1993).

1972-6

Tolpin, P. and Tolpin, M. (1996) The Chicago Institute Letters of Heinz Kohut, Hillsdale, NJ, Analytic Press.

Veröffentlichte Diskussionen und Briefwechsel

1923-81

Cocks, G. (1994) The Curve of Life: Correspondence of Heinz Kohut 1923-1981, Chicago und London, University of Chicago Press.

1981

(a) 'The Psychoanalyst and the Historian [January 29, 1981]', in C. Strozier (Hg.) Self Psychology and the Humanities: Reflections on a New Psychoanalytic Approach (1985), S. 215-21. New York und London, W.W. Norton.
(b) 'Idealization and Cultural Selfobjects [February 12, 1981]', in C. Strozier (Hg.) Self Psychology and the Humanities: Reflections on a New Psychoanalytic Approach (1985), S. 224-31. New York und London, W.W. Norton.
(c) 'On the Continuity of the Self and Cultural Selfobjects [February 26, 1981]', in C. Strozier (Hg.) Self Psychology and the Humanities: Reflections on a New Psychoanalytic Approach (1985), S. 232-43. New York und London, W.W. Norton.
(d) '"Cone Needs a Twinkle of Humor as a Protection against Craziness" [March 12, 1981]', in C. Strozier (Hg.) Self Psychology and the Humanities: Reflections on a New Psychoanalytic Approach (1985), S. 244-53. New York und London, W.W. Norton.
(e) 'Civilization versus Culture [May 7, 1981]', in C. Strozier (Hg.) Self Psychology and the Humanities: Reflections on a New Psychoanalytic Approach (1985), S. 254-60. New York und London, W.W. Norton
(f) 'Religion, Ethics, Values [June 6, 1981]', in C. Strozier (Hg.) Self Psychology and the Humanities: Reflections on a View Psychoanalytic Approach (1985), S. 261-2. New York und London, W.W. Norton.
(g) '"Stranger Take Word to Sparta: Here We Lie Obeying Her Orders" [Judy 16, 1981]', in C. Strozier (Hg.) Self Psychology and the Humanities: Reflections on a New Psychoanalytic Approach (1985), S. 263-9. New York und London, W.W. Norton.

Literaturverzeichnis

Aichhorn, A. (1925/1994) Verwahrloste Jugend. (10. Aufl.), Bern, Hans Huber.

Atwood, G. and Stolorow, R. (1984) Structures of Subjectivity, Hillsdale, NJ, The Analytic Press.

— (1993) Faces in a Cloud (rev.), Northvale, NJ, Aronson.

Bacal, H. (1985) Optimal Responsiveness and the Therapeutic Process, in A. Goldberg (Hg.) Progress in Self Psychology, Bd. 1, S. 202-26. Hillsdale, NJ, The Analytic Press.

Busch, M. (1995) Kohut's Contribution, Psychoanalytic Dialogues, Bd. 5, Heft 3, S. 367-73.

Baum, L.F. (1994) Der Zauberer von Oz, Würzburg, Arena Verlag. (Orig.: The Wonderful Wizard of Oz., G.M. Hill, 1900)

Beebe, B. & Lachmann, F.M. (1994) Representation and Internalization in Infancy: Three Principles of Salience, Psychoanalytic Psychotherapy, Bd. 11, S. 127-65.

Beebe, B., Jaffe, J. and Lachmann, F. (1993) A Dyadic Systems View of Communication, in N. Skolnick and S. Warshaw (Hg.) Relational Perspectives in Psychoanalysis, S. 61-8, Hillsdale, NJ, The Analytic Press.

Cocks, G. (1994) The Curve of Life: Correspondence of Heinz Kohut 1923-1981, Chicago und London, University of Chicago Press.

Duda, S. & Pusch, L.F. (1992) WahnsinnsFrauen 1, Frankfurt/M., Suhrkamp.

Eidelberg, L. (1959) The Concept of Narcissistic Mortification, International Journal of Psycho-Analysis, Bd. 40, S. 163-8.

Ferenczi, S. (1930) Relaxationsprinzip und Neokatharsis, in ders. Schriften zur Psychoanalyse, S. 257-73, Frankfurt/M., Fischer.

Freud, A. (1936/1964) Das Ich und die Abwehrmechanismen, München, Kindler.

Freud, S. (1900) Die Traumdeutung, Studienausgabe, Bd. 2, Frankfurt/M., Fischer.

— (1905) Drei Abhandlungen über die Sexualtheorie, Studienausgabe, Bd. 5, Frankfurt/M., Fischer.

— (1905) Bruchstück einer Hysterie-Analyse, Studienausgabe, Bd. 6, Frankfurt/M., Fischer.

— (1911) Psychoanalytische Bemerkungen über einen autobiographisch beschriebenen Fall von Paranoia (Dementia paranoides), Studienausgabe, Bd. 7, Frankfurt/M., Fischer.

— (1912) Ratschläge für den Arzt bei der psychoanalytischen Behandlung, Studienausgabe, Ergänzungsband, Frankfurt/M., Fischer.

— (1913) Weitere Ratschläge zur Technik der Psychoanalyse: I. Zur Einleitung der Behandlung, Studienausgabe, Ergänzungsband, Frankfurt/M., Fischer.

— (1915) Zur Einführung des Narzißmus, Studienausgabe, Bd. 3, Frankfurt/M., Fischer.

— (1915) Trieb und Triebschicksale, Studienausgabe, Bd. 3, Frankfurt/M., Fischer.

— (1917) Trauer und Melancholie, Studienausgabe, Bd. 3, Frankfurt/M., Fischer.

— (1920) Jenseits des Lustprinzips, Studienausgabe, Bd. 3, Frankfurt/M., Fischer.

— (1921) Massenpsychologie und Ich-Analyse, Studienausgabe, Bd. 9, Frankfurt/M., Fischer.

— (1923) Das Ich und das Es,. Studienausgabe, Bd. 3, Frankfurt/M., Fischer.

— (1930) Das Unbehagen in der Kultur, Studienausgabe, Bd. 9, Frankfurt/M., Fischer.

Galdston, I. (1955) Eros and Thanatos: A Critique and Elaboration of Freud's Death Wish, American Journal of Psychoanalysis, Bd. 15, S. 123-34.

Glover, E. (1931) The Therapeutic Effect of the Inexact Interpretation: A Contribution to the Theory of Suggestion, The Technique of Psychoanalysis, S. 353-66. New York, International Universities Press, 1955.

Goldberg, A. (1980) Self Psychology and the Distinctiveness of Psychotherapy, International Journal of Psychoanalytic Psychotherapy, Bd. 8, S. 57-70.

Goldberg, A. (Hg.) (1978) The Psychology of the Self: A Casebook, New York, International Universities Press.

Hitschman, E. (1956) Great Men: Psychoanalytic Studies, New York, International Universities Press.
Hoffman, I. (1991) Discussion. Toward a Social Constructivist View of the Psychoanalytic Situation, Psychoanalytic Dialogues, Bd. 1, S. 74-105.
Kinzel, C. (1993) Psychoanalyse und Hypnose, München, Quintessenz.
Kleeman, J. (1967) The Peek-a-Boo Game: Part 1. Its Origins, Meanings, and Related Phenomena in the First Year, The Psychoanalytic Study of the Child, Bd. XXII, New York, International Universities Press.
Kohut, H. (1951) Discussion of „The Function of the Analyst in the Therapeutic Process“ by Samuel D. Lipton, in P. Ornstein (Hg.) The Search for the Self, Bd. 1, S. 159-66. New York, International Universities Press.
— (1954) Discussion of „Eros and Thanatos A Critique and Elaboration of Freud's Death Wish„ by Iago Galdston, in P. Ornstein (Hg.) The Search for the Self, Bd. 1, S. 177-85. New York, International Universities Press, 1978.
— (1956) Discussion of „Modern Casework: The Contribution of Ego Psychology“ by Annette Garrette, in P. Ornstein (Hg.) The Search for the Self, Bd. 1, S. 195-200. New York, International Universities Press, 1978.
— (1957a) Death in Venice by Mann: A Story about the Disintegration of Artistic Sublimation, in P. Ornstein (Hg.) The Search for the Self, Bd. 1, S. 107-30. New York, International Universities Press, 1978. (dt. Thomas Manns >Tod in Venedig<. Zerfall einer künstlerischen Sublimierung, in H. Kohut (1977) Introspektion, Empathie und Psychoanalyse, S. 175-94, Frankfurt/M., Suhrkamp)
— (1957b) Observations on the Psychological Functions of Music, in P. Ornstein (Hg.) The Search for the Self, Bd. 1, S. 233-53. New York, International Universities Press, 1978. (dt. Betrachtungen über die psychologischen Funktionen der Musik, in H. Kohut (1977) Introspektion, Empathie und Psychoanalyse, S. 218-38, Frankfurt/M., Suhrkamp)
— (1957c) Book review of „The Arrow and the Lyre: A Study of the Role of Love in the Works of Thomas Mann“ by Frank Donald Hirschbach, in P. Ornstein (Hg.) The Search for the Self, Bd. 1, S. 255-7. New York, International Universities Press, 1978.
— (1957d) Discussion of „Some Comments on the Origin of the Influencing Machine" by Louis Linn, in P. Ornstein (Hg.) The Search for the Self, Bd. 1, S. 259-61. New York, International Universities Press, 1978.
— (1959) Introspection, Empathy and Psychoanalysis: An Examination of the Relationship between Mode of Observation and Theory, in P. Ornstein (Hg.) The Search for the Self, Bd. 1, S. 205-32. New York, International Universities Press, 1978. (dt. Introspektion, Empathie und Psychoanalyse. Zur Beziehung zwischen Beobachtungsmethode und Theorie. Psyche, 25, 8, S. 831-55, auch in H. Kohut (1977) Introspektion, Empathie und Psychoanalyse, S. 9-35, Frankfurt/M., Suhrkamp)
— (1960) Beyond the Bounds of the Basic Rule: Some Recent Contributions to Applied Psychoanalysis, in P. Ornstein (Hg.) The Search for the Self, Bd. 1, S. 275-303. New York, International Universities Press, 1978. (dt. Jenseits der Grenzen der Grundregel, in H. Kohut (1977) Introspektion, Empathie und Psychoanalyse, S. 145-72, Frankfurt/M., Suhrkamp)
— (1966) Forms and Transformations of Narcissism, in P. Ornstein (Hg.) The Search for the Self, Bd. 1, S. 427-60. New York, International Universities Press, 1978. (dt. Formen und Umformungen des Narzißmus. Psyche, 20, 8, S. 561-87, auch in H. Kohut (1975) Die Zukunft der Psychoanalyse, S. 140-72, Frankfurt/M., Suhrkamp)
— (1968) The Psychoanalytic Treatment of Narcissistic Personality Disorders: Outline of a Systematic Approach, in P. Ornstein (Hg.) The Search for the Self, Bd. 1, S. 477-509. New York, International Universities Press, 1978. (dt. Die psychoanalytische Behandlung narzißtischer Persönlichkeitsstörungen. Psyche, 23, 5, S. 321-48, auch in H. Kohut (1975) Die Zukunft der Psychoanalyse, S. 173-204, Frankfurt/M., Suhrkamp)
— (1971) Analysis of the Self, New York: International Universities Press. (dt. Narzißmus. Eine Theorie der psychoanalytischen Behandlung narzißtischer Persönlichkeitsstörungen, Frankfurt/M., Suhrkamp, 1973).
— (1973) The Future of Psychoanalysis, in P. Ornstein (Hg.) The Search for the Self, Bd. 2, S. 663-84. New York, International Universities Press, 1978. (dt. Die Zukunft der Psychoanalyse. In H. Kohut (1975) Die Zukunft der Psychoanalyse, S. 7-27, Frankfurt/M., Suhrkamp)

— (1977) The Restoration of the Self, New York, International Universities Press. (dt. Die Heilung des Selbst, Frankfurt/M., Suhrkamp, 1979)
— (1979) The Two Analyses of Mr. Z. in P. Ornstein (Hg.) The Search for the Self, Bd. 4, S. 395-446. New York, International Universities Press, 1990.
— (1981a) On Empathy, in P. Ornstein (Hg.) The Search for the Self, Bd. 4, S. 525-35. New York, International Universities Press, 1990.
— (1981b) Introspection, Empathy and the Semicircle of Mental Health, in P. Ornstein (Hg.) The Search for the Self, Bd. 4, S. 537-67. New York, International Universities Press, 1990.
— (1984) How Does Analysis Cure?, hg. A. Goldberg and P. Stepansky. Chicago and London, University of Chicago Press (dt. Wie heilt die Psychoanalyse?, Frankfurt/M., Suhrkamp, 1987)
— Kohut's Unpublished Course R 200, 300, „Psychoanalytic Psychology" (1960), hg. R. Seitz, Kohut Archive, Chicago Institute for Psychoanalysis.
Kohut, H. & Levarie, S. (1950) On the Enjoyment of Listening to Music, in P. Ornstein (Hg.) The Search for the Self, Bd. 4, S. 135-58. New York, International Universities Press, 1978. (dt. Über den Musikgenuß, in H. Kohut (1977) Introspektion, Empathie und Psychoanalyse, S. 195-217, Frankfurt/M., Suhrkamp)
Kohut, H. & Seitz, P. (1963) Concepts and Theories of Psychoanalysis, in P. Ornstein (Hg.) The Search for the Self, Bd. 1, S. 337-74. New York, International Universities Press, 1978. (dt. Begriffe und Theorien der Psychoanalyse', in H. Kohut (1977) Introspektion, Empathie und Psychoanalyse, S. 50-85, Frankfurt/M., Suhrkamp.
Kohut, H. & Wolf, E. (1978) The Disorders of the Self and their Treatment: an Outline, in P. Ornstein (Hg.) The Search for the Self, Bd. 3, S. 359-85. New York, International Universities Press, 1990.
Lachmann, F. M. and Beebe, B. (1991) Three Self Psychologies - or One?, in A. Goldberg (Hg.) The Evolution of Self Psychology: Progress in Self Psychology, Bd. 7, S. 167-74. Hillsdale, NJ, The Analytic Press.
— (1992) Representational and Self Object Transferences: A Developmental Perspective, in A. Goldberg (Hg.) New Therapeutic Visions: Progress in Self Psychology, Bd. 8, S. 3-15. Hillsdale, NJ, The Analytic Press.
— (1995) Self Psychology: Today, Psychoanalytic Dialogues, Bd. 5, Heft 3, S. 375-84.
Lichtenberg, J. D. (1991) Psychoanalyse und Säuglingsforschung, Berlin, Springer. (Orig.: Psychoanalysis and Infant Research. The Analytic Press, Hillsdale, NJ, 1983)
Linn, L. (1958) Some Comments on the Origins of the Influencing Machine, Journal of the American Psychoanalytic Association, Bd. 6, S. 305-8.
Mertens, W. (1990) Einführung in die psychoanalytische Therapie, Bd. 1, Stuttgart, Kohlhammer.
Mitchell, S. (1988) Relational Concepts in Psychoanalysis, Cambridge, MA, Harvard University Press.
Mitchell, S. (Hg.) (1995) Self Psychology after Kohut: A Polylogue, Special issue of Psychoanalytic Dialogues, Bd. 5, Heft 3.
Ornstein, P. (1990) Introduction: The Unfolding and Completion of Heinz Kohut's Paradigm of Psychoanalysis, in P. Ornstein (Hg.) The Search for the Self, Bd. 3, S. 1-83, New York, International Universities Press.
Ornstein, P. & Ornstein, A. (1995) Some Distinguishing Features of Heinz Kohut's Self Psychology, Psychoanalytic Dialogues, Bd. 5, Heft 3, S. 385-91.
Shane, M. & Shane, E. (1993) Self Psychology after Kohut: One Theory or Many? Journal of the American Psychoanalytic Association, Bd. 41, S. 777-98.
— (1994) Self Psychology in Search of the Optimal: A Consideration of Optimal Responsiveness, Optimal Provision; Optimal Gratification; and Optimal Restraint in the Clinical Situation, Vortrag auf der 17th Annual Conference on the Psychology of the Self, Chicago.
Stern, D. N. (1992) Die Lebenserfahrung des Säuglings, Stuttgart, Klett-Cotta. (Orig.: The Interpersonal World of the Infant, Basic Books, New York, 1985)
Stolorow, R. (1995) An Intersubjective View of Self Psychology, Psychoanalytic Dialogues, Bd. 5, Heft 3, S. 393-9.
Stolorow, R. & Atwood, G. (1992) Contexts of Being, Hillsdale, NJ, The Analytic Press.
Stolorow, R., Brandchaft, B. and Atwood, G. (1987) Psychoanalytic Treatment, Hillsdale, NJ, The Analytic Press.

Tausk, V. (1919) Über die Entstehung des „Beeinflussungsapparates“ in der Schizophrenie. Internationale Zeitschrift für Psychoanalyse, V, 1-33.

Terman, D. (1988) Optimum Frustration: Structuralization and the Therapeutic Process, in A. Goldberg (Hg.) Learning From Kohut: Progress in Self Psychology, Bd. 4, S. 113-25. Hillsdale, NJ, The Analytic Press.

Tolpin, R. (1988) Optimal Affective Engagement: The Analyst's Role in Therapy, in A. Goldberg (Hg.) Learning from Kohut: Progress in Self Psychology, Bd. 4, S. 160-8. Hillsdale, NJ, The Analytic Press.

Wolf, E. S. (1996a) Personal communication.

Wolf, E. S. (1996b) Theorie und Praxis der psychoanalytischen Selbstpsychologie. Frankfrt/M., Suhrkamp.

Sach- und Personenregister